纪念中央财经大学建校七十周年丛书

龙马七秩

——经济学院篇

中央财经大学经济学院　编

中国财经出版传媒集团

经济科学出版社

Economic Science Press

图书在版编目（CIP）数据

龙马七秩. 经济学院篇/中央财经大学经济学院编.
—北京：经济科学出版社，2019.8
ISBN 978 - 7 - 5218 - 0772 - 1

Ⅰ.①龙…　Ⅱ.①中…　Ⅲ.①中央财经大学经济
学院 - 校史　Ⅳ.①G649.281

中国版本图书馆 CIP 数据核字（2019）第 182326 号

责任编辑：王　娟
责任校对：王苗苗
责任印制：邱　天

龙 马 七 秩
——经济学院篇

中央财经大学经济学院　编

经济科学出版社出版、发行　新华书店经销

社址：北京市海淀区阜成路甲 28 号　邮编：100142

总编部电话：010 - 88191217　发行部电话：010 - 88191522

网址：www. esp. com. cn

电子邮件：esp@ esp. com. cn

天猫网店：经济科学出版社旗舰店

网址：http://jjkxcbs. tmall. com

北京季蜂印刷有限公司印装

710×1000　16 开　17.75 印张　300000 字

2019 年 10 月第 1 版　2019 年 10 月第 1 次印刷

ISBN 978 - 7 - 5218 - 0772 - 1　定价：89.00 元

（图书出现印装问题，本社负责调换。电话：010 - 88191510）

（版权所有　侵权必究　打击盗版　举报热线：010 - 88191661

QQ：2242791300　营销中心电话：010 - 88191537

电子邮箱：dbts@esp. com. cn）

序　言

经济学科是财经类大学的办学之基。中央财经大学经济学科在 1952 年北京大学、清华大学、燕京大学、辅仁大学经济系科合并的基础上开始发展，陈岱孙等老一辈经济学家为学校经济学科发展奠定了坚实的基础；改革开放以来，刘光第、孙开镛、闻潜、侯荣华、王柯敬等一批著名经济学家为国家和社会发展作出了重要贡献。

1984 年，中央财政金融学院（中央财经大学前身）经济管理系正式成立，在侯荣华、金哲松、赵丽芬等历任领导的带领下，经济学科取得了长足进步。2000 年，中央财经大学在经济管理系基础上成立了经济系，开启了经济学科全面发展的探索之路。2003 年，经济系和经济管理系国民经济专业合并成立经济学院，是中央财经大学实行学院制以来成立的第一批学院。经济学院成立以来，金哲松、计金标、黄少安、杨运杰、李涛等历任院长和时任班子齐心协力、励精图治，团结带领全院师生奋发图强、屡创辉煌，推动了经济学科的全面发展。

目前，经济学院拥有理论经济学和应用经济学一级学科的博士后流动站、博士学位授权点和硕士学位授权点，是中央财经大学理论经济学的主要建设单位和应用经济学的重要建设单位，承担了政治经济学、西方经济学、经济史、经济思想史、世界经济、人口资源与环境经济学 6 个理论经济学二级学科点和国民经济学、产业经济学、区域经济学、劳动经济学 4 个应用经济学二级学科点的建设任务，是全校学科建设任务最多的学院。在 2017 年教育部第四轮学科评估中，中央财经大学应用经济学学科与北京大学、中国人民大学排名并列第一，理论经济学学科在财经类院校中排名并列第一。经济学院为中央财经大学经济学科建设作出了突出贡献。

经济学科发展与世界社会经济变革紧密相连。18 世纪中叶，工业革命在英国发端，拉开了现代经济增长的序幕，英国快速成为世界上最强大的工业化国家。与此同时，现代经济学在英国蓬勃发展，《国富论》《政治经济学及赋税原理》等古典经济学的奠基之作在这一时期产生，英国也成为世界经济学研究的中心。19世纪中叶，工业革命之后资本主义国家各种经济社会问题不断爆发，马克思的《资本论》应时而生，对资本主义内在矛盾进行了彻底的剖析和批判。19世纪末20世纪初，第二次工业革命爆发，以美国为代表的资本主义国家经济不断发展，世界经济中心从欧洲逐步转向美国。此后，经济学研究中心也逐步从欧洲各国向美国集中。时至今日，美国依然是经济学研究的重镇。著名经济学家林毅夫曾对这种现象进行了精辟分析，他指出，经济学理论的影响力取决于它所解释现实问题的重要性，当一个理论可以解释世界上经济最强大国家的经济现象时，这一理论必然具有世界影响力，经济学理论的突破和发展也往往集中在经济最强盛的国家。

经过40多年的高速经济发展，中国已经成为世界上第二大经济体，经济总量已经接近美国。在未来的30年，只要中国经济能够保持中高速增长，到新中国成立100周年之时，中国将成为世界上经济力量最强大的现代化国家。历史告诉我们，中国经济的不断强大必然带来经济学科的全面发展，中国经济学科即将迎来快速发展的黄金时期，我们这一代人将成为这一时代的参与者和见证者。届时，中国的重大经济问题就是世界经济学研究的前沿，基于中国实践总结的经济学理论也会成为国际前沿的经济学理论。

中国经济学科发展与中国经济实践推进密不可分。改革开放以来，中国经济快速增长，经济体制全面改革急需经济学理论支撑。改革开放之初，中国涌现了一大批深谙中国实践的经济学家。这一代经济学家往往是中国经济体制改革的直接参与者，对中国经济社会有深刻的认识，其理论也往往根植于对中国经济的独到思考。受社会环境等多方面因素影响，这一代经济学家与国际同行的交流相对较少，其理论往往以中国为蓝本，国际影响力尚未全面凸显。20世纪90年代以来，中国社会主义市场经济全面推进，经济学教育也突飞猛进，大批在海外接受过系统经济学训练的经济学家开始回国，推动经济学教育和研究的国际化、规范化。随着经济学教育质量的不断提升，中国经济学研究在21世纪以来在规范化、国际化方面取得了长足进步，研究方法与国际同行实现了快速接轨。新一代中青年经济学家基本能熟练应用国际前沿的研究方法开展研究，其研究成果不断发表在国内外一流经济学期刊上，中国经济学研究的国际影响力不断提高。然而，这一代经济学家往往没有直接参与中国经济体制改革实践，深度调查研究的机会相对更少，对中国问题在认识深度上整体逊色于上一代经济学家。目前，中国经济学规范化、国际化的任务已基本完成，中国经济学研究的未来在于以开阔的国际视野、规范的研发方法深入研究本土的经济问题。中国经济学科发展将由强调国际化、规范化逐步转向更加强调本土化，一流经济学科应该是根植于中国实践、具有国际影响力的中国特色的经济学科，它是由对中国经济社会问题的认识深度和理论创新来定义的。

中央财经大学经济学院学科建设始终与时代同步，强调理论研究与中国实践的有机融合，着重对中国现实重大问题的研究。根据习近平总书记在哲学社会科学工作座谈会上的讲话精神，"要按照立足中国、借鉴国外，挖掘历史、把握当代、关怀人类、面向未来的思路，着力构建中国特色哲学社会科学"，中央财经大学经济学院学科建设思路始终遵循立足中国、借鉴国外的本土问题导向，从中国特殊的历史、文化、制度背景出发，把握世界经济社会格局演变趋势，以经世济民的情怀为人类社会进步作出贡献。我们的使命是，通过对中国重大现实问题的深入研究，不断推动基于中国实践的理论创新，为"中国特色、中国风格、中国气派"的学科体系、学术体系、话语体系建设贡献力量。

中央财经大学经济学科发展具有深厚的历史积淀。2019 年是中华人民共和国成立 70 周年，也是中央财经大学建校 70 周年，中央财经大学学科建设与国家发展同步。在学校的统筹安排下，学院党委书记李岩同志和院长陈斌开同志对学院历史文化和经济学科建设进行了系统梳理，形成本书。书中资料多源自对资深教授的采访和学校保留的文字资料，书稿得到了学校各部门和学院师生的鼎力支持。感谢经济管理系、经济系、经济学院老领导王柯敬教授、侯荣华教授、金哲松教授、赵丽芬教授、张铁刚教授、蒋选教授、冯春安教授对学院历史内容提出的宝贵意见；感谢王柯敬教授、侯荣华教授、金哲松教授、赵丽芬教授、黄少安教授、杨运杰教授、冯春安教授、李涛教授、张珏老师、李倩老师、蔺清莹同学、陈润田同学百忙之中认真撰写人物篇材料；感谢李岩书记认真整理学院大事记；感谢学院各学科点负责人韩金华教授、严成樑教授、郭冬梅教授、史宇鹏教授、李彬副教授、赵文哲副教授、张川川副教授等挤出宝贵时间，对学院学科发展历史与现状的材料梳理工作；感谢硕士研究生邱彩玲、张文杰、陶美娟三位同学对学院科研成果的精心整理；感谢学院诸位同仁对于本书的大力支持，在此深表感谢。

梳理历史文化是一个巨大的挑战，尽管已几易其稿，但限于能力，梳理工作难免挂一漏万,很多重要信息可能未编入此书。我们抱着野人献曝的心态将这本书稿呈现在读者面前,希望它能成为学院历史文化整理的一个起点,未来能有更多师生加入学院和学科的历史文化整理中来,不断完善本书的内容。

谨以此书献给为中央财经大学经济学院、经济学科建设作出贡献的每一位师生员工,关心和支持学院发展的广大校友以及各界朋友。

目　　录

第一章
历史与现状

经济学科是财经类大学的办学之基。中央财经大学经济学教育在建校之初就已建立并开始了高水平的发展。1950 年，学校开始招收统计学专修班以及研究班学员，1951 年成立会统系。中央财经大学经济学科在 1952 年北京大学、清华大学、燕京大学、辅仁大学经济系科合并的基础上开始发展，陈岱孙等老一辈经济学家为学校经济学科发展奠定了坚实的基础；改革开放以来，涌现了刘光第、孙开铺等一批著名经济学家。1984 年 7 月 5 日，中央财经大学组建成立经济管理系；2000 年 5 月 29 日，在经管系基础上成立经济系。2003 年 11 月 5 日，经济学院成立，是中央财经大学实行学院制以来成立的第一批学院。

第一节　历史沿革

一、建校早期（1949～1984 年）

我校建校早期的经济学科设置了统计教研室、统会系、政治经济学教研组。

经济学教育贯穿于我校早期发展的各个历史时期之中。中央税务学校时期（1949 年 11 月～1952 年 6 月）、中央财政学院时期（1951 年 9 月～1952 年 8 月）、中央财经学院时期（1952 年 8 月～1953 年 8 月），分别设有统计班、会统系、统计系等教研机构。

中央财政干部学校时期（1953 年 4 月～1958 年 12 月）设有统计学教研室，并在 1955 年设立政治经济学教研组，与此同时，在中国人民银行总行干部学校时期（1954 年 5 月～1958 年 12 月）同样设立了政治经济学教研组。

改革开放前，在中央财政金融学院时期（1960 年 1 月～1978 年），设有政治理论教研室。1961 年 1 月，学院党委决定成立国民经济教研室，奠定了学院国民经济学发展基础。1978 年复校后，学校设会统系。1979～1983 年，撤销会统系，设立计划统计教研室，为经济学科发展奠定了良好基础。

二、经济管理系（1984 年 7 月～2000 年 5 月）

1984 年 7 月 5 日，财政部文件批复中央财政金融学院教学、科研机构设置，设立经济管理系，拥有国民经济学本科专业，1985 年开始招生。1986 年 7 月，经济管理系获得国民经济计划和管理专业硕士学位授予权。1993 年获国民经济计划与管理专业博士学位授予权，成为我校第一个博士学位授权专业。1998 年 3 月我校增设统计学本科专业，并于 1998 年开始招生。1999 年，增设经济学本科专业，并在同年招生。经济管理系、宏观经济管理教研室分别于 1992 年、1998 年被人事部、财政部授予"全国财政系统先进集体"荣誉称号。

这一时期，经济学科取得了长足的发展。经济学科教师发表了大量高质量著作和论文，刘光第论文《计划经济的货币化是我国经济体制改革主线》荣获 1987 年北京市哲学社会科学和政策研究优秀成果二等奖；《谈"钱"》获 1987 年广西社会科学优秀成果二等奖；论文《关于发展股票市场的几个问题》荣获 1994 年北京市第三届哲学社会科学优秀成果一等奖。张燕生的《新中国经济的变迁和分析》获 1992 年孙冶方经济科学著作奖。龙志美论文《从坚持马克思主义剩余价值理论——评"共创论"和"共享论"》被评为 1992 年全国高等财经院校政治经济学研究会论文一等奖。李焕岭的《论国家与企业分配体制的改革》被评为二等奖。齐兰专著《我国现阶段基本工资问题研究》获 1994 年北京市高等教育局颁发的北京市高等学校第三届哲学社会科学中青年优秀成果奖。侯荣华、赵丽芬合著的《宏观经济政策调控力度及协调分析》获 1999 年北京市第六届哲学社会科学优秀成果二等奖。侯荣华编著的《中国固定资产投资效益研究》获 2000 北京市第八届哲学社会科学优秀成果二等奖。

经济学科教师承担了国家和各部委诸多重要课题。闻潜的《论中国宏观调控方法及其转化》获批 1996 年国家社科规划基金资助重点课题立项。王柯敬的《企业奖金结构的重组和银行不良债权的消化途径》获得国家教委财政部的资助。1997 年，侯荣华主持完成的《宏观经济效益理论和实证分析》课题从投入和产出角度深入地分析了宏观经济效益问题，获北京市第五届哲学社会科学优秀成果二等奖。

经济学科教材建设也取得了显著成效。刘光第主编的教材《论中国宏观经济价值管理》获 1992 年北京市第二届哲学社会科学优秀成果二等奖。龙志美作为副主编的《政治经济学》一书获 1992 年全国高等财经院校政治经济学研究会优秀科研成果奖。刘宗时、侯荣华合编的《国民经济计划管理概论》，侯荣华主编的《宏观经济管理学》和孙开镛主编的《"资本论"与社会主义商品经济》荣获 1992 年第二届全国财政系统大、中专优秀教材二等奖。孙开镛的《"资本论"与社会主义市场经济》、龙志美和李焕岭的《政治经济学原理》荣获 1996 年第三届全国财政系统大、中专院校优秀教材二等奖。1998 年，"九五"期间我校重点百本系列教材的第一本《西方微观经济学》由中国计划出版社出版，该书由侯荣华、张铁刚主编。

学院人才梯队逐步完善。刘光第、闻潜、侯荣华等资深教授分别享受 1993~1995 年政府特殊津贴；赵丽芬入选 1996 年财政部部属院校跨世纪学科（学术）带头人；金哲松、蒋选、赵丽芬分别入选 1992、1994 和 1996 年北京市优秀青年骨干教师。

人才培养取得显著成效。1985 年经济管理系开始招收本科生，学生规模稳定增长，学生培养质量稳定提升，获得多项高质量奖励。比如 1989 级本科生获得北京市学生联合会颁发的首都高校"优良学风班"荣誉称号，胡晗获"北京市优秀学生干部"荣誉称号；1991 级本科生获"北京市先进班集体"荣誉称号，团支部被共青团北京市委员会评为首都高校"先锋杯"优秀团支部。1993 级本科生宋继峰同学被共青团北京市委评为 1995~1996 学年"北京市三好学生"，蔡志航被评为"北京市优秀学生干部"。1997 级本科生获得北京市先进班集体。1988 级研究生唐健论文《完善承包责任制的对策思考》荣获第五届全国财经院校研究生经济理论研讨会优秀论文奖。

国内外学术交流全面展开。1996 年，台湾暨南国际大学经济研究所所长许振明教授率团一行 9 人来我校，侯荣华等参加了学术交流；2000 年，我校党委副书记李玉书带领侯荣华教授等 4 人访问台湾朝阳科技大学，双方进行了学术交流并签署了合作协议。金哲松教授作为国家公派访问学者在日本关西大学、日本神户大学、韩国庆星大学国际商学院和韩国全北国立大学商学院进行了学术交流和讲学。张铁钢教授在澳大利亚、法国和美国等研讨会上宣读论文多篇，1992 年在新加坡南东亚研究所学术期刊发表英文论文，1994 年赴法国斯特拉斯堡第一大学经济管理研究所进行访学。1999 年，在教育部的指导下，

"国民经济管理建设与改革研讨会"在我校召开，著名经济学家房维中、乌家培、王永治、王积业等人参会。

三、经济系与经济管理系（2000年5月～2003年9月）

经2000年4月20日校党委常委会研究决定，我校成立经济系。经济系教师来自经济管理系和马列部。当时，经济系有教师24人，学生213人，下设西方经济学、政治经济学、统计学、经济史4个教研室，有经济学和统计学2个本科专业。经济管理系有教师16人，学生435人，有国民经济管理专业、市场营销专业、国际企业管理专业3个本科专业。这一时期，经济系、经济管理系在金哲松教授、赵丽芬教授的带领下，在学科建设、师资队伍建设、人才培养等方面都取得了快速的进步。

经济学科建设取得突破性进展。理论经济学学科建设实现全面突破，2000年，政治经济学获得硕士学位授予权；2003年，政治经济学获得博士学位授予权，经济史、西方经济学获得硕士学位授予权。应用经济学学科建设大幅推进，2002年，国民经济学被批准为北京市重点学科，2003年，学校获得应用经济学一级学科博士学位授予权，设立应用经济学博士后流动站。

经济学科产生一大批高质量的研究。李淑湘的论文《论粮食流通体制的改革》获北京高教学会政治经济、社会主义建设研究会2000年年会论文二等奖；张志敏的《政府干预的绩效评估标准》获三等奖。孙洪升的专著《唐宋茶叶经济》荣获2002年北京市第七届哲学社会科学优秀成果奖经济学一等奖。

教材建设进一步推进。侯荣华的《西方宏观经济学、西方微观经济学（修订本）》获2000年中国书刊发行业协会第十三批全国优秀畅销书；张今声、侯荣华、李华、赵丽芬等的《面向21世纪国民经济管理专业教学内容与课程体系改革》获2001国家级教学成果奖二等奖。

师资队伍建设进一步推进。赵丽芬教授荣获2001年"北京市师德先进个人"荣誉称号。

四、经济学院（2003年9月至今）

2003年8月6日校党委常委会议研究决定，在经济系的基础上成立经济学院，并将原经济管理系的国民经济学本科专业和国民经济管理学学科点调整到经济学院。2003 年 10 月 22 日，经济学院设立统计学系。2006 年 5 月 11 日，学校研究决定在经济学院统计系的基础上成立统计学院。

经济学院成立以来，学科建设取得了长足进步。2006 年 1 月，学院获批理论经济学一级学科硕士学位授权点，2007 年 8 月，应用经济学成为国家重点学科，理论经济学博士后流动站设立。2008 年 4 月，政治经济学成为北京市重点学科。2011 年 3 月，理论经济学一级学科获批博士学位授权点。2012 年 4 月，世界经济成为北京市重点学科。

这一时期，学院产生一大批高质量科研成果。侯荣华的专著《中国固定资产投资效益研究》获 2004 年第八届北京哲学社会科学优秀成果评奖二等奖。苏雪串的论文《加强基础教育是解决贫困问题的战略性措施》获 2004 年全国经济管理院校工业技术学第八届学术年会优秀论文一等奖。林光彬的专著《私有化理论的局限》、严成樑的论文《财政支出、税收与长期经济增长》获 2010 年北京市第十一届哲学社会科学优秀成果奖二等奖。赵文哲的论文《财政分权和辖区竞争视角下的价格水平和通货膨胀问题研究》获得 2012 年第五届"黄达—蒙代尔经济学奖"。李涛的论文《中国城市居民的金融受排斥状况研究》2013 年北京市第十二届哲学社会科学优秀成果奖一等奖。林光彬的著作《私有化理论的局限》获 2013 年第六届教育部高等学校科学研究优秀成果奖（人文社会科学）成果荣获三等奖。严成樑的论文《社会资本、创新与长期经济增长》获 2014 年第二届"刘诗白经济学奖"。李涛撰写的研究报告《关于在中关村国家自主创新示范区内建立政策性"中关村银行"的建议》、兰日旭撰写的著作《中国近代银行制度变迁及其绩效研究》荣获 2014 年北京市第十三届哲学社会科学优秀成果奖二等奖。李涛、史宇鹏、陈斌开合作的论文《住房与幸福：幸福经济学视角下的中国城镇居民住房问题》获教育部第七届高等学校科学研究优秀成果奖（人文社会科学）三等奖。严成樑的论文《创新驱动、税收扭曲与长期经济增长》获得 2017 年第六次全国优秀财政理论研究成果奖二等奖和北京市第十四届哲学社会科学优秀成果奖二等奖。俞剑与陈宇峰、彼得·凯利的合作论文 "Does the China Factor Matter：What Drives the Surge of World Crude Oil Prices?" 获得浙江省第十九届哲学社会科学优秀成果"应用理论与对策咨询类"三等奖。陈斌开获 2018 年中国城市百人论坛首届"青年学者奖"。陈斌开、张川川合作的论文《人力资本与中国城市住房价格》荣获

2019年北京市第十五届哲学社会科学优秀成果奖一等奖；史宇鹏、李新荣合作的论文《公共资源与社会信任：以义务教育为例》、林光彬的专著《财局与政局：中国的政治经济关系》获2019年北京市第十五届哲学社会科学优秀成果奖二等奖。

人才培养取得显著成效。侯荣华的教材《西方经济学》获2004年第六届全国高校出版社优秀畅销书二等奖。赵丽芬的《管理学》课程改革整体方案设计获得北京高等教育教学成果二等奖。2013年教育部经济学教学指导委员会秘书处设在经济学院，王广谦获聘经济学类专业教学指导委员会主任委员，杨运杰获聘经济学类专业教学指导委员会秘书长。赵丽芬获聘教育部全国工商管理等专业学位研究生教育指导委员会委员。

人才梯队建设不断完善。金哲松被授予2004年"北京市优秀共产党员"和"全国优秀教师"荣誉称号，获国务院批准享受2016年度政府特殊津贴。赵丽芬获国务院批准享受2004年度政府特殊津贴。杨运杰入选2008年度北京市新世纪社科理论人才百人工程培养对象，获2008年"北京市师德先进个人"荣誉称号，成为2009年北京市宣传文化系统"四个一批"人才（第一批）。蒋选教授入选2014年"北京市师德先进标兵"。齐兰获得2018年"北京市师德先锋"称号。张苏荣获2010年"北京市师德先进个人"称号和2013年"教育部新世纪优秀人才"称号。王海港入选2012年新世纪优秀人才支持计划。李涛教授入选教育部2010年新世纪优秀人才支持计划，2012年中组部首届青年拔尖人才支持计划，2012年度北京市中青年社科理论人才"百人工程"人才计划，2014年国家百千万人才工程计划，并被授予"有突出贡献中青年专家"荣誉称号；入选2017年文化名家暨"四个一批"人才工程，2018年成为国家"万人计划"哲学社会科学领军人才和2019年北京市青年科学家。陈斌开入选2012年教育部"新世纪优秀人才"、2014年中组部"青年拔尖人才"（万人计划）、2014年北京市"优秀青年人才"、2015年首批教育部青年"长江学者"、2017年国家百千万人才工程（有突出贡献中青年专家）。严成樑入选2014年中组部"青年拔尖人才"（万人计划）。

第二节　学院现状

经济学院目前设有经济学和国民经济管理两个本科专业，拥有政治经济学、经济思想史、经济史、西方经济学、世界经济学、人口资源与环境经济学、国民经济学、区域经济学、产业经济学以及劳动经济学等 10 个专业的硕士学位授予权，拥有政治经济学、经济史、西方经济学、世界经济学、人口资源与环境经济学、国民经济学、区域经济学、产业经济学以及劳动经济学等 9 个专业博士学位授予权，拥有理论经济学和应用经济学一级学科的博士后流动站，学科体系完备。

一、组织机构

学院拥有学术委员会、教学委员会、国际交流委员会、智库建设委员会、学生工作委员会、校友工作委员会等委员会，分别负责学院的学科建设、科学研究、教育教学、国际交流、智库建设、学生工作和校友工作。学院下设政治经济学、微观经济学、宏观经济学、经济史、国民经济学、国际经济学、应用经济学 7 个系，具体负责学院的教学工作；设有经济研究所、经济改革与发展研究中心、经济史研究中心、城市与区域发展、中外经济比较、农村经济发展、绿色经济与区域转型、世界经济、经济增长与结构转型、法经济学、经济活力数据调研、就业与性别、民营城市、经济决策与计量、金融创新与风险管理、行为与实验经济学、中国政治经济学、区块链等研究机构，支撑学院学科建设和智库建设。

二、人才培养

经济学院人才培养的规模、结构和水平都取得了长足进步。截至 2019 年 5 月，学院本、硕、博在校生共计 902 人。学院教师不仅为经济学院培养人才，也为全校本科生开设政治经济学、经济学原理、微观经济学、宏观经济学、计量经济学等公共课程，为全校硕士和博士研究生开设高级微观经济学、高级宏观经济学、高级计量经济学等课程。

经济学院始终以拔尖创新人才培养为核心，致力于培养具有良好科学素质和人文涵养，正确的人生观、价值观、世界观，扎实的经济学理论基础，开阔的国际视野和浓厚的本土意识，良好的实践能力，具备批判性思维能力和创新精神的拔尖创新人才。以"经济学家梦工场""课程思政"为载体，培养学生正确价值观，厚植爱国主义情怀，学院是全校第一个全面推动"课程思政"的学院。学院以"通识教育 + 专业教育"相融合的课程体系改革，培养学生良好科学素质和人文涵养，扎实的经济学理论基础。以"学术工作坊""未来经济学家论坛"为支撑，大力推进"经英人才培养计划"，培养学生的批判性思维能力和创新精神，实现科学研究与人才培养的有机融合。大力推动国际合作交流，开阔学生国际视野，以"中富青年领袖大赛""耕读学堂"等方式培养学生本土问题意识，实现国际化与本土化的融合。推行"校外导师""就业沙龙"等制度，多措并举构建学院就业服务育人体系，提升学生实践能力。

围绕拔尖创新人才培养模式改革，学院教师 2018 年以来获得多项课题资助。郭冬梅获课程思政重点教改课题立项；蒋选获研究生精品教材建设项目立项；张琥的"创业融资"慕课上线；何召鹏获批精彩课堂建设项目；3 位教师获学校教学方法研究项目立项；3 位教师获研究生"课程思政"教学改革试点项目立项；7 门课程被确定为本科生通识课。学院获得全校教学基本功比赛优秀组织奖，参赛教师分别获得二、三等奖。学院人才培养改革成效显著，学生在创新创业、社会实践、学科竞赛等活动中获多项省部级及以上奖励，在《经济研究》等国内外一流经济学期刊发表论文多篇。学生毕业后国内深造主要集中在北大、清华、中财等"双一流"建设高校，出国深造则全部在 TIMES 排名前 100 高校。

三、学科建设

经济学院主要负责理论经济学 6 个二级学科点，应用经济学 4 个二级学科点的建设任务，是学校理论经济学主要建设单位和应用经济学重要建设单位。在教育部第四轮学科评估中，我校应用经济学排名和北京大学、中国人民大学并列第一，理论经济学在财经类院校中排名并列第一，经济学院为学校经济学科建设做出突出贡献。以科研机构为支撑，大力推动智库建设，服务国家发展战略。商业史学会秘书处设在经济学院，是我校第一个国家级学会秘书处单位。

四、科学研究

2014～2018 年间，学院教师在 SSCI/SCI 期刊发表论文 60 篇，在《中国社会科学》《中国科学》等 AAA 类期刊发表论文 6 篇，在 AA 类期刊发表论文 42 篇，在其他 A 类期刊发表论文 131 篇，科研质量大幅度提高。学院教师主持国家社科重大招标课题 2 项，国家社科基金重点项目 1 项，北京市哲学社会科学重点项目2项，国家社科基金其他项目9项，国家自科基金项目12项，教育部项目9项，北京市社科项目5项，北京市自然科学基金项目1项，课题数量和质量大幅上升。同时，学院教师科研成果获得多项高质量奖励，包括"北京市哲学社会科学优秀成果奖"一二等奖、首届中国城市青年学者奖、"金融图书金羊奖""黄达—蒙代尔经济学奖""刘诗白经济学奖"等。

五、师资队伍

目前，学院共有教职工84人，专任教师70人，其中教授32人，副教授27人，具有海外留学经历的41人，学院职称和学缘结构均衡。学院具有良好的人才梯队，拥有享受教育部长江学者特聘教授1人（黄少安）、国家万人计划领军人才2人（黄少安、李涛）、国家百千万人才工程2人（李涛、陈斌开）、教育长江学者青年学者1人（陈斌开）、中组部青年拔尖人才计划3人（李涛、陈斌开、严成樑）、教育部新世纪优秀人才6人（戴宏伟、杨运杰、李涛、张苏、王海港、陈斌开）、国务院特殊津贴学者7人（王柯敬、侯荣华、金哲松、赵丽芬、齐兰、李涛、陈斌开）、北京市师德先进个人标兵5人（赵丽芬、齐兰、杨运杰、蒋选、张苏）、北京市中青年社科理论人才"百人工程"1人（李涛）、北京市优秀青年人才1人（陈斌开），人才梯队建设逐步完善。

六、国际交流

学院国际交流层次逐步提高，合作质量稳步提升。学院已与日本、韩国高校建立稳定合作关系，拓展了与欧美、澳洲国际一流高校的合作。学院与澳大利亚莫纳什大学建立"2＋2"本科生双学位项目，积极推动与美国康奈尔大学、威斯康星大学建立"1＋1＋1"硕士项目。依托引智项目，学院邀请亚瑟·鲁贝尔（Arthur Lewbel）、邓刚等著名学者前来我院短期授课。同时，学院师生积极走出国门，参与国际学术交流活动。例如，徐翔副教授受聘为斯坦福大学胡佛研究所国家研究员，成为首位获此殊荣的中国本土毕业博士；于爱芝教授赴联合国粮农组织担任研究员；多名本科生赴美国哈佛大学、宾夕法尼亚大学、西北大学等世界一流名校访学或担任研究员。

本 章 附 录

1. 学科发展沿革。

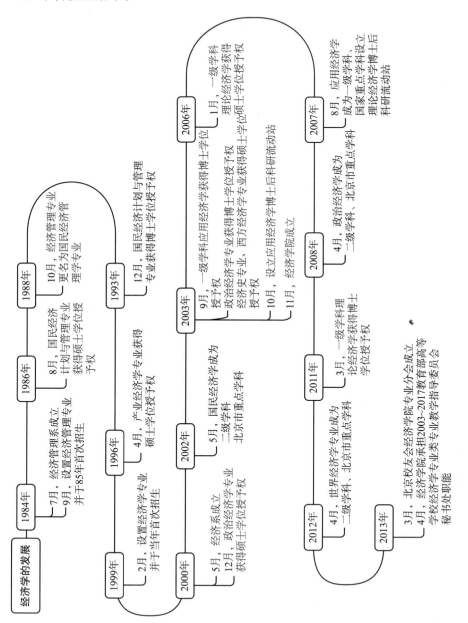

经济学的发展

1984年
- 7月，经济管理系成立
- 9月，设置经济管理专业并于85年首次招生

1986年
- 8月，国民经济计划与管理专业获得硕士学位授予权

1988年
- 10月，经济管理专业更名为国民经济管理学专业

1993年
- 12月，国民经济计划与管理专业获得博士学位授予权

2006年
- 1月，一级学科理论经济学获得硕士学位授予权

2007年
- 8月，应用经济学成为一级学科，国家重点学科理论经济学博士后科研流动站设立

2003年
- 9月，一级学科应用经济学专业获得博士学位授予权，政治经济学专业、西方经济学专业获得硕士学位授予权经济史专业获得硕士学位授予权
- 10月，设立应用经济学博士后科研流动站
- 11月，经济学院成立

2008年
- 4月，政治经济学成为二级学科、北京市重点学科

1996年
- 2月，设置经济学专业并于当年首次招生
- 12月，政治经济学专业获得硕士学位授予权

2002年
- 4月，产业经济学专业获得硕士学位授予权
- 5月，国民经济学成为二级学科北京市重点学科

2011年
- 3月，一级学科理论经济学获得博士学位授予权

1999年
- 5月，经济系成立

2000年

2012年
- 4月，世界经济学专业成为二级学科、北京市重点学科

2013年
- 3月，北京校友会经济学院专业分会成立
- 4月，经济学院承担2003～2017教育部高等学校经济学专业类专业教学指导委员会秘书处职能

2. 经济管理系、经济系、经济学院组织机构发展沿革。

历史沿革	时间	系主任/院长	党总支支委书记	班子成员	备注
经济管理系	1984 年 ~ 1992 年	侯荣华	张逮隆	副主任：鲍学曾、王柯敬、张逮隆、金哲松（增补）、郝凤霞（增补）	王柯敬调任中央财政金融学院副院长
	1992 年 ~ 1995 年	侯荣华	侯荣华	党委支副书记：施丹 副主任：施丹、邓越、金哲松、赵丽芬（增补）	金哲松于 1992 年出国留学
	1995 年 ~ 1997 年	金哲松	赵丽芬	党总支副书记：施丹 名誉主任：侯荣华 副主任：赵丽芬、施丹、孙国辉、张铁钢（增补）	金哲松于 1995 年 10 月再度出国留学、后赵丽芬主持工作
	1997 年 ~ 2000 年	赵丽芬	赵丽芬	副主任：孙国辉、满向昱（1998 ~ 2000 年） 主任助理：包英娟、李飞霞	
	2000 年 ~ 2003 年	赵丽芬	赵丽芬	副主任：孙国辉 主任助理：李飞霞、邱明	
	历任团总支书记：侯慧君、赵丽芬、施丹、孟志军、包英娟、邱明				
经济系	2000 年 ~ 2003 年	金哲松	金哲松	党总支副书记：包英娟 副主任：张铁刚、冯春安、满向昱（2002 年出国）、包英娟（兼）	
	时任团总支书记：樊睿琳				
经济学院	2003 年 ~ 2005 年	金哲松	张铁刚	党总支副书记：秦熠群 副院长：张铁刚（兼）、冯春安、秦熠群（兼）、高兴波	
	2005 年 ~ 2006 年	计金标	张铁刚	党总支副书记：刘滨（增补） 副院长：张铁刚、秦熠群	金哲松调任学校教务处处长
	2006 年 ~ 2010 年	黄少安	张铁刚	党总支副书记：刘滨 副院长：张铁刚、秦熠群	2008 年 1 月张铁刚调任国际文化与交流学院院长、秦熠群调任上庄分部副主任
	2010 年 ~ 2012 年	黄少安	朱凌云（增补）	党总支副书记：刘滨、高伟、雷洪峰（增补） 常务副院长：朱凌云（增补） 副院长：李涛、张苏	

续表

历史沿革	时间	系主任/院长	党总支支委书记	班子成员	备注
经济学院	2012 年 ~ 2014 年	杨运杰	朱凌云 李涛 （增补）	党总支副书记：刘滨、雷洪峰 副院长：李涛、李彬（增补）、陈斌开（增补）	
	2014 年 9 月 ~ 2016 年 7 月	李涛	李涛	党总支副书记：刘滨、雷洪峰 副院长：李彬、陈斌开	
	2016 年 7 月 ~ 2018 年 1 月 4 日	李涛	雷洪峰	副书记：郭冬梅 副院长：陈斌开、史宇鹏 正处级组织员：刘滨	
	2018 年 1 月 5 日 ~ 2018 年 1 月 19 日	李涛	李岩	副书记：郭冬梅 副院长：陈斌开、史宇鹏 正处级组织员：刘滨	
	2018 年 1 月 19 日 ~ 2018 年 4 月 16 日	……	李岩	副书记：郭冬梅 副院长：陈斌开、史宇鹏 正处级组织员：刘滨	陈斌开主持学院行政工作
	2018 年 4 月 16 日 至今	陈斌开	李岩	副书记：郭冬梅 副院长：史宇鹏 正处级组织员：刘滨	
	历任团总支书记：钟珺虹、纪湘懿、祝伟、樊睿琳、徐娜、朱令超、燕荣、麻富根、丁弼洲、梁延东、李倩				

第二章
学科发展

第一节　政治经济学

一、历史沿革

政治经济学学科历史较久。中央财经大学建校之初，就设立了政治经济学教研室。当时，该教研室聚集了一批国内非常有名气的经济学家，如陈岱孙、崔书香、刘光第、闻潜、孙开铺等。20世纪50年代，曾在我校担任领导工作的经济学大师陈岱孙教授就为学生讲授经济学说史等课，为政治经济学的教学与研究做出了重要贡献。著名经济学家刘光第、闻潜、孙开铺等都一直在我校从事于政治经济学的教学与研究，他们治学严谨，注重基础理论研究，又紧跟时代步伐。他们以政治经济教学研究为主，又各有所长，刘光第教授对我国金融理论的建树、闻潜教授对宏观调控理论的贡献、孙开铺教授对《资本论》教材的开拓创新等，为同仁所公认，他们的成就为我校政治经济学学科建设打下了牢固的基础，也为我校赢得了声誉。

改革开放以来，在老一代经济学家的带动下，政治经济学学科新一代中青年学者正在迅速崛起，他们学历高、知识新、视野宽，在许多领域颇有建树，并赢得同行的称赞。他们大多数是博士研究生学历毕业，很多从国外学成归来；他们熟知现代经济学的理论和方法，了解国内外大势，掌握信息化分析工具。在他们的共同努力下，我校政治经济学学科得以建立并得到了长足的发展：政治经济学教学科研人员最初属于政治理论教研室，负责全校的政治经济学、《资本论》等课程的教学研究，刘光第、闻潜、孙开铺、王廷辅、张光三、贾永正、魏庆、周香兰等教师，主编、参编的《政治经济学》和《资本论》教材，在国内影响较大。为适应经济体制改革对策研究的需要，1987年闻潜教授创立宏观经济研究中心，并在国民经济学专业下招收研究生，刘光第教授也招收金融理论方向的研究生。龙志美、李焕玲、王云志、陈丽珠、万钧、张逮隆、高稚光、贺强等老师的政治经济学教学和科研成果屡屡获奖。后来，李淑湘、于革非、齐兰、冯春安、岳福斌、张志敏等老师在政治经济学领域开始崭露头角。

为适应社会对经济学人才的需求变化，我校于 1999 年在经济管理系正式建立经济学本科专业，于 2000 年把政治经济学教员从政治理论教学部划出，与从经济管理系划出的相关师生共同组建了经济系。在学校和院领导及广大师生的共同支持和努力下，经济系在建系当年获得政治经济学硕士学位授予权。2003 年成立经济学院，并获得博士学位授予权，实现了我校理论经济学博士点零的突破。2003 年获批校级重点学科，2008 获批北京市重点学科。当前，以齐兰、杨运杰、冯春安、林光彬、韩金华等教师为学科骨干的政治经济学队伍，正在把该学科推向新的台阶，他们对垄断资本国际化、资本市场、企业制度、价值价格理论、劳资关系等研究，成果丰硕，该学科的发展又进一步吸引了社会上许多热衷于政治经济学研究的有志青年，张勇、张维闯、顾炜宇、尹志锋、何召鹏等青年教师正在不同领域快速成长。

二、基本情况

政治经济学学科一直致力于理论与实践相结合的研究方向，尤其在市场经济理论、市场国际化、产业结构理论、企业经济、收入分配等方面，科研成果突出，研究特色鲜明。该学科不仅有本校财税等应用经济学科、西方经济学和经济史等理论经济学科的支撑，而且与政府多个部门和企事业单位有密切的合作关系，为改革开放以来国家及社会经济发展做出了很多贡献，在全国同类专业中享有较高声誉。例如，黄少安教授是中国产权理论、制度经济学和法经济学研究及学科建设的重要组织者和领导者之一，黄教授的研究成果对于指导山东省乃至全国的经济结构调整、海洋保护、中小商业银行发展、民营企业发展等具有重要的意义；齐兰教授对"经济全球化与中国产业发展"的研究成果显著，成为制定国家有关经济政策法规和地区产业发展规划的参考依据；杨运杰教授对"企业经济与资本市场"的研究成果丰富，冯春安教授对"劳动价值论和企业行为"的研究影响很大。

近年来，该学科的科学研究取得了丰硕的成果。首先，从课题立项情况看，该学科点教研人员承担了多项、各层次课题的研究工作，其中纵向课题包括国家社会科学基金重点项目和一般项目、教育部人文社科规划基金重点项目和一般项目、北京市人文社科规划基金重点项目和一般项目、北京高校学科带头人培养项目等，横向课题包括国家专利局重大项目、北京市教委共建课题等。其次，从论文发表情况看，该学科点教研人员在《中国社会科学》《马克思主义研究》《中国工业经济》《经济学动态》《宏观经济研究》《经济理论与经济研究》《改革》《光明日报》《政治经济学评论》"China Economist"《管理世界》《教育研究》《教学与研究》《中国人民大学学报》《思想战线》等刊物发表论文多篇。最后，在著作出版方面，该学科点教研人员均有专著出版，并主编或参编著作和教材多部。上述研究成果多次获得奖项，如世界政治经济学学会杰出研究奖、教育部第六届高等学校科学研究优秀成果奖、北京市第十一届哲学社会科学优秀成果奖、北京市教育教学成果奖、山东省社会科学优秀成果奖、江西省社会科学优秀成果奖、中国财政学论坛优秀论文奖等。

该学科师资力量较雄厚，学历、职称、年龄结构合理，既有全国知名的老专家教授，又有一批年富力强、科研成果显著的中青年学者，其中多人入选国家高层次人才培养计划并在在全国性学术团体中担任重要职务。例如，黄少安教授先后入选教育部"长江学者"、第三批国家"万人计划"哲学社会科学领军人才等；杨运杰教授先后入选北京"两课"带头人培养人选、北京市新世纪社科理论人才百人工程人选、教育部新世纪优秀人才支持计划人选，并担任教育部经济学专业教学指导委员会副主任委员等，齐兰教授担任中国工业经济学会常务副理事、首都企业改革与发展研究会常务理事等，冯春安教授担任工信部、科技部、教育部等项目评审专家等。

该学科点人才培养成效较大。该学科点是经济学院除国民经济学学科之外最早获批招收硕士研究生和博士研究生的学科之一。该学科致力于通过加强本硕博培养计划的建设和修订工作、加强基础课教学和教学法研讨、在教学中加入思政元素进行课程思政教学等方式为政府和企事业单位培养了大批高质量的专业人才。已经毕业的学生大都在政府部门、各大金融机构以及高校工作，均在其工作的岗位上取得了不错的成绩。

该学科学术交流较活跃，包括邀请国内外知名学者来学校举办高质量的学术讲座、参加国内外重要的学术会议、主办国内外重要的学术会议、为学生开设研修班和读书会等。

总之，该学科与国内其他院校和研究机构的同类学科相比，其优势在于它与财经类学科的密切相关和共同发展：它为财经类其他学科提供最基本的理论指导，而其他学科又为它的发展提供鲜活的材料。当然，该学科的发展层次还有待进一步提高，发展空间还很大。

三、主要研究方向

在长期的政治经济学教学和科研活动中，该学科形成了比较有特色的研究方向，主要包括市场经济理论与政策、资本全球化理论与实践、企业理论与产权理论、企业经济与资本市场、国家理论与市场理论等。

（一）市场经济理论与政策

对市场经济理论与政策的研究对于指导社会主义市场经济的建设具有重要指导意义。该研究方向在研究对象上，重点选择改革开放以来经济生活中一些重大的理论问题和现实问题，进行理论探讨，并相应提出政策建议；在研究内容上，对市场经济规律分层次研究，探讨市场经济的一般规律、研究国情不同但基本经济制度相同的市场经济的共有规律以及重点研究符合中国国情具有中国特色的社会主义市场经济规律；在研究方法上，在坚持马克思主义政治经济学传统方法，即科学抽象法、历史与逻辑相统一等方法的同时，注意吸收数理分析、心理分析等现代方法。

（二）资本全球化理论与实践

资本全球化是经济全球化的核心和本质，是当今世界经济发展的主流和大势，它对世界各国各地区乃至整个国际经济格局产生重大而深远的影响。作为世界上最大的发展中国家，中国受资本全球化的影响十分显著且日趋强化。因此，研究当今经济全球化尤其是资本全球化的基本问题及其对中国经济的影响具有重要而紧迫的理论意义和应用意义。该研究方向主要研究：资本全球化的形成基础、作用方式、运行机理、演变规律等；资本全球化对中国经济的影响以及对中国在世界经济中的影响及其效用等；中国应如何判断和应对资本全球化及其影响等。

（三）企业理论与产权理论

企业理论与产权理论对于指导中国的产权制度改革意义重大。该研究方向主要研究：产权经济学基本理论、现代西方产权理论与相关理论比较、用中国产权制度改革的经验事实证实或证伪有关理论假说、中国产权制度及其变革的实证性研究、公司治理的基本理论、产权安排与公司治理、国有资产管理与公司治理、商业银行治理等。

（四）企业经济与资本市场

企业的发展和资本市场的发展对于推动中国经济发展和人民收入水平提高具有重要的意义，对其进行研究非常重要。该研究方向主要研究：企业理论的发展和趋势变化研究，包括企业产权结构、融资结构、治理结构等方面及互动研究；国有企业改革和发展问题研究；资本市场发展与企业发展关系研究等。

（五）国家理论与市场理论

正确处理政府与市场的关系对于改革和发展至关重要，对国家理论和市场理论进行研究会为其提供理论指导。该研究方向主要研究：中国的国家理论和市场理论、西方的国家理论和市场理论、中西国家理论和市场理论比较研究、中国和西方的国家与市场的演进研究、中国特色社会主义国家理论与市场理论的实证研究和前瞻性研究等。

目前该学科点拥有两个院级研究机构，其中"中国政治经济学研究中心"，由林光彬研究员担任中心主任，主要研究任务是将中国学者对政治经济学的研究进行系统化的梳理，上升到理论和体系高度，推动中国学者的理论自信，发挥大学思想智库的智力支持作用；"新时代中国国有经济研究中心"，由韩金华教授担任中心主任，主要研究任务是对国有企业改革与发展这一重大问题进行学术研究与探讨，发挥大学思想智库的智力支持作用，推动国有企业改革不断走向深入，促进新时代中国特色社会主义经济不断走向繁荣。

四、学科团队

政治经济学学科点现有专职教师 13 人，其中教授 7 人，副教授 5 人，讲

17

师 1 人；博士生导师 5 人，硕士生导师 13 人。

冯春安：教授，硕士生导师，中国发展战略学研究会企业战略学委员会委员，科技部项目评审专家，全国高等财经院校《资本论》研究会常务理事，清华大学政治经济学研究中心特邀高级研究员，先后担任中央财经大学《资本论》教研室主任、政治理论部副主任、经济系副主任、经济学院副院长、经济学院教学委员会主任等职。主要研究方向为宏观经济理论与政策、企业行为等。

韩金华：教授，硕士生导师，中国人民大学经济学博士，中央财经大学经济学院学术委员会委员、纪委委员、政治经济学系党支部书记、政治经济学学科建设责任人、经济学院新时代中国国有经济研究中心主任。主要从事社会主义经济理论与实践、马克思主义经济思想史的教学与研究

黄少安：教授，博士生导师，厦门大学经济学博士，著名经济学家，教育部长江学者特聘教授，国务院学位委员会理论经济学学科评议组成员，曾任中央财经大学经济学院院长，主要研究方向为产权理论和中国产权制度改革、制度经济学以及农村经济等。

林光彬：教授，博士生导师，中国人民大学经济学博士，中央财经大学学术委员会委员，中国财政发展协同创新中心学术委员会委员，基础理论研究团队成员，"马克思主义与中国经济发展道路"协同创新中心学术委员会委员，经济学院中国政治经济学研究中心主任，发展规划处处长、高等教育研究所所长，主要研究方向为风险管理与保险、养老保险、中国经济与金融发展等。

齐兰：教授，博士生导师，中南财经政法大学管理学博士，曾任中央财经大学研究生部副主任、MBA 教育中心主任、纪委副书记监察审计处处长，现任中央财经大学校学术委员会副主任委员，兼任中国工业经济学会常务副理事、首都企业改革与发展研究会常务理事等职，主要研究方向为经济全球化、跨国公司、产业组织理论与政策、市场结构与竞争政策。

杨运杰：教授，博士生导师，中国人民大学经济学博士，教育部新世纪优秀人才，中央财经大学教学委员会副主任委员、学术委员会委员，教育部经济学专业教学指导委员会副主任委员。曾先后担任中央财经大学研究生部副主任、常务副主任，经济学院院长，研究生院常务副院长、教务处处长，教育部经济学专业教学指导委员会秘书处秘书长等职务。主要研究方向为企业经济与资本市场等。

张志敏：教授，博士生导师，中国人民大学经济学博士，主要研究方向为宏观经济管理、国际贸易政策、宏观金融等。

顾炜宇：副教授，硕士生导师，中国人民大学经济学博士，中央财经大学经济学院金融创新和风险管理研究中心主任，经济改革与发展研究中心执行副主任，兼任中国企业管理研究会常务理事、北京金融学会理事等，主要研究方向为风险管理与金融监管、货币金融与银行、国有企业等，曾长期在商业银行、投资银行、资信评估机构和风险管理服务机构从事风险管理的研究和实务。

尹振东：副教授，硕士生导师，中国人民大学经济学博士，主要研究方向为组织经济学、公共经济学和新政治经济学等。

尹志锋：副教授，硕士生导师，北京大学经济学博士，主要研究方向为创新经济学、产业经济学、知识产权和科技政策等。

张维闯：副教授，硕士生导师，中国人民大学经济学博士，国际区域工作与劳工发展协会会员，主要研究方向为社会主义经济理论与实践、马克思经济思想研究等。

张勇：副教授，硕士生导师，中国人民大学经济学博士，主要研究方向为区域经济和宏观经济以及文化哲学等。

何召鹏：硕士生导师，中国人民大学经济学博士，政治经济学系副系主任，政治经济学系党支部副书记、中国政治经济学研究中心副主任，主要研究领域为马克思主义政治经济学、社会主义经济理论、国企改革等。

五、未来发展展望

中国共产党第十九次全国代表大会以及 2017 年中央经济工作会议的召开、纪念《共产党宣言》发表 170 周年以及纪念马克思诞辰 200 周年等，为该学科点未来的发展进一步指明了方向，也提供了重要的契机。

第一，以习近平新时代中国特色社会主义经济思想为指导，进一步丰富和深化原有的主要研究方向和凝练新的研究方向。

在习近平新时代中国特色社会主义思想基础上提出的习近平新时代中国特色社会主义经济思想，是中国特色社会主义政治经济学的最新成果，进一步丰富和发展了马克思主义政治经济学，学习、研究和讲授习近平新时代中国特色社会主义思想和习近平新时代中国特色社会主义经济思想，并以此为指导进一步丰富和深化原有的主要研究方向和凝练新的研究方向成为未来该学科点发展的主要任务之一。

习近平新时代中国特色社会主义经济思想，主要包括以下七个方面的内容：坚持加强党对经济工作的集中统一领导，保证我国经济沿着正确方向发展；坚持以人民为中心的发展思想，贯穿到统筹推进"五位一体"总体布局和协调推进"四个全面"战略布局之中；坚持适应把握引领经济发展新常态，立足大局，把握规律；坚持使市场在资源配置中起决定性作用，更好发挥政府作用，坚决扫除经济发展的体制机制障碍；坚持适应我国经济发展主要矛盾变化完善宏观调控，相机抉择，开准药方，把推进供给侧结构性改革作为经济工作的主线；坚持问题导向部署经济发展新战略，对我国经济社会发展变革产生深远影响；坚持正确工作策略和方法，稳中求进，保持战略定力、坚持底线思维，一步一个脚印向前迈进。

可以看出，该学科点的主要研究方向（市场经济理论与政策、资本全球化理论与实践、企业理论与产权理论、企业经济与资本市场、国家理论与市场理论）依旧具有很强的时代性和前瞻性，在未来的发展中，要以习近平新时代中国特色社会主义经济思想为指导继续加强五大研究方向的研究，将重心放在理论对实践的指导方面。同时，考虑增加经济发展理念研究方向。

第二，加强对马克思主义政治经济学经典著作的学习和研究。

全世界各地尤其是中国纪念《共产党宣言》发表 170 周年以及纪念马克思诞辰 200 周年的各项活动，让我们进一步感受到了马克思主义在历史上、现在乃至未来的重要性。习近平总书记在纪念马克思诞辰 200 周年大会上的讲话给予马克思及其马克思主义以高度的评价，指出："两个世纪过去了，人类社会发生了巨大而深刻的变化，但马克思的名字依然在世界各地受到人们的尊敬，马克思的学说依然闪烁着耀眼的真理光芒！""实践证明，马克思主义的命运早已同中国共产党的命运、中国人民的命运、中华民族的命运紧紧连在一起，它的科学性和真理性在中国得到了充分检验，它的人民性和实践性在中国得到了充分贯彻，它的开放性和时代性在中国得到了充分彰显！"。因此，对深化《资本论》等马克思主义政治经济学经典著作的学习和研究具有重要的意义。可以考虑增加"《资本论》等马克思主义政治经济学经典著作与社会主义市场经济研究"这一研究方向。

六、主要学术带头人简介

杨运杰教授简介详见经彩人物，第 211 页。

（一）冯春安

冯春安，中央财经大学经济学院教授，硕士生导师。1984 年毕业于上海复旦大学经济系政治经济学专业，1991 年 1 ~ 6 月在中国人民大学进修，1994 ~ 1997 年在中央财经大学金融系读在职研究生，2005 年 5 ~ 6 月在中央党校进修。1984 年到中央财经大学工作以来，先后担任《资本论》教研室主任、政治理论部副主任、经济系副主任、经济学院副院长、经济学院教学委员会主任等职。主讲政治经济学、微观经济学、宏观经济学和研究生的《资本论》研究、社会主义经济理论、企业行为研究等课程，主持完成了多项省部级重大课题和企业投资和制度设计项目，参与科技部、工信部、教育部等中央部委许多项目的立项和验收，参与多个地方规划和项目的论证。主编《社会主义市场经济学》和《政治经济学社会主义部分》，参著《当代世界政治经济与国际关系》和《发展的智慧》等 10 多部著作，发表论文 40 多篇。现任工信部、科技部、教育部等项目评审专家、清华大学政治经济学研究中心特邀高级研究员。

冯春安教授自参加工作以来，勤于钻研，主要在以下领域取得成就：

1. 政治经济学体系和教材建设。除学校内部出版合著的《〈资本论〉选读》（1989 年版）教材外，公开出版主编《社会主义市场经济学》（中国警官教育出版社 1998 年版）、《政治经济学社会主义部分》（经济管理出版社 2001 年版）、《经济学常识》（中国财政经济出版社 2010 年版）等著作。这些教材针对不同作者，在观点和体系方面都有创新。如《社会主义市场经济学》和《政治经济学社会主义部分》两本大学用教材，反映改革开放的历史进程，揭示经济发展规律，服务于社会主义市场经济实践，深受读者欢迎。又如，为农民读者编写的《经济学常识》一书，以农民喜闻乐见的故事，深入浅出地阐明经济学原理，效果很好。

2. 改革开放重大理论难点问题研究。主要观点：第一，关于商品经济与市场经济关系，认为商品经济与市场经济有内在统一性也有区别（《中国经济科学年鉴》1990）。第二，各国社会发展是否趋同。认为要用马克思主义唯物史观进行分析，各国社会发展趋势有共性也有个性，不可能完全趋同（《政治经济学大辞典》1998）。第三，我国现阶段按要素贡献分配（《中国特色社会主义》2001.6）。第四，资本收入不等于剥削收入（《中央社会主义学院学报》2002 年第 1 期）。对剥削重新定义，认为剥削是某人或集团凭某种权力垄断、违背别人意志、对他人利益的无偿占有（《求是内部文稿》2002 年第 6 期）。从创新剥削理论视角拓展唯物史观研究（《新乡师专学报（季刊）》2002 年第 3 期）。第五，劳动价值论与社会主义市场经济实践存在矛盾（《改革与战略》2002 年第 2 期）。第六，马克思价值转型理论需重新认识，不能完全用劳动价值论解释生产价格规律（《中国改革报》2002 年 6 月 17 日）。第七，对商品价值进行了重新定义，认为商品价值本质是商品客体给主体带来的利益。由于主体站的角度不同，商品价值具体内涵不同。商品价值对商品生产者是最小成本获得最大收益，对消费者是等量支出获得最大效用（《中央财经大学学报》2002 年第 8 期）。第八，从多层次多角度论证了习近平关于中国共产党领导是中国特色社会主义最本质特征的论断（《先锋》2018 年第 1 期）。

3. 行业具体问题研究。第一，重置成本法中损耗率要正确计算（《国有资产研究（双月）》1994 年第 4 期）。第二，小城镇建设要把经济、社会和生态效益统筹考虑（《小城镇建设》2001 年第 1 期）。第三，对新节假日制度提出节日安排在假日中间的建议（《中国经济导报》2008 年 7 月 5 日）。第四，政府职能转变要遵循经济规律（《国家治理（周刊）》2015 年 8 月 12 日）。第五，供给侧改革理论与实践成就总结（《中国企业报》2017 年 10 月 11 日）。

4. 重要课题。第一，劳动价值论研究（教育部委托项目，2002 年）。该课题在总结不同观点基础上，提出了价值理论创新的必要性和路径，为党的十六大报告提供了理论参考。第二，中国专利检索系统可行性研究（国家专利局重大项目，2002～2004 年）。该课题是论证中国自主开发专利检索系统的可行性，冯春安教授带队完成了该项目的社会经济效益分析。

（二）韩金华

韩金华，中央财经大学经济学院教授，硕士生导师，中国人民大学经济学博士，经济学院学术委员会委员、经济学院纪委委员、政治经济学系党支部书记、政治经济学学科建设责任人、经济学院新时代中国国有经济研究中心主任。主要从事社会主义经济理论与实践、马克思主义经济思想史的教学与研究，主持完成教育部人文社会科学研究项目和北京市人文社会科学研究项目各1项、出版专著2部，在《经济学动态》《税务研究》《当代经济研究》《中央财经大学学报》等刊物发表论文数篇；为本科生、硕士研究生和博士研究生主讲《政治经济学》《〈资本论〉与经济经典著作选读》《〈资本论〉与社会主义市场经济》《社会主义经济思想史》《高级政治经济学》等课程。

韩金华教授1988年9月考入兰州大学经济系政治经济学专业攻读本科，1992年7月获经济学学士学位；经免试推荐，1992年9月开始于兰州大学经济系攻读硕士研究生，1995年7月获经济学硕士学位；1995年9月考入中国人民大学马列所政治经济学专业攻读博士研究生，1998年7月获经济学博士学位。同年入职于中央财经大学政教部，2000年经济系成立后随政治经济学教研室转入经济系，2003年经济学院成立后执教于经济学院政治经济学系。

韩金华教授主要从事理论经济学的研究工作，主要研究领域是政治经济学和马克思主义经济思想史，主要研究方向为马克思主义劳资关系理论、马克思主义垄断理论和金融资本理论、马克思主义收入分配理论等。韩金华教授的上述研究主要围绕三个层次展开：理论的主要内容、理论的发展历程和理论的现实意义。

韩金华教授关注并研究"马克思主义垄断理论和金融资本理论"，主要是通过对马克思主义垄断理论和金融资本理论发展历程及其主要观点的梳理，一方面是为了正确认识资本主义发展的最新阶段，但更为重要的是强调马克思主义垄断理论和金融资本理论对中国特色社会主义经济建设尤其是反垄断、充分发挥信用的作用、正确理解危机的实质以及对国有企业进行股份制改革的指导意义。该研究方向已发表的主要研究成果有《希法亭金融资本理论研究》（专著）、《培育和发展金融资本，促进我国金融业改革》（论文）、《我国反垄断的经济理论基础——马克思主义垄断理论》（论文）、《垄断与反垄断理论的梳理及其启示》（论文）、《希法亭的企业融资方式理论及其对我国的启示》（论文）等。

韩金华教授关注并研究"马克思主义劳资关系理论"，主要是通过对马克思主义劳资关系理论发展历程及其主要观点的梳理以及与西方劳资关系理论的对比，重点强调马克思主义劳资关系理论对于解决我国经济发展过程中出现的劳资矛盾和劳资纠纷以及构建和谐劳资关系的指导意义。该研究方向获批的科研项目及已发表的主要研究成果有《非公有制经济劳资和谐关系研究》（教育部人文社会科学一般规划项目）、《非公有制经济和谐劳资关系研究—以私营经济为例》（专著）、《马克思劳资关系理论的主要特征及其现实价值》（论文）、《我国私营经济劳资矛盾和冲突形成原因探究——基于〈资本论〉的视角》（论文）、《科学发展观与和谐劳资关系》（论文）、《树立科学发展观构建和谐劳资关系——基于〈资本论〉的视角》（论文）、《协调公平与效率关系构建和谐劳资关系》（论文）、《运用税收政策促进非公企业劳资关系和谐发展》（论文）、《改革以来中国私营经济劳资关系发展轨迹总结与展望》（论文）、《建国初期我国非公有制企业劳资关系探析》（论文）等。

韩金华教授关注并研究"马克思主义收入分配理论"，主要是通过对马克思主义收入分配理论发展历程及其主要观点的梳理以及与西方收入分配理论的对比，重点强调马克思主义收入分配理论对于解决我国经济发展过程中出现的收入分配失衡等问题的指导意义。该研究方向获批的科研项目及已发表的主要研究成果有《北京市城镇居民收入分配制度改革研究》（北京市人文社会科学一般规划项目）、《党的十八大报告中收入分配政策的最新概括及其理论基础——基于马克思、恩格斯收入分配理论的视角》（论文）、《北京市城镇居民收入分配制度改革研究》（论文）、《我国城镇居民收入分配失衡问题研究——《基于〈资本论〉中收入分配理论的视角》（论文）、《改革开放以来我国居民收入分配差距及对策研究——以北京市为例》（论文）、《建国 60 年来我国居民收入分配差距演变轨迹及原因研究》（论文）、《改革开放以来劳动报酬占初次分配比重演变轨迹、原因及对策研究》（论文）等。

总体而言，韩金华教授研究的三个主要领域和方向，是马克思主义三大基本理论；韩金华教授研究的特色在于关注马克思主义政治经济学基本理论的发展历程，关注其来龙去脉，并且强调理论对于实践的指导意义。对上述三大理论发展历程及其现实意义的研究，能够证明马克思主义的基本原理尤其是马克思所提出的基本原理依旧具有极强的生命力。韩金华教授的研究既能够继承和宣传马克思主义的基本原理，也能够在一定程度上通过马克思主义基本原理中国化来进一步丰富马克思主义基本原理的内涵。

（三）林光彬

林光彬，中央财经大学教授、博士生导师，中国人民大学经济学博士，现任中央财经大学学术委员会委员、中国财政发展协同创新中心学术委员会委员、基础理论研究团队成员，"马克思主义与中国经济发展道路"协同创新中心学术委员会委员，经济学院中国政治经济学研究中心主任，发展规划处处长、高等教育研究所所长。在《光明日报》《政治经济学评论》、China Economist、《管理世界》《教育研究》等发表论文 60 多篇，其中 2 篇被《新华文摘》全文转载、12 篇被中国人民大学报刊复印资料全文转载。出版学术专著《私有化理论的局限》（被列入"十一五"国家重点图书）、《财局与政局：中国的政治经济关系》等。主持国家社科基金项目等多项。获得世界政治经济学学会杰出研究奖（2017，The Distinguished Achievement Award in Political Economy for the Twenty – First Century）、教育部第六届高等学校科学研究优秀成果三等奖、北京市第十一届哲学社会科学优秀成果二等奖，北京市教育教学成果一、二等奖。

林光彬教授 1995 年 6 月毕业于西北大学，获学士学位。1999 年 9 月考入西北大学攻读硕士，2001 年 6 月毕业，获经济学硕士学位。2002 年 9 月在中国人民大学攻读博士，2005 年 6 月毕业，获经济学博士学位，同年来校任教。2012 年 1 月在英国伦敦大学亚非学院中国研究中心做访问学者，2012 年 6 月回国。2012 年 8 月在美国密西根大学教学研究中心（CRLT）做访问学者，2012 年 9 月回国。

林光彬教授主要学术研究表现在：

第一，从财局与政局的关系，对我国政治经济关系进行了系统性研究。以所有制、财政制度构成的财局与国体、政体构成的政局为主线，初步构建了一个国家理财学的理论框架。成果由人民出版社 2018 年以《财局与政局：中国的政治经济关系》出版。

第二，从规律、制度、管理三个层面对我国古典政治经济学和财政学进行了创新性研究，提出我国是古典政治经济学创始国和财政学创始国，世界经济学的第一、二次发展高潮分别是我国的春秋战国时期和宋代。成果《我国是古典政治经济学的创始国》发表在《政治经济学评论》2015 年第 3 期，第 68 ~ 105 页，独立作者；被中国人民大学复印报刊资料《理论经济学》2016 年第 3 期全文转载；成果"我国是财政学的创始国"，发表在《人文杂志》，2016 年第 2 期，第 41 ~ 49 页，独立作者。

第三，从经济史的角度，从市场经济微观运行主体历史演化的角度分析企业、银行与政府的相互依存关系所形成的软约束，从技术变革和经济关系矛盾运动中解释软约束形式的历史演变，以产权社会化，经济金融化、保险化的内在变化说明整个社会经济关系变化所呈现的软约束新特征。研究得出：产权社会化与预算软约束的常态化导致市场经济自身无法实现资源优化配置的理想功能，新古典的微观经济学基本原理无法解释现代市场经济主要组织的经济行为，需要建立新的微观经济学基本原理；预算软约束的外部性具有了整体性和全球性的特征，并成为全球金融危机和经济危机不断循环与周期性爆发的主要内在原因和结果。因此，必须加强对现代企业组织和金融机构的监管，制定适应时代发展的监管制度；加快建立国际经济新秩序、矫正失衡的国际储备货币体系和加强对跨国经济组织的全球管理势在必行。成果以《市场经济与软约束——对市场经济微观基础的反思》发表在《政治经济学评论》2011 年第 2 期，第 106～128 页，独立作者；被《新华文摘》2011 年第 19 期全文转载；China Economist，2012（1），第 68～77 页，全文翻译；《中国经济学年鉴》（2012）摘要收录；获《政治经济学评论》两年度学术菁英奖。

第四，对市场与政府的关系进行了深入研究，提出了新见解。认为：（1）市场不会配置资源，市场只是一种商品交易的平台、一种聚集交易信息发布交易信息的平台，并且是事后呈现的结果，即市场平台观。（2）市场上交易或行为的主体是组织和个人，即政府、企业、家庭和个人，是这些主体在配置资源。（3）政府是市场的有机组成部分，是市场和市场经济的最大行为主体，也是市场和市场经济的奠基者、设计者、规划者、建设者和维护者，同时也是设租者，甚至制造不良的制度和政策会加剧市场的波动。这个可以从国内市场和国际市场的演进中清晰地看出来。（4）由于市场中的组织和个人在资源配置中行为的短期化、机会主义和自利行为的全局性后果，政府、企业、家庭、个人这四类市场行为主体都需要国家和社会通过法律等强制力与伦理道德来约束。成果《重新理解市场与政府在资源配置中的作用》发表在《教学与研究》2017 年第三期，封面专题"政治经济学前沿"，第 12～21 页，独立作者；被中国人民大学复印报刊资料《社会主义经济理论与实践》2017 年第 5 期全文转载。

第五，对我国财政改革的政治经济学逻辑进行系统研究。通过对我国财政改革的内在逻辑进行分析，发现所有制和税制变化所形成的财局与政局之间的互动演化，是我国财政改革的最重要内因；财政困境的突破和矫正分利失衡是政府推进财政经济改革的直接动力；财政改革经历了从控税源到改税制的发展演进。成果从政治经济学的视角，用历史和逻辑相结合的方法，首先从历史演进的逻辑对中国财政改革进行分析，然后以此为基础，从政治逻辑、经济逻辑、财政逻辑和发展逻辑四个方面对我国财政改革进行了理论分析，认为保障中央政府的财政经济权威是改革不可动摇的政治逻辑，适应基本经济制度的变化是财政改革的经济逻辑，经济决定财政是财政改革的自身依存逻辑，财政经济矛盾的展开和克服的无限循环过程是财政的发展逻辑。财政改革尚面临三个深层问题，即政府层级之间的收支均衡问题，国有企业发展的"收益个人化、成本社会化"带来的巨大系统性财政风险管控问题，财税对社会两极分化的有效缓减问题。成果《中国财政改革的政治经济学逻辑》发表在《中央财经大学学报》，2016 年第 2 期第 70～84 页，独立作者；被中国人民大学复印报刊资料《财政与税务》2016 年第 5 期全文转载。

第六，从等级制度和市场经济交互作用的视角，对我国城乡收入差距进行了开创式研究。提出，社会等级关系和市场经济相互作用形成的分配关系是城乡收入差距扩大的根本原因。社会等级关系与市场经济本身有不断扩大城乡收入差距的趋势，而国家在一段时间内执行扶强扶优的政策，使国家宏观调控熨平城乡差距的政策发生错位与缺位，加快了城乡收入差距的扩大。中国城乡收入差距扩大的发生机制与根本原因是社会等级秩序格局、失衡的财富与收入分配格局、资源的流动性障碍格局与市场等级化格局等一系列社会安排的相互作用，在计划机制与市场机制双重的规则下，形成了一种"收入差距不断扩大的自我强化机制"。收入分配的公平深深地依赖于政治和社会安排。因此，要实现政府主导的城乡统筹发展、缩小城乡居民收入差距警戒性扩大的根本性措施是：实现城乡等级法权地位平等化、收入分配格局平衡化、农村资源充分流动化与市场一体化。成果《等级制度、市场经济与城乡收入差距扩大》发表在《管理世界》，2004 年第 4 期，第 30～40、50 页独立作者；被《新华文摘》2004 年第 7 期全文转载；被人民大学复印报刊资料《国民经济管理》2004 年第 8 期全文转载。

第七，在前人研究的基础上，广泛吸收海内外学人的最新研究成果，通过逻辑与历史相结合，理论与实践相结合，用辩证唯物主义与历史唯物主义的分析方法对私有化理论与政策进行系统思辨分析，从生产力与生产关系的矛盾运动中解释社会经济现象与所有制的变迁，在历史形成的社会经济结构的整体制约中分析私有化这一经济行为，通过社会实践来检验私有化理论与政策建议是否符合社会经济发展的规律与社会发展的目的。具体从人性利己论、自由市场论、个人主义方法论、私有产权高效论、政府失灵论、私有化政策建议及其局限性、三种类型国家私有化的实践，对私有化理论进行了系统的思辨、剖析。把形形色色的私有化理论概括为人性利己论、自由市场论、个人主义方法论、产权论、政府失灵论，并对之进行了系统追溯、梳理和述评，认为人性利己论及其逻辑下的个人主义效率观与所有权个人主义是所有理论的基点。对三种类型国家私有化的效果进行了比对分析和评价，认为经济发展要处理好国家与市场的关系、经济增长与社会全面协调发展的关系、效率与公正的关系、利用内资与外资的关系、自主创新与引进技术的关系；提出发展要以人为本，走群众路线、协调之路；一个国家整体发展方法、方式的转变，不能走"乌托邦式的社会工程学"道路，不能简单地"彻底打碎一个旧机器"，经济结构和所有制结构的调整要遵循经济规律、切合发展的实际，发展要循序渐进，通过切合实际的政策设计，务实地处理好"破"与"立"的关系，通过累积效应发展自己；认为国家与市场、秩序与自由的平衡关系决定经济发展与繁荣，两者的关联互动对经济发展具有放大效应；提出建设一个好的市场经济，深化改革和完善市场机制关键要解决两个核心问题，一是建立有效监管政府及其官员的机制，二是建立有效监管企业及其领导人的机制；提出建设一个好的市场经济和有效率的企业组织需要三个制度基础设施，即一个民主高效廉洁的政府治理结构（政治民主）、一个平等的自由竞争环境（经济民主与法治市场）和一个权利平衡的灵活所有制结构（企业民主与共同治理）。成果专著《私有化理论的局限》被列入"十一五"国家重点图书——《政治经济学论丛》第四辑，由经济科学出版社 2008 年出版，2010 年获北京市第十一届哲学社会科学优秀成果二等奖，2013 年教育部第六届高等学校科学研究优秀成果（人文社会科学）三等奖；2017 年获"The Distinguished Achievement Award in Political Economy for the Twenty – First Century"（the World Association for Political Economy）。

（四）齐兰

齐兰，中央财经大学经济学院教授，博士生导师，中南财经政法大学管理学博士。曾任中央财经大学研究生部副主任、MBA 教育中心主任、纪委副书记、监察审计处处长。现任中央财经大学校学术委员会副主任委员。

兼任中国工业经济学会常务副理事、首都企业改革与发展研究会常务理事等职。

齐兰教授主要研究领域是经济全球化与中国产业发展。主持国家社会科学基金重点项目 2 项，教育部人文社科规划基金项目 2 项，其他省部级课题 6 项。先后在《中国社会科学》《中国工业经济》《经济学动态》《宏观经济研究》《经济理论与经济研究》《改革》等重要学术期刊发表学术论文 70 余篇，其中多篇被《中国社会科学文摘》、中国人民大学书报资料中心转载。并在商务印书馆、中国经济出版社出版学术著作 4 部。

齐兰教授一直关注和研究开放条件下我国产业发展问题，围绕这条主线重点研究经济全球化背景下中国的产业发展、产业组织结构优化、产业结构升级、产业监管、区域产业布局、产业国际竞争力提升等方面问题，其主要学术思想集中体现在六个方面，即：资本全球化与中国产业发展、市场国际化与市场结构优化、经济金融化与产业结构升级、金融开放与金融监管、区域开放与区域产业布局、对外投资与中国产业全球竞争力提升。初步形成了当今开放条件下中国产业发展问题研究的分析框架和主要内容，其中有些思想观点和政策建议得到了理论界的重视和政府决策部门的采纳，为中国政治经济学和产业经济学理论和实践的发展做出了一份贡献。

1. 关于资本全球化与中国产业发展。研究成果主要体现在主持完成的国家社会科学基金重点项目"垄断资本全球化问题理论探讨"，在《中国社会科学》发表的"垄断资本全球化对中国产业发展的影响"论文，和在商务印书馆出版的个人学术专著《垄断资本全球化问题研究》，其中论文被《中国社会科学文摘》、中国人民大学书报资料中心转载，政策建议内容被选入全国哲学社科规划办公室的《成果要报》（总第 452 期），受到国家和省部级领导的重视和批示，成为制定国家有关经济政策法规和地区产业发展规划的参考依据。

2. 关于市场国际化与市场结构优化。研究成果主要体现在主持完成的教育部人文社科规划基金项目"经济全球化对我国市场结构的影响"，和在中国经济出版社出版的个人学术专著《市场国际化与市场结构优化问题研究》，以及在《中国工业经济》《经济学动态》《宏观经济研究》《经济与管理研究》等期刊发表《经济全球化对我国主要行业市场结构的影响及其对策》《国有银行垄断的影响效应分析》《基于消费者异质性的产业组织理论研究新进展》

《中国临空经济发展影响因素研究》等多篇论文，还有对一些主要行业进行考察形成的调研报告，包括电信业、汽车业、家电业、物流业、航空业、银行业、保险业、证券业、出版业、电视传媒业、互联网金融业等行业，其中有论文被中国人民大学书报资料中心转载，调研报告中有关政策建议部分得到相关部门的重视和采纳。

3. 关于经济金融化与中国产业结构升级。研究成果主要体现在主持完成的教育部人文社科规划基金项目"金融资本全球化及对我国经济的内外影响"，和在《光明日报（理论版）》《学术论坛》《中央财经大学学报》《当代经济管理》等报刊期刊发表的《金融化趋势下的产业结构优化升级》《经济金融化对中国产业转型升级的影响及其对策》《中国经济金融化对产业结构优化影响机制的实证研究》《制度环境、区域金融化与产业结构升级》等相关论文。

4. 关于金融开放与金融监管。研究成果体现在主持的国家社会科学基金重点项目"当代垄断资本金融化研究"的阶段性研究成果，和在《学术月刊》《政治经济学评论》《中央财经大学学报》等期刊发表《全球金融体系变革与中国金融监管体制改革》《银行效率与经济增长关系实证研究》《当今垄断资本主义的新变化及其发展态势》等多篇论文，其中有论文被《中国社会科学文摘》转载。

5. 关于区域开放与区域产业布局。先后主持2项广西壮族自治区政府重大项目，即"增强广西资源富集区自我发展能力问题研究"和"加快建设广西能源支撑体系对策研究"，带领研究团队深入广西进行考察调研，所形成的研究报告和政策建议（文件稿）得到广西区政府的肯定和采纳。

6. 关于对外投资与中国产业全球竞争力提升。研究成果主要体现在主持完成的北京高校学科带头人培养项目"经济全球化与中国企业发展战略"和在《中国工业经济》《改革》《中国流通经济》《财经研究》等期刊发表的《贸易与投资并重的国际资源开发策略》《经济全球化与我国企业发展战略选择》《国家经济风险与FDI——基于中国的经验研究》《套利动机是否加速了对外直接投资——基于对矿产资源型国有企业的分析》等多篇论文。

第二节 西方经济学

一、历史沿革

2006 年，西方经济学（微观方向）获得硕士学位授权点；2010 年，西方经济学（微观方向）作为理论经济学一级学科的重要方向获得博士学位授权点。2012 年，依托西方经济学、政治经济学等理论经济学一级学科，联合中央财经大学社会发展学院、清华大学中国与世界经济研究中心、北京大学中国经济研究中心、中国国际经济交流中心、《经济社会体制比较》杂志五家机构学院组建成立了"经济转型的民生发展与中国经济学理论 2011 协同创新中心"，为西方经济学学科发展构建了新的高层次创新平台。

西方（微观）经济学学科在学院整体学科协调、有重点发展的纲领引领之下，借助于协同创新平台的机制和资助，通过十几年的共同努力，基本明确了学科定位、凝练了研究方向、组织了核心的师资、创新了制度机制、取得了一定的建设成效，同时也对学科的未来发展坚定了信心。

二、基本情况

目前为止，西方（微观）经济学学科点已建立起"文化与经济研究中心"、"行为与实验经济学研究中心"为代表的院级研究机构，在整个团队的努力下，形成了一批高质量的科研成果，并在博士、硕士和本科层次上开设出"西方经济学前沿""文化经济学研究专题""行为与实验经济学"等多层次的学科前沿课程，在国内西方（微观）经济学学科范畴内形成了初步的特色和影响力。由该学科点与《经济研究》杂志社于 2014 年共同发起的"文化与经济论坛"也成功地举办了 4 届，在国内已产生了重要的学术影响。

科研成果上，学科团队获得国家社科基金重大项目 1 项，各类国家级项目多项，在国际 SSCI 期刊（包括 China Economic Review 等）、国内一流期刊（《经济研究》《世界经济》《管理世界》等）上持续发表高水平论文，一些研究成果得到省部级科研成果奖项，所形成的一些政策建议得到了相关政策部门的关注和批示。

在教学上，学科点除了负责本科"经济学原理""中级微观经济学""高级微观经济学""博弈论与信息经济学"等基础课程之外，还开设出"西方经济学前沿""文化经济学研究专题""行为与实验经济学"等多层次的学科前沿课程，拓展了学科点学生的知识界限，提高了学生的创新能力。

三、主要研究方向

西方（微观）经济学作为理论经济学最重要的基础二级学科，主要包括消费者理论、厂商理论、市场结构理论、一般均衡以及社会偏好和社会福利理论等。最近20年来，博弈论和信息经济学、行为和实验经济学、微观政策评估等在微观经济学中发展最快，也越来越成为整个理论经济学理论的微观基础。西方（微观）经济学的理论和方法是其他经济学研究的重要基础，经济学院的西方（微观）经济学科与劳动经济学、产业经济学、微观计量、经济史学、文化与宗教经济学等经济学科以及（认知、社会）心理学、社会学、神经科学等其他学科相互融合，交叉发展。

目前为止，本学科点的核心研究集中于三个主要的方向：一是文化与观念的经济学，研究文化、观念等对于经济行为的影响，并在此基础上构建完整的文化观念经济学体系；二是行为与实验经济学，超越新古典经济学的基本假设，研究人类行为的复杂性及其对于经济社会结果的影响；三是宗教经济学，研究宗教的演进及其与经济决策、经济结果间的关系。

四、学科团队

西方（微观）经济学学科点现有专职教师11人，其中教授3人、副教授5人、讲师3人，海外引进人才3人、博士生导师3人。

李涛教授：教授、博士生导师、校长助理，"万人计划"哲学社会科学领军人才、中宣部文化名家暨"四个一批"人才、百千万人才工程人选、"万人计划"青年拔尖人才、教育部新世纪优秀人才，国务院政府特殊津贴获得者。其主要研究方向为经济观念与行为、家庭金融等，在《经济研究》《世界经济》《金融研究》"Journal of Regional Science"（SSCI）等国内外著名期刊发表相关研究方向论文多篇，并获得过省部级科研成果奖励。其主要社会职务为《经济研究》编委、《世界经济》编委、北京外国经济学说研究会副会长、中国世界经济学会（第十届）常务理事等。主要负责学校国际交流合作和港澳台工作、协助负责本科教学工作、负责信息化和教学技术服务工作。

王海港：教授、博士生导师，北京大学经济学博士，美国康奈尔大学等国外大学访问学者。王海港教授研究领域集中于劳动经济学、实验经济学、文化与宗教经济学、量化历史。其论文"中国居民家庭的收入变动及其对长期平等的影响"（《经济研究》2005 年第 1 期）是中国国内学者研究中国居民收入流动性的开始。

张彩萍：经济学博士，教授，硕士生导师，美国华盛顿州立大学经济学博士。目前担任中国农经学会青工委委员。主要研究领域包括：家庭与消费经济学、食物消费与政策研究、发展与农业经济等。主持了多项国家自科基金、教育部、北京市社科和国际合作课题。关于食品安全和食物消费方面的研究有多篇论文发表在国内外农经领域一流期刊上，并有多篇英文论文被 SSCI 和 SCI 双检索和收录。曾受邀访问过美国加州戴维斯大学、美国佛罗里达大学、荷兰 ISNAR 研究中心等开展学术交流与合作。

周战强：教授，博士生导师，北京大学经济学博士，美国加州大学洛杉矶分校安德森管理学院、英国杜伦大学商学院访问学者。讲授微观经济学、宏观经济学、经济学原理、博弈论与信息经济学、管理经济学、证券投资等课程。主要研究方向是行为经济与行为金融、流动人口与城镇化、农业科技创新。先后主持或参与国家自科基金、国家社科基金、省部级等课题 10 余项，发表学术论文 30 余篇，出版《行为金融：理论与应用》等著（译）作 9 部。作为主要起草人，参与起草了我国农业科技成果评价领域的首个国家标准《农业科技成果评价技术规范（国家标准 GB/T32225－2015）》。

李彬：副教授，硕士生导师，中国人民大学经济学博士，行为与实验经济学研究中心主任。在《经济研究》《世界经济》《管理世界》等杂志发表多篇论文。主持完成中国社会科学基金 1 项，参与完成各类国自科、国社科基金多项。荣获过全国优秀博士学位论文提名奖（理论经济学）。作为国际 Economic Science Association（ESA）会员，长期从事行为宏观经济学、实验经济学等领域的研究，主要兴趣集中于"预期与宏观经济"、"社会偏好"、"社会信任"、"合作"、"歧视"等方向。

李新荣：副教授，硕士生导师，美国德州农工大学经济学博士。主要研究领域为劳动经济学、公共经济学、应用计量经济学和文化经济。论文发表于《经济研究》《制度经济研究》等权威经济学杂志。主持教育部人文科学基金、北京市科学基金等多项课题。在加入中央财经大学经济学院之前，李新荣博士于 2008 年 6 月至 2008 年 9 月担任美国 Stata 公司的计量顾问，主要从事非参数模型的程序化工作。

乔恒：副教授，硕士生导师，北京航空航天大学经济学博士，德国 Duis-burg – Essen 大学博士后。乔恒的研究领域和兴趣包括博弈论、拍卖理论和实证研究、产业组织、微观实证应用研究以及理论经济学等，在国际 SSCI、国内核心期刊发表论文多篇。曾于 2008 ~ 2010 年，任德国 Konstanz（Excellence Initiative）大学经济系副教授。主讲高级微观经济学等研究生主干课程及拍卖理论和应用等课程。

邹燕：副教授，硕士生导师，北京大学经济学博士。2003 年 7 月进入中央财经大学经济学院工作至今。先后主讲过本科生"微观经济学""宏观经济学""制度经济学""经济学原理"和研究生"西方经济学""高级微观经济学"等课程。曾于 2004 年获得中央财经大学第 5 届青年教师教学基本功比赛综合二等奖；于 2006 年获评中央财经大学"女教职工风采之星"。研究领域为制度经济学、公用事业市场化、收入分配。目前已在 A 类核心期刊发表论文多篇，主持课题多项，其中一项为国家社科基金青年项目。

龚雅娴：讲师，北京大学国家发展研究院经济学博士，杜克大学访问学者。研究方向包括金融经济学、银行经济学、公司金融理论、博弈论等相关等理论研究。在 Journal of Banking and Finance、《金融研究》等国内外期刊发表学术论文多篇。

金萍：讲师，毕业于中国人民大学经济学院，研究方向是西方经济学和发展经济学。

李相宏：讲师，毕业于清华大学经济管理学院。从事技术创新与管理的研究，主要兴趣集中于"产业集群的形成及其创新机制"等方向。

该学科点的科研梯队从年龄结构上集中在中青年为主，年龄和职称结构比较合理，学源上具有高水平和多样化的特点。近年来，学科点团队的科研成果正在逐渐形成高水平和团队性特征。

五、未来发展展望

未来，西方经济学学科点预计将在文化经济学、行为与实验经济学、宗教经济学领域实现较高水平的发展。不过，当前，现有西方（微观）经济学学科点研究主要还是集中在应用微观经济学和应用微观计量、实验等方面，理论方面研究还很欠缺，这与目前微观经济学科发展处于平稳阶段有关，也是学科点相关师资需要继续充实的表现。

西方（微观）经济学学科团队建设和协同科研教学采取以下一些方式：

（1）建立 Workshop 制度，如"文化与经济 Workshop""行为经济学与心理学 Workshop"等每周定期的讨论班，以文献阅读和研究汇报为主要内容。

（2）推行讲座制度，如行为经济学系列论坛、文化经济学系列论坛等讲座。

（3）加强交叉学科和交叉团队建设，除本学科团队外，整个学科建设还涵盖社会与心理学院、本院其他专业的相关学者。

（4）建立学术会议制度，如每年定期举办的"文化与经济论坛"，支持团队（包括学生）参加各类国际和国内学术会议。

（5）开展国际团队建设。2015 年以来，聘请德国多特蒙德大学沃尔夫冈·莱宁格（Wolfgang Leininger）教授为中财讲习教授、国家人文和社会科学高端外国专家；聘请加拿大圭尔夫大学实验经济学家凯德斯比·布拉姆（Cadsby Bram）教授，英国华威大学商学院行为经济学家金星教授和张晨迪教授为中财讲席教授。

随着学科点坚持以上机制，在学校、学院建设资金的大力支持下，本学科将有效推进学科建设的层次，提高学科建设的水平，全面达到国内一流水平并快速接近国际一流，成为国内有特色的微观经济学学科点。

六、主要学术带头人简介

李涛教授简介详见经彩人物篇，第 217 页。

王海港，中央财经大学经济学院教授，博士生导师。1989 年毕业于山东大学，获学士学位。1997 年毕业于北京大学，获硕士学位。2005 毕业于北京大学，获经济学博士学位。2008 年来校任教。2012 年入选教育部"新世纪优秀人才"。2002 年赴美国在康奈尔大学经济学系做访问学者，2004 年在澳大利亚墨尔本大学经济学系做访问学者，2009 年在加拿大圭尔夫大学经济学系做访问学者。主要研究领域为：劳动经济学、实验经济学、文化与宗教经济学、量化历史。

王海港教授的第一个研究方向是居民收入流动性。由于可以公开获得的居民收入面板数据的限制，国际学术界对于中国收入流动性问题的研究仅限于 20 世纪 90 年代中后期 Nee Victor（1996、1997）的两篇论文。王海港的论文"中国居民家庭的收入变动及其对长期平等的影响"（《经济研究》2005 年第 1 期）是中国国内学者研究中国居民收入流动性的开始。据中国知网统计，至 2018 年此文共被其他作者引证 224 次，下载超过 3000 次。王海港（2006）将流动性研究进一步拓展至代际收入流动性，在国内外首次发布关于中国父子代际收入流动性的研究。论文发表于 2006 年《经济科学》第 2 期，共被引用 238 次，下载超过 2200 次。在收入流动性领域，王海港的一个重要创新是在国际上首次利用随机占优（Stochastic Dominance）方法对中国的收入流动性进行了价值评价。

王海港教授的第二个研究方向是政策评估。为帮助农村失地农民和剩余劳动力向非农产业转移，许多地方政府花费大量人力、物力举办了各种形式的职业技能培训，但因为涉及自选择（selection）和带有异质性的不可观测变量，培训的成效很难得到科学的评估。王海港等运用异质性处理效应模型（Heterogeneous Treatment Effect Model），评估了珠江三角洲 5 市（区）的 1000 户农户的职业培训成效。我们的实证结果建议政府应该吸引和动员那些不参加职业培训难以提高工资收入的村民参加培训，目前政府主导的培训项目的计划、组织、动员和考核方式需要改进。论文"职业技能培训对农村居民非农收入的影响——来自珠江三角洲的证据"发表在《经济研究》2009 年第 9 期，被引用 132 次，下载超出 3500 次。

王海港教授的第三个研究方向是实验经济学。除了计量经济学以外，国际学术界还大量采用经济实验来验证经济理论。特别是最近 20 年以来，实验经济学从早期验证博弈理论扩展到检验经济学理论的很多领域。近年来我们进行了几场国际同行普遍采用的投资实验，旨在研究中国居民的信任和互利程度。我们的研究表明，从大学生被试看，中国居民的信任和互利水平并不低于西方发达国家同类人群。而且，模拟的信息公开化可以提高学生干部的互利程度。实验结果有助于为建设诚信社会提出有建设性的建议。

第三节 经济史和经济思想史

一、历史沿革

经济史与经济思想史学科是理论经济学的重要组成部分。自复校以来，该学科一直存在，但其发展却相当曲折。20 世纪 80 年代，该学科获得较快发展；90 年代之后一段时间受财经类学科调整的制约，呈现萎缩趋势，一些学者离开了学校，其余的研究者则主要集中在金融史、财政史领域。2000 年成立经济系之后，经济史学科开始得到发展；2003 年经济学院成立，在理论经济学一级学科建设的刺激下，经济史学科获得快速发展，2003 年经济史硕士点获批。随着我校理论经济学国家一级学科的确立，经济思想史硕士点和经济史博士点也随之分设。为此，经济学院专门为经济史学科设立了经济史研究中心、中外经济比较研究中心和企业史研究中心。在此基础上，经济学院在2014 年专门成立经济史学系，目前有兰日旭、孙洪升、徐学慎、徐华、伏霖、路乾、孙菁蔚、刘卓珺、金星晔 9 人专职从事经济史、经济思想史的研究与教学，同时聘任了魏明孔、陈争平 2 人为该学科点的特聘教授；若加上分布在金融学院、财政税务学院、财经研究院、马克思主义学院等单位从事经济史与思想史研究的同仁，人数超过 20 人，初步形成了一个知识结构完整、老中青结合的经济史与经济思想史学科团队。

二、基本情况

经过学科团队的共同努力，我校经济史与经济思想史学科在科学研究上取得明显的成就。在国内外出版学术专著 50 多部，其中多部著作获得不同级别的奖项：姚遂的《中国金融思想史》、兰日旭的《中国近代银行制度变迁及其绩效研究》分别获得第一届、第二届金融图书"金羊奖"；孙洪升的《唐宋茶业经济》、兰日旭的《中国近代银行制度变迁及其绩效研究》分别获得北京哲学社会科学优秀成果奖一等奖和二等奖；姚遂的《中国金融思想史》获得教育部哲学社会科学优秀成果二等奖；而兰日旭的《中国近代银行制度变迁及其绩效研究》（*Transformation of China's Modern Banking System from the Late Qing Era to the 1930s*（Vol. 1，2）. Enrich Professional Publishing 2015）、《经济强国之路》（即将由爱思唯尔（Elsevier）出版集团出版）以及参与的《中国对外经济关系史教程》（*History of Chinese and Foreign Economic Relationships*，Eagle Publishing Company 2015）在国家社科基金中华外译项目的支持下出版了英文版。在 SSCI 来源期刊、《经济研究》《中国经济史研究》《经济学动态》《财政研究》等杂志上发表论文 200 多篇，主持了国家社科基金、教育部哲学社会科学项目、北京市社科基金、基地课题及其他横向课题 30 多项；主持或参与了《中国金融史》《中国近现代经济史教程》《中国对外经济关系史教程》等国家级教材和《中国经济史》马克思主义理论研究和建设工程重大教材的编写，在中国金融史、财政史、中外经济关系史等领域的研究成果已经在全国产生了很大的影响，特别是中央财经大学中外经济比较史学系列著作在社会科学文献出版社的出版，迅速提升了我校经济史学科的地位和影响力。

在教学上，经济史系教师承担全校本科生的经济史、思想史、经济学说史、发展经济学与制度经济学等课程的教学；承担硕士生、博士生的经济史、经济学说史、经济思想史等课程的教学。已经建立了包括《中国经济史》《世界经济史》《中外经济关系史》《中国经济思想史》《1500 年以来的经济社会变迁》《金融史专题研究》《经济史研究前沿》等课程在内的较为完备的本科阶段和研究生阶段的经济史和经济思想史课程体系。

本学科点已经构建起了一个"请进来、走出去"的稳定交流网络。"请进来"上，确立了三个渠道：一是经济史名家讲座，目前已经邀请了李伯重、萧国亮、陈争平、朱荫贵、魏明孔、武力、邓钢、等几十位国内外著名的经济史学家来校讲座。二是中青年经济史学者论坛，先后邀请了陈硕、李楠、高超群、赵学军、黄英伟、隋福明、管汉晖等经济史领域的才俊来校讲座。三是中财经济史论坛，从 2015 年至 2018 年已经举办"清以来的货币金融变迁""长期经济发展与货币金融变迁""大分流与货币金融变迁"和"商贸演进视角下的货币金融变迁"等 4 届学术研讨会。同时，经过努力争取，国家一级学会——中国商业史学会的秘书处已经建立在经济学院。借助上述渠道，经济史团队与国内外高等院校、研究所建立起一个稳定的学术交流平台。"走出去"上，经济史团队从 2008 年起不间断地参加了每隔两年举办一次的中国经济史年会、从 2012 年第 16 届起连续参加了每隔三年举办一次的世界经济史学术研讨会。当前，经济史团队成员中孙洪升、兰日旭、马金华 3 人兼任了中国经济史学会理事，兰日旭还兼任国史学会理事和中国商业史学会副会长。

在服务社会方面，目前集中在"一带一路"倡议构想的研究中，从 2016 年起，每年出版一本以此为主题的研究报告（至今已经出版了《一带一路：全方位的战略》《"一带一路"沿线的风险及其防范》《中国与沿线国家和地区行业交往现状及趋势》3 部），为"一带一路"倡议建设提供必要的学理支撑，给政府、企业、社会等层面供应相应的理论与实践借鉴。在学校、学院党委支持下，以经济史学系为依托的经济史党支部建设也取得了长足进步，2018 年成为教育部首批建设的 100 家高校"双带头人"教师党支部书记工作室之一。

三、主要研究方向

经济史和经济思想史学科点包含经济史和经济思想史两个大的二级学科。

（一）经济史学科点的研究方向

经济史学科的研究方向横跨了古代、近代、现代各个时期，核心则集中在古代经济史、中国近现代经济史、中外经济发展比较等三个领域。

一是中国古代经济史，中国古代经济史研究是中国经济史研究中的重要内容。中国古代的商品经济、国家财政和金融业的发展是相互有密切联系且又相对独立的研究课题。尤其是商品经济的发展，对国家财政的内容、财政政策的变化等诸多方面产生了直接的影响；反过来，国家财政也不断适应商品经济发展的要求，在一定程度上影响了商品经济发展的速度和方向。同时，由于中国古代的商品经济发展有鲜明的自身特色，伴随着商品经济的发展，中国古代金融业得到很大的发展。从商品经济发展的视角探究金融业的发展，更能准确了解金融业自身的发展情况，从而能全面把握中国古代金融业的发展。从事本研究方向的学者，各有自己的研究专长，分别对我国古代不同时期的商品经济发展情况、古代财政、古代金融业的发展、金融思想的演变、唐宋茶叶经济、清代科技制度等有独到见解。古代经济史研究方向的研究队伍结构合理，既有孙翊刚、王文素等研究中国古代财政史的资深专家，姚遂等研究古代金融史的知名教授，孙洪升等研究唐宋茶叶经济的教授，也有郝秉健、李强等研究古代商品经济史（尤其是部门经济）的中青年学者。

本研究方向的教师在不同的研究领域都有突出的表现。孙洪升教授在唐宋茶叶史、郝秉健教授在明清史、姚遂教授在金融史、孙翊刚和王文素教授在财政史等领域的研究，都引起了国内外学术界的关注。当前，中国正大力发展市场经济。这需要对我国的国情和历史，尤其经济史有深入全面的了解。而研究古代经济史，不仅有重要的学术价值和学术意义，是继承和发扬中国优秀传统文化的需要；而且，对中国特色社会主义市场经济的建设也有很强的借鉴意义。

二是中国近现代经济史。中国进入近代社会以来，传统的、封闭的经济开始被动地转变为对外开放；1978 年以来，我国实行改革开放的政策，主动对外开放。中国的经济在近现代以来由自给自足的自然经济向近代资本主义工商业经济、社会主义现代化经济转变。目前，中国的经济现代化和市场经济的发展仍在探索和实践之中，研究中国近现代经济发展史对于了解中国近代以来经济发展规律、市场化发展变化的趋势、特征等有着重要的学术价值；而总结中国近代以来经济发展的经验教训，能更好地认识基本国情。认识经济现代化和市场经济体制建设是中国社会经济历史发展的必然趋势。同时，第二次世界大战以来，发展成为世界各国尤其是发展中国家普遍关注的问题，如何摆脱贫困、走上富裕、实现现代化是摆在发展中国家面前的重要任务，而要做好发展的工作，就必须对本国的国情和历史尤其是近代以来的经济发展史有全面深入的了解，分析造成贫困的原因，从而找到适合本国的发展道路。目前中国已经取得了一些发展经济的宝贵经验，在致力于建设和谐社会和为实现中华民族伟大复兴的中国梦而奋斗的关键时刻，尤其需要对中国近代和现代的经济史有新的探究。因为中国近代经济是我国社会主义经济建立的基础和起点，对近现代经济发展的状况、水平、性质、特点等方面的科学分析和认识，对于今天全面建成小康社会、深化发展社会主义市场经济、建立现代经济体系不仅有历史的借鉴意义，而且有现实的指导作用。当然，发展不仅仅是一个经济问题，还受到文化、政治等很多其他因素的影响和制约。本研究方向的教师多是中青年教师，年富力强，有很强的研究能力。他们除了有扎实的经济学理论修养外，而且对中国近现代历史颇为熟悉，这为我们的研究工作提供了新的研究思路和研究方法。兰日旭教授以西方经济学、金融理论为依托，对近现代中国的银行业和新中国的金融发展等领域的研究具有很大优势；刘卓珺副教授在非正式制度对经济作用方面有一定的研究基础；禚召海副教授熟悉中国近代社会的政治发展情况，对于中国近代政治对经济的影响有独到的认识；张劲涛副教授熟悉财政理论，对于研究中国近代的财政问题很有帮助；孙建华副教授在金融史领域的研究拓展了学科发展的深度；伏霖副教授、金星晔博士在经济增长有着系统的研究。

三是中外经济比较研究。本研究方向旨在考察 15 世纪以降中外经济的发展历程，力图按照为认识中国而认识世界、因认识世界而更了解中国的逻辑，从比较中揭示中外经济发展的异同与得失，从历史反差中寻找现实反差的原因，"知今日现象之所由来"，为当前中国经济建设提供有益的镜鉴。结合我校经济学其他学科的理论基础，与国内外经济史研究相比，中外经济比较研究将集中在经济发展史、金融史、制度史、商贸史四个方面。在经济发展史上，伏霖副教授参与的 GDP 估计国家重大课题，已经积累了很好的学科基础；在金融史方面，兰日旭教授、路乾副教授、徐华副教授等都有一批文章和著作问世，在国内外具有重大影响力；在制度史方面，路乾副教授、徐华副教授、孙菁蔚副教授等都有扎实的学科背景，为今后的研究奠定了深厚的学科基础。现在这一方向得到校科研处的强力支撑，2016 年至 2018 年相继出版了 9 本中外比较的系列著作，见表 2 - 2。

表 2 - 2　　　　　　　　中央财经大学中外经济比较史学系列著作

作者	书名	出版时间
兰日旭	《中外金融组织变迁：基于市场 - 技术 - 组织视角》	2016 年
路乾	《从政党银行到开放秩序——美国麻省十九世纪早期的银行开放史》	2016 年
徐华	《从传统到现代：中国信贷风控制度与文化的错位》	2016 年
伏霖	《经济转型与金融组织变迁：日本经验的中国镜鉴》	2018 年
孙菁蔚	《欧洲金融组织变迁：兼论中欧金融组织比较》	2017 年
肖翔	《从大一统到市场化：中苏（俄）银行体制历史演变的比较研究》	2018 年
孙建华	《近代日本在华之交易所》	2018 年
马金华	《英国金融组织变迁》	2018 年
徐华、徐学慎等	《中国企业的资本结构、公司治理和文化基因》	2018 年

系列著作的出版成为国内经济史学科中的一个亮点，引领中外经济关系史研究方向，使我校经济史学科快速进入国内研究的前沿。

在做好上述研究方向的基础上，我们逐步向中华人民共和国经济史、外国经济史领域拓展，着力打造一个研究方向齐全的经济史学科。

（二）经济思想史主要研究方向

我校经济思想史方向的研究主要集中在马克思主义经济思想史、中国经济思想史、外国经济思想史、制度经济学等领域的研究。

一是马克思主义经济思想史。这一方向主要集中在《资本论》研究领域。主要研究三卷《资本论》及马克思有关理论的手稿，深入研究和掌握马克思经济学的理论体系和方法，并运用其理论和方法来分析当代资本主义的发展以及中国社会主义经济体制改革和经济发展。目前，这个方向有韩金华、冯春安等教授坐镇，在国内具有一定的影响力，开始引领我校经济思想史学科的发展。

二是制度经济学研究。该方向主要研究制度变迁理论、意识形态理论、国家理论等对经济发展的作用和影响，重点运用制度变迁的基本原理，对中国经济发展的制度变迁进行案例分析。这个方向，伴随着路乾、伏霖等副教授的加入，特别是他们和徐华副教授等人的研究成果相继出版，也开始在国内经济思想史界引起相关研究者的关注。今后，这一研究可以作为重点突破的一个学科方向，力争在短期内提升经济思想史学科在国内外的影响力和学科地位。

三是外国经济思想史。这一方向集中在如下两个领域：其一，近代经济学研究方面，该方向包括自亚当·斯密《国富论》发表以来经济学说的发展，比如古典经济学、边际学派理论、马克思主义经济学、凯恩斯主义、新古典综合派、货币主义、理性预期理论等，为我国社会主义市场经济理论建立提供启示和借鉴。其二，当代西方经济学流派研究：主要研究20世纪30年代以来的西方经济学发展，了解经济学的最新动态，研究和分析我国的经济改革和经济政策。这一方向，苏雪川、徐学慎等老师已经积累了一定的研究成果，在国内开始有着一定的影响力。

四是中国经济思想史研究。中国经济思想史在我校刚刚开始加以重视，其内涵包括中国古代、近代、现代经济思想史。中国虽然拥有极为丰富的古代经济思想，但尚未被归纳为专门的经济学的科学体系，而中国近现代经济思想则是在外来经济学理论输入下逐渐发展起来的。因此我们有必要发挥理论经济学其他学科研究上的优势，在经济学理论体系的层次上研究中国古代经济思想中有哪些重要的可称为"经济学说"的系统观点，中国近代以来出现了哪些对中国经济关系和经济发展有见解的可称为"经济学说"的系统观点等，并探讨中国经济学说发展的特点和规律。目前，姚遂教授的中国金融思想史研究在国内具有很大影响。

四、学科团队

经济史和经济思想史学科点现有专职教师 8 人，其中教授 2 人，副教授 5 人，讲师 1 人；博士生导师 1 人，硕士生导师 6 人。

兰日旭：教授，博士生导师，南开大学经济学博士，2007 年曾在日本冈山大学经济学部研修；现为经济史学系主任、中外经济比较研究中心主任，兼任中国经济史学会理事、国史学会理事、中国商业史学会副会长；主要研究领域为金融理论与近现代金融史、中外经济关系。主持国家社科基金、教育部哲学社会科学基金项目等 11 项，参与教育部哲学社会科学基金、北京市哲学社会科学重点课题等 8 项。在《经济学动态》《经济社会体制比较》《中国经济史研究》等报刊发表学术论文 70 多篇，出版《中国金融现代化之路》（商务印书馆 2005 年版）、《中国近代银行制度变迁及绩效研究》（中国人民大学出版社 2013 年版，被列入了国社科中华外译项目；该书获得 2014 年第二届金融图书"金羊奖"、北京市第十三届哲学社会科学优秀成果二等奖）、《经济强国之路——中国经济地位变迁史》（高等教育出版社 2014 年版，被列入国社科中华外译项目）、Transformation of China's Modern Banking System from the Late Qing Era to the 1930s（Vol. 1，2）.（Enrich Professional Publishing 2015）、《中外金融组织变迁：基于市场－技术－组织的视角》（社会科学文献出版社 2016 年版）等 6 部学术专著；主编《"一带一路"：全方位的战略》（中国财政经济出版社 2016 年版）、《"一带一路"沿线的风险及防范》（中国财政经济出版社 2018 年版）、《中国与沿线国家和地区行业交往现状及趋势》（中国财政经济出版社 2019 年版）等 3 部；参编《新中国经济发展 60 年》（人民出版社 2009 年版）、《中国近现代经济史教程》（清华大学出版社 2009 年版）、《中国金融史》（高等教育出版社 2008 年版）、《中国对外经济关系史》（人民出版社 2011 年版）、History of Chinese and Foreign Economic Relationships（Eagle Publishing Company2015，获得2018年天津第十五届哲学社会科学优秀成果三等奖）6部。

孙洪升：教授，硕士生导师，1998年毕业于云南大学获博士学位。曾在北京师范大学从事博士后研究、任美国哈佛大学费正清中国研究中心访问学者。主要从事经济史与经济思想史、经济发展问题的教学和研究工作，在《思想战线》《中国农史》《中国史研究动态》《中州学刊》《云南社会科学》《农业考古》等报刊发表学术论文40余篇，出版学术专著《唐宋茶业经济》（社会科学文献出版社2001年版，获北京市第七届哲学社会科学优秀成果一等奖）；学术专著《中华茶史：宋辽金元卷》（陕西师范大学出版社2016年版，合著）；主编《经济史与经济思想史论丛》（群言出版社2017年版）；参加编写《中国金融史》（高等教育出版社2008年版）；编著《中国经济思想史》（中国人民大学出版社2019年版）。

伏霖：副教授，硕士生导师，清华大学经济管理学院经济学博士，博士期间曾赴美国麻省理工学院（MIT）访问学习。现任中央财经大学经济学院经济史学系副主任，中国商业史学会常务理事。主要的研究兴趣包括：长期经济增长与发展、中外经济制度比较、文化与经济学、政府与市场经济学等。先后在《经济研究》《世界经济》《经济学动态》《中国经济史研究》等期刊发表多篇学术论文。开设"世界经济史""中外经济关系史""宏观经济学（中级）""1500年以来的经济社会变迁"等本科课程，"高级宏观经济学"等研究生课程。近期与研究团队从事的研究主要包括：基于文本大数据的文化、观念与制度研究，从多维度考察中国人观念的历史变迁、原因及其长期影响；中国古代长期经济发展及其国际比较（980～1840年）；中国近代工业化历程及其长期影响。

刘卓珺：副教授，硕士生导师。2005年毕业于南开大学经济学院。教授课程有经济史、中国经济史研究、经济学原理、微观经济学。主要研究方向为中外经济发展比较研究、中国经济史、财经理论与政策。

路乾：副教授，美国马里兰大学经济学博士。代表作包括专著《美国银行业开放史——从权利限制到权利开放》，社会科学文献出版社2016年6月出版；英文专著"From Partisan Banking to Open Access：The Emergence of Free Banking in Early Nineteenth Century Massachusetts"，Palgrave Pivot，Oct. 2017等。在China & World Economy，Man & the Economy，《中国经济史研究》《国际经济评论》《新政治经济学评论》等期刊上发表论文。教授本科生及研究生微观经济学、经济学原理、制度经济学、中外经济关系史、中外金融史等课程。获得国家社会科学基金与国家自然科学基金等国家级研究资助。

徐华：副教授，硕士生导师，中国社科院研究生院博士，日本京都大学经济学部 2 年博士后研修经历。主讲《宏观经济学》《微观经济学》《管理经济学》《制度经济学》《中国经济思想史》等课程，并自办《国学讲习班》多年。主要研究方向是制度经济学，主攻方向是中国本土化经济制度与中国文化的关系。代表著作有：《从家族主义到经理主义：中国企业的困境与中国式突围》（清华大学出版社 2012 年版）、《从传统到现代：中国信贷风控的制度与文化》（社科文献出版社 2016 年版）。

徐学慎：副教授，硕士生导师，中央财经大学经济学博士。自 1987 年本科毕业于北京师范大学政治经济学系到中央财经大学任教，已从教 30 余年，于 2006 年获中央财大经济学博士学位。她长期讲授《西方经济学说史》《经济思想史》等本科课程以及《世界经济研究》《外国经济思想史》研究生课程。她主编及参与编著的教材有《当代世界政治经济与国际关系》《世界经济概论》《中国经济史》等，发表论文《经济全球化是发展中国家发展经济的必经之路》等十余篇，出版专著《小康社会消费模式与宏观调控启动机制研究》，参与校级课题及横向课题多项。

金星晔：讲师，清华大学经济学博士，博士期间曾赴美国麻省理工学院（MIT）访问学习。主要研究方向为经济史、文化经济学、发展经济学。主讲课程有：《中外经济关系史》（本科），《中外经济关系史》（研究生），《宏观经济学》（本科），《高级宏观经济学》（研究生），《世界经济史》（通识课）。研究成果发表于《经济研究》，China Economic Review，《中国经济史研究》等中英文权威期刊。参与社会科学基金重大项目 1 项，社会科学基金重点项目 1 项，教育部人文社会科学基金 1 项。

五、未来发展展望

针对经济史学科现有的研究基础、团队的构成，以及与国内外经济史研究相比的优势劣势，在今后一段时间经济史学科的建设可以围绕如下几个方面展开，以加快达到经济史学科的一流水平。

一是建设一流师资队伍。遵循经济史学科教师成长发展的规律，确立以中青年教师和创新团队为重点，培育跨学科、跨领域的创新团队，继续增强具有自身特色、知识结构合理、老中青结合的学术梯队建设，推动经济史团队向国内外学术一流领域发展。二是提升科学研究水平。经济史研究必须以国家重大需求为导向，提升高水平科学研究能力，为经济社会发展和国家战略实施提供学理支持，重要贡献。在现有研究上，经济史学科可以深化原有研究内容，开拓新的研究领域，进一步凝练学科研究方向，为北京市以至全国的经济发展做一些研究和咨询工作，建立"经济学院经济史学术交流会"制度。学科带头人引领科学研究方向，力争在国家级、部级科研项目的支撑下，组成结构合理的研究团队，分头攻关，以期取得突破性进展，提升经济史学术的知名度。三是培养拔尖创新人才。经济史团队应该坚持立德树人，突出人才培养的核心地位，着力培养具有历史使命感和社会责任心，富有创新精神和实践能力的各类创新型、应用型、复合型优秀人才。加强创新创业教育，大力推进个性化培养，思政进课堂，全面提升学生的综合素质、国际视野、科学精神和创业意识、创造能力。今后，一方面通过"耕读学堂"、读书会等形式，使学生们深刻认识到经济史的重要性，把经济史教学与社会实践结合起来，在冷热结合、史论结合等原则下真正做到"经世致用"的目的；另一方面以中外经济关系史等课程为试点，选择经济史团队中的成员把自己最新研究成果通过集体授课的形式传递给学生，让他们掌握经济史研究的前沿，为以后的工作、研究等夯实经济理论基础，为构建具有中国特色的经济学提供源上的支撑。四是推进国际交流与合作。保持和扩大与国内外大学的学术交流，扩大与政府部门的协作研究，采取请进来走出去、参会办会、学术论坛等灵活多样的方式，拓展对外交流的广度和深度。五是传承创新优秀文化。鉴于经济史研究的学科基础性作用，经济史学科在经济史的研究和教学中，始终坚持用社会主义价值观引领知识教育，把社会主义核心价值观融入经济史教育教学全过程，引导经济史教师潜心教书育人、静心治学，在经济史教学中引导广大学生勤学、修德、明辨、笃实，使社会主义核心价值观成为基本遵循规则，为优良的校风、教风、学风的形成奠定基础。同时，经济史学科在经济史研究中要加强对中华优秀传统文化和社会主义核心价值观的研究，认真汲取中华优秀传统文化的思想精华，做到扬弃继承、转化创新，并充分发挥其教化育人作用，推动社会主义先进文化建设。六是着力推动成果转化。一方面加强对《中国经济史》《中国经济思想史》《中外经济关系史》《制度经济学》等经济史教材的编写，使我校经济史团队的研究成果能够借助教材的编写迅速推广到国内外；另一方面加强学术专著、论文等的研究国际化，为现实经济提供史学支撑。

六、主要学术带头人简介

（一）兰日旭

兰日旭，中央财经大学经济学院教授，博士生导师，南开大学经济学博士，2007 年曾在日本冈山大学经济学部研修。现兼任中国经济史学会理事、国史学会理事、中国商业史学会副会长，主要研究领域是金融理论与近现代金融史、中外经济关系。主持国家社科基金、教育部哲学社会科学基金项目等 8 项，参与教育部哲学社会科学基金、北京市哲学社会科学重点课题等 8 项。在《经济学动态》《经济社会体制比较》《中国经济史研究》等报刊发表学术论文 70 多篇，出版《中国金融现代化之路》（商务印书馆 2005 年版）、《中国近代银行制度变迁及绩效研究》（中国人民大学出版社 2013 年版；该书获得 2014 年第二届金融图书"金羊奖"、北京市第十三届哲学社会科学优秀成果二等奖）、《经济强国之路——中国经济地位变迁史》（高等教育出版社 2014 年版，该书列入国社科中华外译项目，即将在爱思唯尔出版）、Transformation of China's Modern Banking System from the Late Qing Era to the 1930s（Vol. 1，2）.（Enrich Professional Publishing 2015）、《中外金融组织变迁：基于市场 - 技术 - 组织的视角》（社会科学文献出版社 2016 年版）等 6 部学术专著；参编《新中国经济发展 60 年》（人民出版社 2009 年版）、《中国近现代经济史教程》（清华大学出版社 2009 年版）、《中国金融史》（高等教育出版社 2008 年版）、《中国对外经济关系史》（人民出版社 2011 年版，该书列入国社科中华外译项目，2015 年在美国出版）等 6 部。

兰日旭教授 1996 年毕业于福建师范大学历史学系，获学士学位。同年在本校本专业攻读硕士研究生，1999 年毕业，获硕士学位。2000 年考入南开大学开展博士研究生学习，2003 年毕业，获博士学位。2003 年 7 月来校任教，现任经济学院经济史学系主任。

兰日旭教授的研究首先围绕中国近代银行制度，在金融组织和中介机构等方面取得了重大进展，部分填补了银行制度变迁中的空白。专著《中国近代银行制度变迁及其绩效研究》（中国人民大学出版社 2013 年版）、Transformation of China's Modern Banking System from the Late Qing Era to the 1930s（Vol. 1，2）.（Enrich Professional Publishing 2015）等从动态的角度对中国近代银行制度的组成部分，即融资结构、公司治理机制、激励与约束机制，以及银行制度的整体变迁进行了深入、系统地分析，从中指出中国的银行制度渊源是在传统金融机构基础上嫁接西方现代银行制度的结晶，而银行制度的演进则经历了以西为主、中西结合和以中为主的过程。与此相应地，整个银行制度的演变则出现了官办银行商业化、商业银行官办化，以及中国银行业的联合兼并浪潮。中国近代银行制度的绩效似乎不尽如人意，像官利制、连锁董监制、分期缴纳制等成分明显增加了制度运行的显性成本，但实质上却迎合了当时社会的实际，降低了新旧制度交替的摩擦成本，加快了人们对新制度的接受和认可程度，这也是中国近代银行业能够在险恶的环境中获得快速发展的重要因素之一。

其次，围绕中外金融组织变迁，从全球化、长时段等视角方面的研究成果取得了很大突破，在学术界具有较大影响。专著《中外金融组织变迁：基于市场—技术—组织视角》（社会科学文献出版社 2016 年版）用历史学、经济学的方法，在长时段、中外比较的视角下，按市场—技术—组织分析的框架，梳理金融组织长期变迁的事实，归纳其变迁中变与不变的特性。以金融组织变迁中市场与组织边界交替所隐含的外部性问题为线索，总结中外金融组织变迁中的共性与差异；金融组织变迁中隐含的金融"基因"从其他行业中分离出来之后，至今未变，但其形式则是中外起点相似、近世分化，当前发展中的差异，并不意味着中国等发展中国家和地区在互联网金融领域实现对发达国家的超越。以中国为主的一些发展中国家互联网金融的崛起，本身就是在原有金融组织服务能力有限、金融市场细化不足而供需失衡等因素综合作用下的结晶，具有弥补金融市场细化不足、催化金融组织自由竞争、化解"融资难"的作用；而发达国家的金融市场高度细化，金融组织的供给几乎涵盖了各个层次的需求，互联网等信息技术的引进更多是为了改善和提高金融组织效率，起到降低交易费用、解决"融资贵"的问题。两者发展的不平衡，可能为未来趋同、甚至超越铺垫基础。论文《经济结构、大萧条与次贷危机》（《经济学动态》2010 年第 9 期）从经济结构的角度探讨了大萧条与次贷危机的根源及其应对措施的差异。大萧条与次贷危机虽然在表象上都源起于美国的股市，并波及世界其他国家和地区以及社会各行各业，但两者的传导路径、爆发原因与应对措施却有着本质的区别，其根本原因在于发达国家经济结构的转变。大萧条是西方发达国家普遍完成工业化、出现产业结构同化的条件下，由以农业为核心的生存型向工业为核心的生产型经济结构转化之后，出现的一次产能过剩与全球市场容量萎缩之间的危机；而次贷危机则是西方发达国家经过一般制造业的国外转移，由生产型向以服务业为核心的财富型经济结构转化以来，出现的财富性收入与实体性收入之间不对称条件下引发的长期透支消费崩溃的一次危机。受各国经济结构差异影响，大萧条发生之后，各国基本从自身利益出发探求解决危机的措施；而次贷危机以来，各国则一开始就采取联合行动以探索恢复经济的措施。应对措施的差异，导致了各国从危机中复苏程度的不同。面对大萧条所造成的危害，各国都采取了应对危机的措施，但效果并不明显，此次危机尚未恢复，到 1936 年又爆发了新的危机；而次贷危机之后，各国联合应对，共同采取促进经济复苏的财政、货币扩张政策，并连续召开国际性金融峰会以应对危机的发展。这次危机的应对措施虽然也存在一定的"综合悖论"特征，增加了治理危机的成本，但对于克服危机、恢复经济发展无疑起到了一定的积极效果。

第三，在中外经济关系中做了深入系统研究，其中涉及中外金融制度、国际金融组织等方面的内容。专著《中国经济强国之路》（高等教育出版社 2014 年版）以及论文《中国在中外经济关系中的地位变迁探析：基于中西比较的视角》（《经济学动态》2012 年第 12 期）从历史与国际比较的视角，阐述了中国经济地位变迁的三个阶段及今后经济地位提升所引致的大国机遇。19 世纪初以前，凭借"大国效应"所致的较多赋税收入等条件，形成了一个以中国为主导、"德治"维系的经贸交往圈。19 世纪至 21 世纪初，中国主导的经贸交往圈渐趋被西方"军政"维系的世界体系所替代，成为"工业西方、农业中国"格局下的边缘化角色；同时，利用全球化、比较优势等条件，中国展开了自我重塑的努力，随着"中国制造"的崛起，中国经济地位转向了"中国制造、西方符号"。21 世纪初以来，随着综合国力增强，中国经济地位显著提升，显现出有所作为的大国机遇。今后，中国要推动国际经济体系改革和促进国际经济秩序朝着更加公正合理的方向发展，不但会遭遇西方各国的全方位干扰和一些新兴国家的挑战，而且还会遇到资源、环境、人口等要素引发的国内压力。中国经济地位变迁的历程，说明了真正的经济强国必须具备主导或主动参与国际经济秩序的规制权，具有按产业链附加值高低国际配置的权利。

（二）孙洪升

孙洪升，中央财经大学经济学院教授，硕士生导师，1998 年毕业于云南大学，获博士学位。曾在北京师范大学从事博士后研究、任美国哈佛大学费正清东亚研究中心访问学者。现为中国经济史学会理事。主要从事经济史的教学和研究工作。他出版学术专著《唐宋茶业经济》（社会科学文献出版社 2001年版，获北京市第七届哲学社会科学优秀成果一等奖）；学术专著《中华茶史：宋辽金元卷》（陕西师范大学出版社 2016 年版，合著）；主编《经济史与经济思想史论丛》（群言出版社 2017 年版）；参加编写《中国金融史》（高等教育出版社 2008 年版）。

孙洪升 1993 年毕业于聊城大学，获学士学位。同年 9 月考入云南大学历史系，师从武建国教授攻读硕士学位。1995 年 9 月师从李埏教授攻读博士学位，1998 年 7 月毕业，获博士学位。同年 9 月进入北京师范大学历史学院博士后工作站，师从何兹全教授从事博士后研究。2000 年 7 月出站，应聘到中央财经大学经济学院任教。2007 年 9 月赴美，在哈佛大学费正清东亚研究中心做访问学者，次年 1 月回国。

目前，孙洪升主要从事中国经济史、中国经济思想史、经济发展等方面的学术研究，对中国茶业经济史的研究用力较多，在《中国农史》《中国史研究动态》《中州学刊》《云南社会科学》《农业考古》《云南教育学院学报》《思想战线》《云南民族学院学报》《云南日报》《史学论丛》《文化月刊》《古今农业》等报刊发表学术论文和学术短文 40 余篇，其中有两篇被中国人民大学复印报刊数据全文复印，有的文章观点被《中国经济史研究》《中国史研究动态》《宋史研究通讯》所介绍。

第四节　国民与宏观经济学

一、历史沿革

国民经济学是在中国经历了一条独特的发展道路后形成的本土化经济学科。从新中国成立初期计划经济体制下的国民经济计划学，到改革开放后经济体制持续改革时期的计划经济学和国民经济管理学，再到确立社会主义市场经济体制的改革目标后转向国民经济管理和国民经济学，在这一演变发展的过程中，本学科在经济学体系中独具中国特色，始终呈现出蓬勃的发展势头。目前，全国有 8 所高校设置国民经济管理本科专业，设置国民经济学硕士点的高校达 70 多所，博士点达 20 多个。中国人民大学、中央财经大学、辽宁大学、北京大学 4 所高校的国民经济学科为国家级重点学科。

我校国民经济学学科点历史悠久，在 20 世纪 50 年代建校时，就设立了计划统计教研室。1978 年复校后在计划统计教研室的基础上设立了国民经济计划与管理学科。1985 年开始招收国民经济计划与管理专业本科生；1986 年被国务院学位委员会批准为国民经济管理学硕士学位授权点；1993 年被国务院学位委员会批准为国民经济学博士学位授权点，成为我校第一个博士点。在 1997 年教育部学科调整中，中央财经大学成为拥有国民经济管理本科专业目录外招生资格的七所院校之一。2002 年该学科被确定为北京市重点学科。2003 年该学科成为我校应用经济学博士后科研流动站的学科。2007 年该学科被评为国家重点学科。

该学科曾在崔书香、闻潜、侯荣华、王柯敬、王巾英等老一代学术带头人的带领下，在科学研究、人才培养、服务社会、输送干部等方面做出过历史性贡献。该学科在他们的学术积累和社会影响的基础上，通过资源整合，形成以中青年力量为骨干的学术梯队，根据传统优势和近年来学科发展形成的自身研究特色，进一步凝练为国民经济运行与宏观调控、经济结构变动与国民经济发展、经济改革与国民经济发展、世界经济、宏观理论与政策等研究方向。

基于聚焦重大现实问题导向，强调扎实的理论基础，形成完整的学科梯队，经济学院在国民经济学科发展的基础上延伸出宏观经济学和世界经济两个学科。其中宏观经济学方向，赵丽芬教授、蒋选教授、张铁刚教授、陈斌开教授做了开创性和引领性的工作；世界经济方向，金哲松教授、张志敏教授做了开创性和引领性的工作。目前，我院的国民经济学学科、宏观经济学学科和世界经济学科发展呈现融合态势。

该学科依托学校业已壮大的经济学一级学科群和管理学科（工商管理、公共管理等），强调经济学理论、统计分析方法、经济计量模型与中国现实经济问题的有机结合，形成了"厚基础宽口径、注重方向交叉、精于应用研究"

的学科研究特色。在密切跟踪我国经济体制改革和经济发展形势基础上，该学科提出一系列创新性理论和观点，在学术界产生较大影响。同时，该学科不仅积累了丰富的学科建设经验和丰硕的科研成果，在本科生和研究生的教学建设上也形成了完善的人才培养体系，为社会输送了大批高质量人才。

总之，该学科经过30余年的不断建设、发展、创新和积累，在科学研究和人才培养方面都达到了全国同类学科的领先水平，处于优势地位。

二、基本情况

该学科一贯重视经济学理论基础上的应用研究，密切跟踪我国经济体制改革和经济发展形势，提出一系列创新性理论和观点，已成为国家有关部委和北京市经济政策研究的重要力量。该学科点产生了一些有较大影响力的研究。例如，闻潜教授提出的"消费启动论"的宏观调控思路和政策建议，侯荣华教授对"宏观调控力度"的研究，王柯敬教授对"宏观资金运行与调控"的研究，刘扬教授对"国民收入分配问题的理论与实证研究"，赵丽芬教授关于"宏观经济效益理论与实证的分析"，蒋选教授对"就业与产业结构互动"的研究等。

近年来，我校国民经济学科的科学研究取得了丰硕的成果。首先，从课题立项情况看，由该学科点教研人员担任主持人的各类科研课题50余项。第一，纵向科研课题20余项，包括国家社会基金重大招标项目2项、国家社科基金一般项目和青年项目6项、国家自然科学基金项目6项、教育部人文社科基金项目8项。第二，从论文发表情况看，该学科研究队伍在 World Development、《中国社会科学》《经济研究》《管理世界》《世界经济》《金融研究》《数量经济技术经济研究》以及《财贸经济》等共发表论文200余篇。第三，从高层次人才培养计划方面，该学科多位教师入选教育部长江学者计划、中组部青年拔尖人才计划、教育部新世纪优秀人才计划等国家级人才计划。第四，在著作出版方面，该学科教研人员共出版多部学术专著，其中有多部著作获得北京市哲学社会科学优秀成果奖、中央财经大学优秀学术著作奖。

三、主要研究方向

该学科现有的研究方向分别为：国民经济运行与宏观调控、经济结构变动与国民经济发展、经济改革与国民经济发展、世界经济、宏观经济理论与政策。

（一）国民经济运行与宏观调控

该方向主要研究我国经济运行的基本机理和深层次矛盾，宏观经济运行中的重大问题，不同时期宏观经济调控政策的重心及政策协调，国际市场和国际资本对我国经济的影响等。

该研究方向的主要特色是：（1）在该学科发展历史上学术积淀比较深厚，老一代学术带头人有丰硕的学术积累和较大的社会影响。（2）在深化理论研究的基础上，关注我国改革和发展实践中的热点、难点、焦点等宏观经济问题。（3）将宏观经济理论和财政金融相结合，从宏观经济角度研究财政金融方面的重大问题，既不同于一般的宏观经济研究，也不同于具体的财政金融问题研究。在老一代学者学术积累和社会影响的基础上，该方向通过资源整合，正在形成以中青年力量为骨干的学术梯队，其中不乏以有较大科研潜力的后起之秀。他们在所研究的领域内既保持传统优势和特色，又有持续跟踪我国宏观经济重大问题进行前沿研究的能力。

（二）经济结构变动与国民经济发展

经济结构变动与国民经济发展研究方向着重研究我国中长期经济发展的主线经济结构变动问题。

该研究方向的主要特色是：（1）以我国工业化进程中产业结构升级为主线，将宏观经济调控与产业结构政策联系起来，侧重于我国中长期经济发展问题。（2）将劳动力市场和就业问题置于产业结构变化这一主线下进行研究，着力研究科技进步、产业衰退、二元经济结构转换对就业的影响，突出人力资本对经济发展和产业结构升级的重要先导作用。（3）将经济总量问题与结构问题结合起来，宏观问题与产业组织问题结合起来，探究宏观经济运行中的微观基础问题。（4）侧重于地区间协调发展的研究，在对京津冀经济圈经济协作与产业转移研究中处于前沿地位。

该方向的主要优势体现在，既可以在某个方面（产业结构、区域、就业、制度等）进行相对独立的研究，更可以相互渗透，形成有机联系和综合性的研究成果，如产业结构变动中的失业问题，产业集聚、循环经济与区域经济发展问题，京津冀经济圈经济协作与产业转移问题等。现有成员分别在产业经济学、区域经济学、劳动经济学、制度经济学方面都具有扎实的基础和高水平的研究成果，形成了可以相互支撑、相互补充的综合优势。

（三）经济改革与国民经济发展

该方向以经济改革与经济发展的相关理论为依托，重点关注相关理论在中国的实际应用。

该研究的特色主要表现在：（1）以经济增长和发展理论对于中国的GDP增长和经济发展做出解释，在模型化的基础上，对于中国的经济增长和发展提供理论和政策支持。（2）结合制度经济学的相关理论，为中国经济改革的若干重大问题提供理论支持，对中国的经济改革进行实证研究，利用其成果对中国的体制改革提供有益的政策建议。（3）根据科学发展观将研究领域进一步扩展到资源、环境方面，进行可持续发展理论与方法的研究，对人口、资源、环境与经济实行综合分析。该方向的主要优势在于拥有一支年纪轻、学历高、结构相对合理、水平处于国内前沿的研究队伍，这为这一方向的发展提供了基础。

（四）全球化与世界经济

该方向以世界经济理论为依托，研究全球化背景下的世界经济格局演变的理论和实践。

该研究方向具体包括如下三个分支：世界贸易理论与政策，金哲松教授和张志敏教授比较侧重于这方面的研究，并形成一定的基础；资本国际流动与货币国际化问题研究，张志敏教授、初春莉副教授、吴江博士比较侧重于这方面的研究，并形成了一定的研究基础；国际能源与全球价值链问题研究，樊茂清副教授在这方面有一定研究能力和基础。世界经济方向秉持"不求全，只求特色；不求整体强，只求某个方向影响"的宗旨，加快学科发展。除了继续深化已有的方向研究，近年来侧重于全新问题的研究。例如，"一路一带"背景下的国际贸易研究，亚投行背景下的国际金融研究，东南亚高速铁路建设背景下的东南亚国际贸易研究，人民币加入"一篮子"货币背景下的人民币国际化问题研究等。

（五）宏观经济理论与政策研究方向

该方向以宏观经济学相关理论为依托，重点关注经济增长理论。该研究方向又具体包括如下两个分支：第一，学科交叉视角的经济增长理论研究。该研究方向主要是推动宏观经济理论与其他学科的交叉融合，为长期经济增长提供更好的解释，也为从经济增长视角研究这些问题提供基准分析框架。通过将经济增长理论与教育经济学、环境经济学、公共财政理论、货币经济学、金融经济学等学科交叉融合，从更多视角来解释经济增长差异。同时，从极大化经济增长和社会福利的视角为相关经济政策评估提供理论依据。第二，宏观分析与微观分析相结合，从更微观的视角解释中国经济增长奇迹，推动中国经济增长理论创新，为促进我国经济持续、健康发展提供决策参考。

四、学科团队

国民经济学是我校传统的优势学科，研究力量较强。除老一代经济学家之外，学科点现有专职教师 19 人，其中教授 10 人，副教授 6 人，讲师 3 人；博士生导师 9 人，硕士生导师 16 人。

陈斌开：中央财经大学经济学院院长、教授、博士生导师，北京大学经济学博士，美国威斯康星大学访问学者，世界银行研究顾问，国务院特殊津贴专家，入选 2017 年国家百千万人才工程（有突出贡献中青年专家）、2015 年首批教育部青年"长江学者"、2014 年中组部"青年拔尖人才"（万人计划）、2014 年北京市"优秀青年人才"和 2012 年教育部"新世纪优秀人才"。研究兴趣主要包括发展经济学和宏观经济学，在 World Development, Oxford Bulletin of Economics and Statistics 等 SSCI 源刊发表英文论文多篇，在《中国社会科学》（2 篇）、《经济研究》（14 篇）、《世界经济》（8 篇）、《经济学季刊》（4 篇）、《管理世界》等国内外一流经济学刊物发表论文 30 余篇。主持国家社科基金重大招标项目、国家自然科学基金面上项目和青年项目、教育部后期资助项目、北京市社会科学基金规划项目、霍英东教育基金会青年教师基础性研究项目等课题多项。

高伟：教授，经济学博士，中央财经大学资产证券化研究中心主任。他的研究领域为宏观经济学、发展经济学与经济增长。他的子研究方向一：政府政策（货币、财政政策）、收入分配与经济增长；子研究方向二：经济增长的微观基础研究（主要关注人力资本，合作增长）。在《管理世界》《世界经济》China and World Economy、Annals of Economics and Finance 等经济学学术杂志公开发表论文多篇，其中 SSCI 收录 2 篇，CSSCI 收录 20 多篇，人大复印资料全文转载 4 篇。他主持国家课题 1 项，主持教育部课题 1 项，其他部委课题 2 项；出版个人专著 3 部，主译经济学著作 2 部；2013 年入选"北京高校青年英才计划"。

侯荣华：教授，博士生导师，他 1958 年毕业于东北财经学院工业经济系工业经济专业。国务院特殊津贴专家，曾先后担任我校计划教研室主任，经济管理系主任、党总支书记，宏观经济管理研究所所长，兼任中国宏观经济学会理事，中国宏观经济管理教育学会副会长等职。侯荣华教授坚持实干，不断创新，在教材建设和科研工作中取得优异成绩，做出重要贡献。《宏观调控的成效与基本经验》入选 1998 年《中国国情报告》。《关于管理理论创新的思考》发表在《人民日报》2001 年 12 月 22 日学术动态版。他发表学术论文 52 篇，其中 A 类以上刊物 12 篇；承担科研课 14 项，其中社科基金子项目 1 项，财政部课题 2 项，教育课题 2 项，与中央部委合作课题 5 项。他出版《宏观经济政策调控力度与协调分析》等学术专著 9 部，其中获国家教委和北京市科研成果二等奖 4 部；出版高校教材 26 部，其中获财政部优秀教材二等奖 2 部，教育部统编教材 2 部，教育部国家级网络教育精品课 1 部，世界银行经济发展学院（EDI）培训教材 2 部。

蒋选：教授，博士生导师、博士后合作导师，经济学博士。1983 年 7 月毕业于中央财政金融学院财政系财政专业，同年留校任教。2000 年在中央财经大学国民经济学专业攻读博士学位，2003 年 7 月毕业，获经济学博士学位。曾获学校教学基本功比赛二等奖，北京市优秀青年骨干教师，北京市师德先锋等荣誉称号。

蒋选教授自 1983 年任教以来一直在国民经济学领域进行教学和科研，为该学科成为北京市和国家重点学科做出了突出贡献。2004 年我校应用经济学学科下设立劳动经济学博士点和硕士点，在相关师资缺乏的情况下，他承担起该专业的指导教师，为劳动经济学的学科建设做了开创性的工作。蒋选教授主要讲授课程为宏观经济管理、宏观经济管理研究、中国就业问题研究、产业结构理论与产业政策。

　　蒋选教授研究领域为国民经济学，研究重点是宏观经济运行与宏观调控、产业结构与产业政策；在劳动经济学领域，研究重点是劳动力市场与就业、高等教育与大学生就业。主编教材《中国宏观经济运行与调控》等多部，主持国家社会科学基金重大项目等省部级以上项目多项，出版专著《面向新世纪的我国产业结构政策》《我国中长期就业问题研究——以产业结构变动为主线》等多部，发表学术论文数十篇。

　　金哲松：教授，博士生导师，日本神户大学经济学博士。国务院特殊津贴专家，曾任经济管理系主任、经济系主任，经济学院党总支书记、院长。2005年作为教育部高级访问学者在日本神户大学经济经营研究所进行为期半年的学术研究和交流。获得全国优秀教师、北京市优秀共产党员、北京市高校优秀青年骨干教师等荣誉称号。主要研究方向为世界经济理论与政策。出版专著《中国对外贸易增长与经济发展》等多部，主编或参编教材《宏观经济管理学》等多部，在《财经科学》等刊物发表论文数十篇。其中《宏观经济管理学》一书获得财政部优秀科研成果二等奖，《西方宏观经济学》一书获得中国出版发行部门畅销书奖。

　　王柯敬：教授，博士生导师，1966年毕业于中央财政金融学院会计专业，国务院特殊津贴专家。曾任中央财政金融学院副院长、院长，中央财经大学校长，曾兼任中国投资学会理事、北京投资学会副会长、北京经济学总会副会长等社会职务。王柯敬教授长期从事资金运行与宏观调控研究，重点是社会资金运行及现代企业制度下的资金运营的组织、调度、控制、效果，曾主持国家社科基金和财政部、保监会多项重点课题，完成《资产管理公司：运营状况和未来发展方向》《工业企业管理学》（全国财经类通用教材）、《迈入21世纪的中国经济》多部专著，发表《试论工业企业的经营机制》《银行债权转股权要量力而行》《推进股份制：中国国有商业银行改革的现实选择》（合著）等50余篇论文。

　　严成樑：中央财经大学"龙马学者"特聘教授，博士生导师，入选国家"万人计划"青年拔尖人才。研究方向是经济增长、公共财政与动态经济学。在《经济研究》《世界经济》《经济学（季刊）》《金融研究》《数量经济技术经济研究》等经济学核心期刊发表学术论文50余篇，研究成果获得第二届刘诗白经济学奖、北京市第十一届哲学社会科学优秀成果奖、北京市第十四届哲学社会科学优秀成果奖、北京大学优秀博士学位论文、第六次全国优秀财政理论研究成果奖等学术荣誉，获得霍英东教育基金会第十五届高等院校青年教师基金基础性研究课题资助。主持国家社科基金重大项目、国家社科基金一般项目、国家自然科学基金青年项目、教育部人文社科研究青年项目和北京市社科基金重点项目等国家级、省部级项目。

赵丽芬：教授，博士生导师，国务院政府特殊津贴专家。1985 年 7 月毕业于吉林大学。同年来校任教。先后担任经济管理系主任兼党总支书记、研究生部主任、研究生院常务副院长、校长助理、副校长，以及校教代会副主任等职务。1991 年 12 月至 1993 年 6 月作为教育部公派访问学者赴日本筑波大学访学。现兼任中央财经大学教学委员会主任委员，第五届全国 MBA 教育指导委员会委员，中国宏观经济管理教育学会副会长，北京市经济学总会副会长。曾荣获北京市青年骨干教师等光荣称号。赵丽芬教授的主要研究方向为经济运行与宏观经济政策、可持续发展战略、管理理论与实务等。近年来，她以政府与市场的关系、宏观调控与经济政策效应、城乡统筹发展以及国有企业改革等为主题，在《改革》《经济管理》《财政研究》等重要刊物上发表多篇学术论文；出版《财政资金与银行资金关系研究》《微观财政政策的国际比较》《北京城乡统筹发展问题研究》等学术著作；主持和参加了多项省部级以上课题研究。主编过多部教材，其中《管理理论与实务》为北京市精品教材，《管理学概论》为国家"十一五"规划教材。

张铁刚：教授，博士生导师，中央财经大学经济学博士。曾任经济管理系副主任、经济学院书记。2006 年作为富布莱特访问学者赴美国乔治敦大学马克多诺商学院资本市场研究中心访学一年。先后兼任中国宏观经济管理教育学会副会长、常务理事。主要研究领域为西方经济学理论与政策、金融经济学和资本市场理论等，出版专著《中国与东盟国家经济关系：产业经济结构调整》和教材《微观经济学》等 11 部；译著《增长的质量》（世界银行）等 3 部和多期《金融与发展》（IMF）；在《数量经济技术经济研究》等发表论文几十篇，1992 年在新加坡南东亚研究所学术期刊发表英文论文。参与或主持国家社科基金重大课题，福特、SASAKAWA、世界银行等基金课题，省部级课题十余项。

张志敏：此处略，详细信息见政治经济学学科点。

初春莉：副教授，硕士生导师，中国人民大学经济学博士，现任国际经济系副主任，世界经济研究中心主任。毕业于中国人民大学经济学院，获得世界经济专业博士学位。学术研究方向是国际金融，具体领域包括国际货币、货币国际化、货币政策国际传导、国际铸币税、国际资本流动与美国金融。教授课程包括高级宏观经济学、中级微观、宏观经济学、国际经济学、金融学等。人才培养上，主要在世界经济和西方经济学两个专业指导硕士研究生。科研成果有专著《美元主导下的现行国际货币体系：失衡与调整》、金融危机和货币国际化领域相关研究等；此外，参与或主持了多项国家级、省部级和企事业单位的课题研究，具体涉及国际投资、政策性金融等领域。

樊茂清：副教授，北京航空航天大学管理科学与工程博士。2010年自清华大学经济管理学院应用经济学专业数量经济学博士后出站。2018年8～11月赴新加坡国立大学（NUS）做访问学者。长期从事开放宏观经济、全球价值链以及能源经济等方面的科研和教学工作，已在《经济学季刊》《世界经济》《中国软科学》《税务研究》《统计研究》Structural Change and Economic Dynamics 等刊物公开发表论文多篇，目前主持并完成一项教育部青年基金，主持一项国家自然科学基金面上项目。参与过多项国家自然科学重点、重大项目以及国家社科基金重大项目的研究。

徐翔：副教授，清华大学经济管理学院经济学博士。2013～2014年任美国哈佛大学访问研究员，2017～2018年任美国斯坦福大学胡佛研究所国家研究员，2015～2018年任清华大学中国与世界经济研究中心研究员，2018年起至今任清华大学中国经济思想与实践研究院兼职研究员。曾获清华大学综合一等奖学金、清华经管学院陈小悦奖学金，获北京市优秀毕业生等荣誉。主要讲授宏观经济学、高级宏观经济学等课程，主要研究领域为中国宏观经济、经济结构和金融发展。在 China Economic Review, International Finance, Hoover Economic Working Paper Series 等英文期刊发表英文论文多篇，在《经济研究》《金融研究》《经济理论与经济管理》《改革》等国内一流经济学刊物发表论文十余篇，著有《中国经济结构调整历程：回顾与展望》等著作。

俞剑：副教授，中国人民大学经济学博士。研究方向是能源价格波动与政策、居民消费、企业创新与产业结构调整。代表作为《油价不确定性与企业投资》，该论文利用2000～2015年中国宏观经济数据和1998～2007年中国工业企业调查数据，从宏观和微观两种视角考察了投资对油价不确定性冲击的反应。研究发现，油价不确定性冲击不仅能够解释约12%的固定资产投资波动，而且还对固定资产投资具有短期抑制效应。在微观层面，油价不确定性冲击在短期内对民营企业和外资企业投资有抑制效应，但是对国有和集体企业的影响不显著，这一结论随着企业折旧率异质性的程度提高将变得更加明显。

张琥：副教授，硕士导师，北京大学光华管理学院经济学博士。学术研究方向是博弈论、企业理论、产业经济学。教授课程包括高级微观经济学、中级微观经济学、管理经济学等。人才培养方面，主要是指导西方经济学和产业经济学的硕士生，迄今已有 10 人毕业。科研成果主要有发表在《经济研究》的"集体信誉理论分析""中国企业信誉缺失的理论分析"等。此外，在互联网平台开设了公慕课《创业融资》，已经在爱课堂上线，选课人数超过 15000 人。

黄乃静：美国波士顿学院经济学博士，中央财经大学经济学院院长助理。研究兴趣为宏观计量经济学、金融经济学。在《管理科学学报》《经济学动态》Emerging Market Finance and Trade 等国内外一流刊物发表多篇论文。获得若干奖项，包括《经济研究》制度经济学论坛优秀论文奖（2018 年），《经济研究》计量经济学论坛优秀论文奖（2018 年），厦门大学金融工程与量化金融学术会议最佳论文奖（2017 年），美国计量经济学协会青年经济学者旅行奖励（US Econometric Society Travel Grant for Junior Scholars 2015），获选德国林岛诺贝尔经济学大会美国经济学博士生代表（2014 年），美国国家科学基金会旅行奖励（US National Science Foundation Travel Grant 2014）等。其研究成果在世界各地多个重要学术会议宣讲，包括 World Congress of Econometric Society（2015, Canada），Econometric Society China Meeting（2014，2018），Econometric Society European Meeting（2015）。参与国家自然基金青年项目"预期管理提高中国货币政策有效性的理论机与政策研究"、国家自然科学基金应急管理项目"汇率市场变化、跨境资本流动与金融风险防范"。

田子方博士：讲师，中国人民大学经济学博士。主要研究领域包括文化经济学、宏观经济管理等。主要开设课程是宏观经济学（中级）、微观经济学（中级）、国民经济学专题等。代表性成果是《中国经济增长问题研究》系列论文；《中国文化产品出口》系列论文等。参与国家社科基金重大项目 1 项，重点项目 1 项。

吴江：讲师，中国人民大学经济学博士，加拿大西安大略大学科学学院统计学博士。北京外国经济学说研究会副秘书长。主要从事开放宏观经济学、金融经济学、农业经济学和大数据方法在经济学和金融学中的应用等方面的研究。主持和参与多项国家社科基金、教育部人文社科基金，主持加拿大国家自然科学基金。在《中国社会科学（英文版）》《光明日报》《经济理论与经济管理》《财贸经济》《财政研究》《中国农业经济》等核心期刊和报纸上发表学术论文十余篇，在 Statistical Methods & Applications 等 SCI 期刊上发表论文 3篇。曾获得 2010 年度中央财经大学成心教学奖、2011 年度中国发展研究奖一等奖。

五、未来发展展望

当今国民经济中的任何一个带有全局性的问题都是各方面的因素综合影响所致。因此需要有综合性的经济学科对这些问题进行理论分析和对策研究。国民经济学就是这样的应用经济学科，是其他应用经济学科难以单独替代的。

改革开放以来，特别是 20 世纪 90 年代中期我国确定社会主义市场经济体制和 21 世纪初我国加入世界贸易组织（WTO）以来，我国的工业化、城市化进程加快，全方位对外开放格局基本形成，实现了在波动较小的前提下经济持续快速增长。但是，在社会主义市场经济体制转框架基本形成的同时，我国经济运行中的一些深层次矛盾也日益突出。在实现经济总量和社会财富不断增长的同时，如何实现公正公平基础上的社会和谐？如何实现宏观经济运行在平稳中达到经济增长目标？如何做到经济发展与资源、环境的承载力相适应？如何在深层次经济体制改革攻坚过程中，使各方面利益相均衡？本学科设置国民经济运行与宏观调控研究方向就是适应了构建公正公平基础上和谐社会理论研究和人才培养的需要。如何在不断完善市场经济机制的同时，实现政府对宏观经济的有效调控？这类重大问题正是和本学科设置经济改革与国民经济发展研究方向、宏观经济理论与政策研究方向紧密相连。而如何在不断协调优化产业结构和区域协调合作的基础上，实现经济又好又快地发展？如何在日益融入全球化经济的同时，维护国家经济安全、发挥比较优势、提高产业（企业）的国际竞争力？这些问题的研究又与本学科设置的世界经济研究方向紧密相连。

当前，我校国民与宏观经济学学科发展正面临难得的机遇，主要表现在如下几个方面。

1. 在国际金融危机的背景下，各国政府都重视通过"有形之手"应对危机的冲击，调整国民经济结构，弥补自由市场经济机制的缺陷，同时维护国家经济利益，保持或提升国家竞争力。这为立足于本国经济运行和调控的国民经济学再次提供了现实基础。

2. 经济新常态背景下，我国政府应对经济增长动力转换和经济结构调整优化的各种重大调控措施，既是改革开放以来宏观经济调控的延续，也是在国民经济运行面临国内外更加复杂的新形势下，政府经济职能转变和宏观调控取得的新进展、新经验。这为国民经济学提出了许多重大的现实课题。

3. 国民经济学在国内各高校受到越来越多的关注和重视，除了教育部限定的本科（国民经济管理学）点数量保持稳定外，国民经济学专业的硕士点和博士点近些年来迅速增加。与此同时，各政府部门、金融机构、企事业单位、教学科研单位等对具有国民经济学专业背景（特别是 211 高校）的人才需求也在升温。

4. 在全国 4 个国民经济学重点学科高校中，尽管我校入围较晚，但由于历史基础和积淀较厚，而且由于地缘优势，在国内同学科中的影响力仍然较大。我校和中国人民大学、辽宁大学共同成为国内该学科有重大影响力的"第一梯队"。

总之，我国的发展、改革、开放已经而且并将不断地对本学科提出日益紧迫的现实课题，并提供了巨大的探索空间，同时要培养国家需要的、能够处理和解决社会生活中的实际问题的高素质人才。因此本学科有广阔的发展前景。

六、主要学术带头人简介

王柯敬教授简介详见经彩人物，第 185 页。
侯荣华教授简介详见经彩人物，第 177 页。
金哲松教授简介详见经彩人物，第 191 页。
黄少安教授简介详见经彩人物，第 206 页。
赵丽芬教授简介详见经彩人物，第 198 页。

（一）陈斌开

陈斌开，中央财经大学经济学院教授、博士生导师，北京大学经济学博士，美国威斯康星大学访问学者，世界银行研究顾问，入选 2017 年国家百千万人才工程（有突出贡献中青年专家）、2015 年首批教育部青年"长江学者"、2014 年中组部"青年拔尖人才"（万人计划）、2014 年北京市"优秀青年人才"和 2012 年教育部"新世纪优秀人才"。研究兴趣主要包括发展经济学和宏观经济学，在 World Development，Oxford Bulletin of Economics and Statistics 等 SSCI 源刊发表英文论文多篇，在《中国社会科学》（2 篇）、《经济研究》（14 篇）、《世界经济》（8 篇）、《经济学季刊》（4 篇）、《管理世界》等国内外一流经济学刊物发表论文 30 余篇。主持国家社科基金重大招标项目、国家自然科学基金面上项目和青年项目、教育部后期资助项目、北京市社会科学基金规划项目、霍英东教育基金会青年教师基础性研究项目等课题多项。

陈斌开教授 2003 年毕业于中山大学环境与工程学院，获理学学士学位。同年于中山大学管理学院战略管理专业学习，师从谢康教授攻读硕士学位。2005 年 9 月师从林毅夫教授、巫和懋教授，2009 年 7 月毕业，获经济学博士学位。期间，于 2007 年 9 月赴美，在美国威斯康星大学麦迪逊分校做访问学者，师从导师 Michael Carter（迈克·卡特），2008 年 9 月回国。2009 年 7 月来校任教。曾任经济学院副院长。

陈斌开教授的研究主要围绕中国经济多重失衡及其原因展开，其学术贡献主要表现在以下三个方面：

1. 从机会均等视角研究中国收入分配现状和出路。现有关于中国收入分配的文献多集中于研究结果不平等（如收入不平等和财富不平等），而忽视了机会均等对于中国收入分配的核心作用。本人对中国劳动力市场和金融市场展开了深入的理论和实证研究，发现教育机会不均是中国城乡收入差距扩大的主要原因，金融市场机会不均是近年来中国收入分配持续恶化的重要影响因素；同时，中国城镇劳动力市场机会不均现象也呈现上升趋势，是我国城镇居民内部收入差距扩大的关键原因。因此，改善中国收入分配应该从机会均等入手，深化金融市场和劳动力市场改革，形成"从机会均等到结果平等"的良性循环。相关研究成果已发表于《中国社会科学》（1 篇）、《经济研究》（3 篇）、《管理世界》（1 篇）等国内一流经济学刊物，并获得 2012 年教育部哲学社会科学研究后期资助项目和 2014 年国家社科基金重大招标项目的资助。

因机会不均等引起的收入分配恶化是社会和谐稳定的主要威胁，机会均等前提下收入差距的适度拉大可能有利于经济的持续发展。从机会均等视角研究收入分配的科学意义和社会价值在于，它厘清了收入不平等各种不同影响因素的社会福利差异，弥合了理论和实证研究之间的鸿沟，为收入分配政策提供了理论依据。

2. 从供需均衡视角研究中国消费不足的原因和对策。消费需求不足是近年来国民经济持续、快速、健康发展的重要制约因素。通过系统地分析中国消费不足的原因，陈斌开教授发现当前理论界和实业界对消费不足的理解存在较大局限，多限于从需求面研究消费不足的原因，而忽视了供给面因素的核心影响。研究发现，中国消费不足的根本原因在于供需失衡，住房、教育、医疗等产业的市场供给被抑制，导致我国消费需求呈现结构性不足；同时，户籍制度、金融市场分割和土地市场管制等因素进一步加剧了中国供需失衡。相关研究成果已发表于 World Development、《经济研究》（5 篇）、《世界经济》（2 篇）等国内外一流经济学刊物，并获得 2010 年国家自科基金、2012 年国家社科基金重大招标项目、教育部新世纪优秀人才支持计划和北京市社科基金规划项目资助。

供给和需求是相互依存、相互影响的，但主流经济学理论多采用生产 - 消费二分法，割裂了供给与需求之间的联系。基于供需均衡视角研究消费不足的科学意义和社会价值在于，它将供给和需求的协调发展机制引入消费理论，拓宽了现有理论和实证研究的视野，也为中国形成促进内需的长效机制提供了学术基础。

3. 从一般均衡视角分析中国经济结构失衡的原因。产业结构扭曲、国民收入分配恶化和需求结构失衡是中国经济结构失衡的主要表现，大量文献从不同侧面对这些问题展开了研究，但鲜有文献能够逻辑一致地同时解释上述现象。究其原因在于，现有文献多从局部均衡视角分析问题，缺乏一个全面、系统和整体的框架。陈斌开在一般均衡理论框架下对中国经济结构失衡进行了全面地研究，发现地方政府激励机制和要素价格扭曲是经济结构失衡的根本原因。相关研究成果已发表于 Oxford Bulletin of Economics and Statistics 等国际核心经济学刊物（SSCI 源刊）、《经济研究》（4 篇）、《世界经济》（1 篇）等国内一流经济学刊物，并获得 2014 年霍英东教育基金会、2013 年中央财经大学青年创新团队、2012 年国家自科基金和 2010 年国家社科基金重大招标项目资助。

产业结构、收入分配和消费需求之间相互影响，局部均衡的框架难以研究复杂经济现象之间的因果逻辑和作用机制。基于一般均衡的视角分析中国经济结构失衡的科学价值和现实意义在于，它为经济结构失衡相关研究提供了一个更加系统、完整的一般均衡框架，刻画了经济变量之间的相互作用机制，为系统解决中国经济多重失衡问题提供了科学基础。

（二）高伟

高伟，中央财经大学经济学院教授，经济学博士，中央财经大学资产证券化研究中心主任。高伟教授的研究领域为宏观经济学、发展经济学与经济增长。他的子研究方向一：政府政策（货币、财政政策）、收入分配与经济增长；子研究方向二：经济增长的微观基础研究（主要关注人力资本，合作增长）。在《管理世界》《世界经济》、China and World Economy、Annals of Economics and Finance 等经济学学术杂志公开发表论文多篇，其中 SSCI 收录 2 篇，CSSCI 收录 20 多篇，人大复印资料全文转载 4 篇。他主持国家课题 1 项，主持教育部课题 1 项，其他部委课题 2 项；出版个人专著 3 部，主译经济学著作 2 部；2013 年入选"北京高校青年英才计划"。

高伟教授 2000 年 6 月毕业于山东财政学院（现山东财经大学），获金融学学士学位。2001 年 9 月考入山东大学，攻读硕士学位，2004 年 9 月考入中国人民大学攻读博士，2007 年 7 月毕业，获经济学博士学位，同年来校任教。他曾任经济学院党总支副书记。

高伟教授的研究领域为宏观经济学、发展经济学与经济增长，主要论著有："西方马克思经济学价值 – 价格理论述评"，《马克思主义研究》2009 年第 4 期；《中国国民收入和利润率的再估算》，中国人民大学出版社 2009 年版；"西方马克思主义经济学实证研究综述"，《教学与研究》2009 年第 2 期。系列论文与专著利用国外最新的国民收入核算方法，对于中国的国民收入、利润率、劳动报酬、资本有机构成等重要的宏观经济指标进行了重新估算，把我国国民财富的大小和增长速度进行了重新计算。我国劳动者在国民财富中的所得一直低于 50%，这也使我国历年来内需启动困难，改变收入分配结构，提高劳动收入在国民总收入中的比重是我国经济持续增长的必选之策。成果中揭示的一些结论（例如劳动所得在国民总收入中的比例过低，一般利润率呈下降趋势等）对于我国的宏观经济形势判断、宏观经济政策制定具有一定的指导作用。应该会对于以后国内学者研究中国的国民财富大小、分配格局、中国的经济增长速度问题提供很好的辅助作用。

高伟教授主持课题 4 项：2016 年主持国家社科基金后期资助项目"中国创新驱动发展路径研究"；2014 年主持了国家知识产权局研究项目"影响中国专利

制度运行的经济结构与政策分析研究";2013 年主持了"北京高校青年英才计划"项目"'中等收入陷阱'假说与实现中国'包容性增长'的道路研究"（项目编号：YETP0999）；2011 年主持教育部人文社科研究项目"中国的收入分配与经济增长——避免'中等收入陷阱'的理论与实证分析"（项目号：11YJC790046）。该系列课题与高伟的研究方向密切相关，在收入分配与经济增长的基础之上，进一步研究创新、知识产权等因素对于宏观经济运行的影响，近年来我国创新发展势头迅猛，研发创新、科技创新对于经济的发展起到了巨大的驱动作用。而且知识产权越来越引起人们的重视，该系列课题不仅对当下的热点问题有很好的研究，而且对于宏观经济的运行以及宏观经济形势的判断有很大的帮助。该系列课题的研究发现科技、体制、人力资源、知识产权等创新驱动要素能够很大程度地影响中国经济的发展，这在一定程度上对于制定相关经济政策有很好的辅助作用。

（三）蒋选

蒋选，中央财经大学经济学院教授，硕士生、博士生导师、博士后合作导师。蒋选教授为本硕博主要讲授的课程为宏观经济管理、宏观经济管理研究、中国就业问题研究、产业结构理论与产业政策、中国就业问题研究。他的研究领域为国民经济学，主要是宏观经济运行与宏观调控、产业结构与产业政策，在劳动经济学领域主要是劳动力市场与就业问题、高等教育与大学生就业。

蒋选教授 1983 年 7 月毕业于中央财政金融学院财政系财政专业学习，获经济学学士学位，同年留校任教。1986 年 9 月参加中央财政金融学院财政助教进修班，就读研究生主要课程，获结业证书。2000 年在中央财经大学国民经济学专业攻读博士学位，2003 年 7 月毕业，获经济学博士学位。曾获学校教学基本功比赛二等奖，北京市优秀青年骨干教师，北京市师德先锋等荣誉称号。

蒋选教授自 1983 年任教以来一直在国民经济学领域进行教学和科研，是我校该学科的骨干之一，为该学科成为北京市和国家重点学科做出了贡献。多年来，特别是 2003 年我校院系调整以来，为了国民经济学学科发展，巩固该专业硕士点和博士点的建设基础，他在本科生教学、学科发展规划、重点学科申报和中期检查、各层次学生的培养方案、课程内容、教学方法、教材建设等方面做了大量的具体工作。2004 年我校应用经济学学科下设立劳动经济学博士点和硕士点，在相关师资缺乏的情况下，他又承担起该专业的指导教师，为劳动经济学的学科建设做了开创性的工作。代表性成果有教材《中国宏观经济运行与调控》（北京市重点学科支持基金资助项目，专著型教材）、《产业经济管理》《宏观经济管理》《论国民经济学学科的生存基础和发展导向》《宏观经济管理热点问题研究》等。

蒋选教授对我国宏观经济运行的重大问题和调控政策的研究主要表现在：较早地对转变经济增长方式进行研究，对近年研究经济增长动力转换提供一定基础；在我国居民收入分配差距研究中，提出一个比较系统的研究思路；对我国创新发展政策进行了特定角度的研究。代表性成果有：《转型发展新阶段中国经济增长动力研究》（国家社会科学基金重大项目）、《经济增长方式转变的条件、难点和对策》（国家计委宏观经济学会课题）、《中国公共支出问题（综述）》（世界银行、财政部课题）以及《我国居民收入差距问题论纲》（发表于《经济研究参考》）、《创新政策：作用路径与机制研究》（第一作者），发表于《科技管理研究》，新华文摘数字版转载。

蒋选教授对我国产业结构和产业政策的研究主要表现在：主持国家社会科学基金相关课题《我国产业结构政策研究》，论证了现阶段我国实施产业结构政策的重要性，系统分析了我国产业结构演变及产业结构政策的作用，基于21世纪我国发展阶段的新背景，提出我国产业结构政策阶段性原则、种类、方式。课题组应全国社科规划办的要求提交了《最终成果简介》，出版了蒋选主编的《面向新世纪的我国产业结构政策》，发表了《我国产业结构政策的基本导向和主要问题》（《经济理论与经济管理》）等多篇学术论文。

蒋选教授对结构性失业、高等教育人才培养的研究主要表现在：国内对失业问题的研究一般是多方面的分析，各种因素并举，缺乏主线，特别是缺少从产业结构变动角度的系统研究。因此从产业结构变动角度研究我国失业问题，充实了一个符合我国经济发展主线的研究视角。同时，在相关问题的分析中涉及一些尚未深入研究的理论问题，如对结构性失业的解释，科技进步对就业双重效应中的矛盾，发展劳动密集型产业的微观基础，衰退产业的含义以及产业衰退的原因，对农业劳动力转移模式的选择，劳动力市场分割理论在我国的应用，城市就业歧视政策、最低工资制度的悖论，失业保险制度的就业效应等。对这些问题的探讨，特别是对教育体系的较深入的研究，为从根本上缓解我国中长期失业提供对策思路。代表性成果有：主持北京市第一次全国经济普查办公室招标课题《北京市人力资源、就业和社会保障现状与潜力的对策研究》、主持国务院政策研究室课题《国外失业理论与治理失业的对策》，出版了专著《我国中长期失业问题研究——以产业结构变动为主线》（北京市社会科学理论著作出版基金资助），发表了《就业压力下的技术政策选择》（《经济理论与经济管理》，《新华文摘》转载）等多篇论文。

蒋选教授对我国企业制度改革等问题的早期研究主要表现在：较早地进行有关企业集团问题的研究，1993 年编著了《股份制企业·企业集团》的全国性专用教材，突出了企业集团必须以资本为纽带，是一种股份制的企业组织形式。在我国国有企业改革进入制度创新时期，他主编的《现代企业制度方案设计》对当时进行的现代企业制度试点中的主要问题进行了分析，提出了国有企业改革要"内外配套、点面配套、大小配套"的观点，积极配合了当时的试点工作。代表性成果是主编《现代企业制度试点方案设计》，发表了《我国国有银行实行股份制初议》（《经济研究参考》）等多篇学术论文。

（四）张铁刚

张铁刚，中央财经大学经济学院教授，博士生导师。1982 年 7 月毕业于大连理工大学船舶设计与建造专业，获工学学士。1984 年 9 月考入东北财经大学计划统计系攻读硕士学位，1987 年毕业，获经济学硕士学位，同年来校任教。1993 年 9 月到北京语言大学出国部进修法语结业。1994 年 11 月赴法国斯特拉斯堡第一大学经济管理研究所进行访学，1995 年 11 月获经济学结业。1996 年 9 月于中央财经大学国民经济学专业攻读博士学位，2001 年 7 月毕业，获经济学博士。2006 年 10 月赴美，在美国乔治敦大学马克多诺商学院资本市场研究中心做访问学者（富布莱特），2007 年 7 月回国。他曾任经济管理系副系主任、经济学院党总支书记、副院长、中央财经大学国际文化交流学院院长，先后兼任中国宏观经济管理教育学会副会长、常务理事。

张铁刚教授的主要研究领域为西方经济学理论与政策，金融经济学和资本市场理论等。

张铁刚教授的学术成果有：专著《中国与东盟国家经济关系：产业经济结构调整》《股份制企业与证券市场》和教材《微观经济学》等 11 部；译著《增长的质量》（世界银行）等 3 部和多期《金融与发展》（IMF）；在《数量经济技术经济研究》等发表论文几十篇，1992 年在新加坡南东亚研究所学术期刊发表英文论文，曾经在澳大利亚、法国和美国等研讨会上宣读论文多篇。

张铁刚教授参与或主持了国家社科基金重大课题，福特、SASAKAWA、世界银行、亚洲开发银行和富布莱特基金课题以及省部级基金课题，共计十多项。

张铁刚的论文《中国在变动的亚太经济分工中的比较优势》（China's Comparative Advantage and International Division of Labour in the Changing Asia – Pacific Economy）成文于 1992 年，提交中国和东盟经济关系国际研讨会。英文版于 1994 年在新加坡出版（ISSN 0129 – 1920；ISBN 981 – 3016 – 89 – 2），中文版于 1995 年在中国社会科学文献出版社出版。此文以 20 世纪 80 年代末 90 年代初变动的亚太经济环境为背景，重点考察了该地区国际分工体系的形成与变化，对中国的比较优势做了量化分析，给出了国际性替代竞争和互补合作的可能，强调了密切亚太经济关系的重大意义。此文有理论和政策价值，也是较早发表于国际学术会议、国外学术刊物的英文论文和国内重要学术刊物的中文论文。

（五）张志敏

张志敏，中央财经大学经济学院教授博士生导师，中国人民大学经济学博士。先后在兰州大学、中国人民大学学习，1999 年博士毕业进入中央财经大学经济学院工作。在教学方面，他先后为本科生、留学生、MBA 学生、硕士研究生、博士研究生讲授了政治经济学、社会主义经济理论、宏观经济政策、国际经济学、发展经济学、战略与规划、国际金融理论与政策等课程；在科研方面，主要从事宏观经济管理、国际贸易政策、宏观金融等方面的研究。在《经济学动态》《管理评论》《改革》等杂志发表学术论文 70 余篇，出版学术专著 2 本，主编和参编《国民经济管理》《国际经济学》《世界经济概论》《政治经济学》等 6 本。目前，在经济学院担任世界经济学专业的博士生导师，世界经济学、国民经济学专业的硕士生导师。

在政府经济职能方面，张志敏教授的学术观点集中在：（1）从理论上对不同学派有关政府经济职能理论进行了系统梳理，从理论上区分"彻底自由主义"和"适度的自由主义"。（2）对工业革命以来，西方发达国家的政府经济职能进行比较分析，认为"彻底自由主义"职能只是停留在理论层面，在现实中难以实施，理论还存在"干预"和"不干预"，"大政府"和"小政府的"之争，现实中各国政府的干预都呈现逐渐增强趋势。（3）对我国有企业的功能进行系统分析，提出随着市场经济发展，国有企业更应该发挥宏观调控的职能。上述观点集中体现在论文《彻底经济自由主义的政府职能理论分析》、《国有经济在市场体系中的定位分析》等，以及专著《合理性的限度——西方工业国家政府经济干预的历史演变与借鉴》一书中。

在国际贸易方面，张志敏教授的学术观点主要有：（1）通过对西方发达国家贸易保护的历史演变进行分析，揭示了贸易保护和自由主义交替进行的规律，提出了贸易保护通常与战争、经济危机、金融危机、执政党偏好、新的强国崛起的威胁等因素密切相关。（2）通过对自由主义理论和发达国家实践的历史分析，发现理论和现实的存在"时间错位"，即亚当·斯密的自由放任理论于 1776 年产生，但现实中英国并没有实行自由主义的贸易政策，《谷物法》和《航海法》等贸易保护的法律一直到 19 世纪中叶后才废除，自由放任的理论在英国比较盛行的年代，也是英国通过国家强制手段进行殖民统治和海外掠夺的阶段。（3）自由主义在国家利益面前一直在"妥协"，历史上的英国，当今的美国都是如此。上述观点主要集中于《自由贸易主义的真相》、《西方工业国家贸易保护的历史演进和发展趋势研究》等论文中。

在宏观金融方面，张志敏教授的学术观点主要集中：人民币国际化主要通过人民币区域化逐渐实现，以区域化带动国际化，以贸易推动投资发展。上述观点集中体现《跨境贸易结算对人民币国际化汇率影响——基于货币选择视角的经验分析》《中俄货币合作、限制因素及改善的路径选择——基于人民币国际化视角》等论文中。

第五节　区域经济学和资源环境经济学

一、历史沿革

区域经济学与资源环境经济学是近几十年发展起来的较为年轻的经济学分支，是学科交叉的产物，主要包含了区域经济学与资源环境经济学两个研究方向。其中，区域经济学方向是该专业的一个研究方向。区域经济学是经济学与地理学交叉而成的应用经济学学科，旨在从经济学角度研究区域经济发展与区域关系协调。它的形成和发展最早源于 1826 年德国经济学家杜能提出的农业区位论，至今已有近 200 年的历史。而我国的区域经济学则起步较晚，作为一门独立的经济学分支学科，只有 30 多年的历史，在我国，区域经济学是为了适应我国区域经济发展需要而产生和发展起来的。伴随着我国改革开放的不断深入，在研究和解决发展中面临的区域性问题的过程中，区域经济学科逐渐形成和完善起来。尽管目前我国还未完全建立起适应我国的区域经济学科理论框架，但在有关区域经济学研究对象以及研究内容方面，逐渐趋向类同，这是一门学科走向成熟的表现。

而资源与环境经济学方向则是一门新兴的边缘学科，是研究社会发展及其与自然资源环境关系的一个经济学分支，从 1997 年正式设立至今已经有 20 多年了。资源与环境经济学的内容不仅覆盖资源经济学和环境经济学中主要的已经成型的概念体系逻辑和理论，而且以可持续发展理论为主线将经济发展过程与资源配置、环境政策、可持续发展战略等内容紧密结合起来，旨在形成资源与环境经济学的基本理论和分析框架。经过了 20 多年的发展，我国资源与环境经济学的研究领域在不断拓展，研究队伍的来源多样化，截至目前，设置资源与环境经济学专业的院校有：中国人民大学、南开大学、武汉大学、复旦大学、厦门大学、新疆大学、北京大学、中央财经大学、北京师范大学、中南财经政法大学、青岛大学、陕西师范大学、东北财经大学、西北大学、云南大学、吉林大学、华中科技大学、西南财经大学、辽宁大学、浙江大学、江西财经大学、福建师范大学、上海财经大学、对外经济贸易大学、四川大学、南京大学、中国地质大学、重庆大学、西安交通大学、南京农业大学、大连理工大学、首都经济贸易大学、河南大学等，设有资源与环境经济学学科博士点的高校与科研院所已迅速发展到 50 多个。

我校设立人口资源与环境经济学学科相对较晚，2012 年，经济学院人口资源与环境经济学专业硕士点正式招生。发展至今已有 7 年。该学科在相关专家的学术积累和社会影响的基础上，整合了较为年轻的团队，在产业集聚、循环经济与区域经济发展、区域协同发展、城市化与城市群研究、绿色经济与循环经济发展模式、碳金融产品定价等研究方向上，进行了深入的研究，并取得了丰富的科研成果，为支撑学科的建设和发展奠定了理论基础。

二、基本情况

该学科已形成教授、副教授、讲师梯队，比例为 5：3：1，成员全部具有博士学位。同时，还不断与中国社会科学院、中国人民大学、北京大学等不同院校进行科研合作，已经和正在形成若干高水平的科研成果。该学科成员各自研究方向分别主要是京津冀一体化、世界城市、空间经济学和空间计量应用等，其中理论基础具有很强的共性，有利于开展科研协作。此外，该学科教师通过不断跟踪国内外区域经济学的高水平期刊和学术会议等，保持对本区域经济学研究动态的把握，了解当前区域经济的新的研究领域方向、工具方法和研究认识等。

近年来，我校区域与资源环境经济学的科学研究取得了丰硕的成果。首先，从课题立项情况看，主持或参与多项国家和省部级项目，由该学科点教研人员担任主持人的各类科研课题 20 余项。其中，纵向科研课题 10 余项，包括国家自然科学基金项目 1 项、国家社科基金一般项目和青年项目 3 项、教育部人文社科基金项目 3 项。其次，从论文发表情况看，本学科研究队伍在 Insurance：Mathematics and Economics、Energy for Sustainable Development、《中国科学：数学》《经济研究》《管理科学学报》《经济学动态》《数量经济技术经济研究》《中国管理科学》《系统工程理论与实践》《财贸经济》《经济管理》《改革》《中国统计》等国内外核心期刊共发表论文 200 余篇。第三，在著作出版方面，该学科教研人员共出版多部学术专著，其中有多部著作获得中国生产力学会优秀成果特等奖、省级社科优秀成果奖、省级科技进步奖等。

该学科教学团队结构合理，教学成果显著。如戴宏伟老师入选教育部"新世纪优秀人才"支持计划，获省部级"青年优秀教师"称号等；苏雪串老师获得涌金青年教师学术奖；宋一淼老师多次获得基础课程教学奖等，教学评估全部为优秀。在取得一定教学成果同时，该学科不断优化教学方法和内容，不断跟进本学科的学术前沿成果，并积极应用于教学工作中。

三、主要研究方向

该学科现有的研究方向分别为：产业集聚、循环经济与区域经济发展、区域协同发展、城市化与城市群研究、绿色经济与循环经济发展模式。

(一) 产业集聚、循环经济与区域经济发展

该方向主要研究以区域经济发展为主线的基于循环经济的产业集聚与区域经济发展的逻辑关系的全新理论分析框架。

该研究方向的主要特色是：（1）不同于目前大多数研究把产业集聚与循环经济割裂开来研究，该研究方向把二者结合起来，深入研究了它们之间的互动关系，为同类问题研究提供了新视角。（2）将产业聚集与循环经济、区域经济纳入一个理论分析框架，为研究区域经济发展提供了新思路。（3）提出正反馈机制作用于产业经济系统使之产生自我增强的特性，是产业集聚形成机制的重要基石，从理论和实证两方面论证了产业集聚是区域经济发展驱动器的观点，提出循环经济的理论内涵是建立在一定技术基础之上和特定制度安排下的一种经济发展方式，循环经济是一种全新的区域经济发展方式，最后得出基于循环经济的产业集聚是区域经济发展新战略的结论。该方向的主要优势体现在，既可以在某个方面进行相对独立的研究，更可以相互借鉴，形成有机联系和综合性的研究成果。

(二) 区域协同发展

该方向主要研究区域经济发展的总体均衡与协调，特别是京津冀协同发展及首都功能转型，对于"大北京"经济圈产业梯度转移与产业结构优化、首都城市发展模式及比较分析、京津冀区域竞争力比较分析等方面均有较为深入的研究。

该研究方向的主要特色是：（1）将国际产业转移理论与中国制造业发展联系起来进行系统研究，对产业梯度的内涵进行了界定，为研究京津冀区域协同发展过程中产业梯度转移和结构优化提供理论基础。（2）利用统计年鉴数据，建立区域竞争力的评价指标体系并运用客观赋权法和数据包络分析方法，对京津冀和长三角都市圈的区域竞争力进行比较分析，提出通过完善区域内各省市的基础设施、优化产业结构、区域内部资源整合、产业协作等措施提高地区个体及整体竞争力，为京津冀城市群加强区域内部整合与协作提供了指导。（3）对世界首都城市发展的路径进行总结、分析，把各国首都城市的发展模式分为两种类型，一类是单功能首都城市发展模式，另一类是多功能首都城市

发展模式，为我国首都发展模式的定位和发展提供了借鉴。

（三）城市化与城市群研究

该方向主要研究城市化、城乡收入差距以及产业集聚，城市化与产业结构升级，以及不同阶段城市群发展研究，通过城市和区域经济学的理论和原则来研究现实经济现象，并针对发展过程中存在的问题提出解决措施。

该研究方向的主要特色是：（1）提出城市化滞后是导致城乡收入差距扩大的根本原因，并提出相应的战略性措施，加速我国的城市化进程，促进"二元经济"的转化，缩小城乡收入差距。（2）产业结构升级与城市化进程相辅相成，提出要加速城市化，促进产业结构升级，重点在于城市现代化和农村城镇化。（3）通过研究不同阶段城市群内城市规模结构、城市之间分工协作程度等特征，针对在不同经济发展水平的区域提出差异化发展战略。东部地区城市群发展的战略重点是优化城市之间的产业分工，而西部地区城市群发展则应重点培育中心城市、完善城市规模体系。该方向的主要优势在于拥有一支年纪轻、学历高、结构相对合理、水平处于国内前沿的研究队伍，这为该方向发展提供了基础。

（四）绿色经济与循环经济发展模式

该方向主要研究绿色经济的界定和范畴梳理，对绿色经济的产业范围进行了界定，以循环经济所对应的宏观经济产业链关系的变化研究为出发点对循环经济进行了系统分析。

该研究方向的主要特色是：（1）借鉴国际绿色经济的界定范畴，结合我国近年来出台的绿色产业政策，对绿色经济的产业范围进行了界定，在此基础上引入国际上通行的合成指数方法（Composite Index，CI）初步构建了中国绿色经济景气指数体系（China Green Industry Climate Index，GICI），并进行了长达两年的跟踪校验。（2）揭示了循环经济发展模式下各产业链之间的循环闭合状态及相互关系，并采用投入产出技术有效描述了循环经济下的复杂的产业链关系。（3）从生态学角度出发，构建了能值型循环经济投入产出表及分析模型。引入生态学中的能值分析理论，从生态学角度探讨了循环经济投入产出技术的应用。该方向通过资源整合，正在形成以中青年力量为骨干的学术梯队，其中不乏以有较大科研潜力的后起之秀。

四、学科团队

区域与资源环境经济学是我校较为新兴的学科，研究力量尚在发展之中。学科点现有专职教师9人，其中教授5人；博士生导师4人，硕士生导师4人。

戴宏伟：教授，博士生导师，中国人民大学经济学博士。1999年破格晋升为副教授，2001年破格晋升为教授。入选中美富布赖特项目高级访问学者，于2010年8月~2011年7月在美国宾夕法尼亚大学沃顿商学院访学并进行"中美首都经济圈发展比较"的合作研究。长期从事区域经济学、产业经济学的教学、科研工作。承担《区域经济学》《产业经济学》《经济学原理》《区域经济学研究前沿课》等本科、硕士、博士研究生教学任务。主持国家社科基金项目2项，和国家自然科学基金项目1项，国家发改委地区司招标课题等课题10余项，出版学术专著9部（含合著），在《世界经济》《中国社会科学报》等报刊发表文章百余篇。2009年入选教育部"新世纪优秀人才"支持计划；并获省部级"青年优秀教师"、中国生产力学会优秀成果奖特等奖、省部级社科优秀成果奖二等奖等奖励。

冯薇：教授，硕士生导师，中央财经大学经济学博士。主要从事微观经济学、产业经济学、产业组织理论、宏观经济学、环境与自然资源经济学等课程的教学工作。研究涉及产业经济学、区域经济学及环境经济学等领域。出版专著1部，合著3部，主编、参编各类教材十余部，发表学术论文40余篇。主持完成教育部人文社会科学项目1项，横向课题2项，参与纵向、横向研究课题8项。自2001年7月起担任硕士研究生导师，已有30余名硕士研究生毕业；2012年指导国家级、市级大学生创业训练项目各1项。2011年受校人事处指派承担新疆高校青年教师的进修指导工作。2011~2016年任中国区域经济学会理事。

郭冬梅：教授，博士生导师，山东大学理学博士，现任中央财经大学经济学院党委副书记，主要研究方向为数量经济学、城市经济学，先后在《中国科学：数学》《经济研究》Insurance：Mathematics and Economics等国内外核心期刊发表论文近30篇，其中：AAA类论文3篇、AA类论文3篇、SSCI检索4篇、SCI检索10余篇；出版个人专著2部；主持国家自然科学基金、国家社科基金、北京市哲学社会科学基金等多项课题。2015年成立了经济学院数量与经济决策中心，开始利用大数据的方法从事城市经济学、环境经济学方面的相关研究，2016 年获得阿里研究院第六季"活水计划"支持，目前已形成完善的研究成果。另外，她还进行"财经文本大数据"基础数据库建设，旨在为包括本校以及其他高校师生在内的用户提供高质量的数据服务，帮助其更好地拓展和深化科学研究，目前数据库累积近亿条文本数据，并建成 3 个文本搜索系统。

刘轶芳：教授，获中国科学院管理科学与工程专业博士学位；中国社科科学院经济学研究所博士后；美国杜克大学政治学系访问学者。现为应用经济学系主任、党支部书记，绿色经济与区域转型研究中心主任。主要研究方向：环境经济、投入产出、可持续发展。主持国家自然科学基金、教育部人文科学基金、北京市科学基金等多项课题。在国内外学术期刊《经济研究》《数量经济技术经济研究》《中国管理科学》《系统工程理论与实践》、Energy for Sustainable Development、Journal of Systems Science and Complexity、Applied Mathematics Letters 等发表学术论文多篇。曾获河南省科技进步二等奖、国家统计局机关统计科研优秀成果二等奖等、北京财政学会调研成果特等奖。

苏雪串：教授，博士生导师，经济学博士，兼任全国经济地理研究会常务理事、全国经济管理院校工业技术学研究会常务理事、北京世界城市研究基地特约研究员。主要从事西方经济学、发展经济学和当代西方经济学流派、城市经济学、区域经济学等学科的教学和研究。近年来主持和参加国家哲学社会科学基金项目、北京市哲学社会科学基金项目、教育部社会科学基金项目、财政部科研项目、中国人民银行科研项目、中央财经大学科研课题等 10 余项。在《经济学动态》《经济管理》《改革》《中国统计》等经济类核心期刊发表学术论文 50 余篇。出版学术著作《中国的城市化与二元经济转化》等 5 部。

孙伟增：副教授，硕士生导师，2016 年 7 月毕业于清华大学建设管理系，获得管理科学与工程专业博士学位。2016 年 7 月～2018 年 7 月进入暨南大学经济与社会研究院，先后受聘副研究员、助理教授。2018 年 7 月进入中央财经大学经济学院，受聘副教授。研究方向为城市与区域经济学、房地产经济学，特别关注中国区位导向性政策的经济效果评价。研究成果发表于 Journal of Urban Economics，Regional Science and Urban Economics，Journal of Regional Science，《中国社会科学》《经济研究》《管理世界》等国内外知名期刊。2018 年入选中国房地产中青年学者 30 人论坛成员。

宋一森：副教授，硕士生导师，西南财经大学经济学博士，中国社会科学院城市经济博士后。主要讲授课程有经济学原理、中级微观经济学、中级宏观经济学、高级微观经济学、空间经济学。研究领域为区域经济及城市经济。出版科研成果约 40 篇（部），其中部分论文有：《文化距离、空间距离哪个更重要——文化差异对于中国对外贸易影响》，《宏观经济研究》2015 年第 9 期；《劳动份额波动的区域差异与下一步》，《改革》2014 年第 10 期；《公共债务管理目标问题研究》，《财经科学》2014 年第 10 期。参与或主持各项课题二十余项，兼任城市经济与区域发展研究中心主任，科技部、财政部"科技富民强县专项行动计划项目"评审人，财政部、农业部"年度公益性行业专项项目"预算评审人。

杨晓兰：副教授，硕士生导师，香港中文大学社会学院博士。研究方向为区域与城市经济、世界城市网络、房地产经济与政策。

李静：讲师，硕士生导师，中国人民大学经济学博士，2006 年中国社会科学院博士后出站。主讲《区域经济学》《经济学原理》等课程。主要研究领域为区域经济学。

五、未来发展展望

根据国家的部署和学校的规划以及学院的定位，该学科点结合自身发展态势和实际情况，将发展目标拟订如下。

（一）形成国家层面的区域经济政策智库

该学科点在不断为各级政府提供有针对性的政策或建议，强化与各级政府的合作与交流同时，促进科研成果服务于社会，为各级政府决策提供智库支持，实现本学科研究的成果转化，形成持续提高本学科的教研水平的良性循环，积极为国家宏观决策及政府政策制定提供相应的智力支持和政策咨询服务，最终形成中央政府的区域经济领域的政策智库。

（二）学术队伍的培养

该学科点高度重视对本学科中青年教师的培养以及加大人才引进工作的力度。遵循的原则应是现有队伍的提升与引进并重。为了促进本学科实力较快的增长，将加大人才引进工作的力度，加快人才引进。引进的人才应具备令人称道的品行和有影响的学术声望，能够带动提升本学科队伍的整体水平。同时，培养综合素质高、能力强的学生，形成一流的本学科人才培养基地。

（三）各研究方向横向联合

该学科点将有意识地开展多学科的交叉、渗透和整合，打通区域经济学和资源与环境经济研究和中国问题研究的隔阂，广泛吸收其他领域成果，进行多学科合作，加强校内各学科、与其他高校、研究机构间的交流。

（四）扩大国内外交流

这是加强条件建设的重要途径之一，更是提高研究水平的必要条件之一。该学科点主要学术带头人继续与国外大学和科研机构形成良好的学术交流关系，互派学者讲学，交流学术信息和科研成果。建立和扩大与国外大学的联系，五年内派出 2~3 名中青年骨干教师出国进修访问。

（五）"软件"方面

该学科点充分利用外部学术资源，做好内部学科的协调、整合和支撑，加强教学科研人员的培养；争取学校和学院的统筹协调和政策支持；加强成体系的本科生、研究生教学材料建议工作，学科带头人带领本专业教师编写系列教材，培养有本校特色的专业学术人才。

（六）科学研究方面

一方面学科带头人引领科学研究方向，争取国家级科研项目的立项，组成结构合理的研究团队，分头攻关，以期取得突破性进展；另一方面加强研究工作的"国际化"，注重在国内外专业领域的重要会议上，表达本院声音。该学科点将强化对区域经济学基础理论和前沿问题的研究，提升总体教学和科研实力的同时，形成有优势和特色的研究领域。

（七）壮大完善资源与环境经济交流窗口

通过建设国际人口资源与环境经济研究中心等，该学科点强化与国内学术机构、高校之间的合作与交流，加强与实际工作部门、大型外向型企业之间的沟通，为学生就业以及进一步深造提供便利条件，学生培养和科学研究可以进行跨学校、跨学科之间的协作。

未来，通过加强对区域与资源环境经济学学术队伍的培养，加强研究方向的横向联合，扩大国内外交流，该学科点旨在培养出一批区域与资源环境经济学领域的专业人才，在充分吸收国外先进理论研究成果的基础上，通过交流合作促进我国区域与资源环境经济学领域的发展，构建系统的区域与资源环境经济学学术框架，形成科学的理论体系，在形成科研成果的同时，也为解决我国经济发展过程中遇到的区域及环境资源方面的问题提供科学的借鉴和指导。在区域经济学方面，以下三项工作亟待完成，一是理论体系的构建，总结和概括出一个适合于解释我国区域经济实际的理论体系。二是区域发展的效率和公平的协调性。效率目标在区域经济政策分析中起重要的作用，尤其对发展中国家而言，发展是永恒的主题。三是制度性分析和非制度性分析的协同性。除了对经济运行领域的现象研究，如何对影响区域经济发展的政治经济环境及传统文化、伦理、习俗等非正式制度安排进行分析，也是需要深入探讨的问题。在资源与环境经济学方面，应当重视资源与环境经济学的学科建设，建立科学严谨的理论体系，加强对学科基础和理论知识的补充和深化，深化研究方向，形成有优势和特色的研究领域。

六、主要学术带头人简介

（一）戴宏伟

戴宏伟，中央财经大学经济学院教授、博士生导师，研究领域为区域经济学、产业经济学。戴宏伟教授先后毕业于中南财经大学、中国人民大学并获经济学博士学位，是中美富布莱特项目访问学者（宾夕法尼亚大学沃顿商学院，2010～2011年）。教育部"新世纪优秀人才支持计划"入选者（2009年）。兼任中国区域经济学会常务理事，《中国社会科学》等多家期刊匿名审稿人，国家社科基金项目与教育部人文社科基金项目评审专家。戴宏伟教授2006年9月来我校任教，曾任科研处副处长，人事处副处长、处长，党委教师工作部部长，现任中央财经大学研究生院院长、党委研究生工作部部长。

戴宏伟教授主持国家自然科学基金项目"新型城镇化对扶贫开发的影响及

应对研究"、国家社科基金项目"基于京津冀协同的首都城市群发展研究"和"'大北京'经济圈产业梯度转移与产业结构优化研究"、教育部规划基金项目"国际产业转移与生产要素跨国流动的互动关系研究"等课题 10 余项；出版《国际产业转移与中国制造业发展》、《区域产业转移研究——以"大北京"经济圈为例》、《城乡统筹与县域经济发展》等著作十余部（含合著），发表文章百余篇。曾获中国生产力学会优秀成果特等奖、省级社科优秀成果二等奖、省级"优秀青年教师"等奖励或荣誉称号。

戴宏伟教授长期致力于京津冀协同发展及首都功能转型等问题的研究，相关研究在学术界具有一定影响，并被相关部委采用。戴宏伟教授是国内较早提出京津冀产业转移并作深入研究的专家之一。其相关研究结论及观点曾被新华社《国内动态清样》报道，时任副总理曾培炎同志作重要批示。主持的国家社科基金课题成果《区域产业转移研究——以"大北京"经济圈为例》获中国生产力学会著作类特等奖、省部级社科优秀成果二等奖等级多项奖励。其关于京津冀产业转移与协同发展、首都功能转型等的研究，被经济日报、腾讯财经、凤凰网、新京报、河北日报等多家媒体约稿或报道。具体研究成果如下：

1. 著作方面。戴宏伟教授本人出版了两本有关京津冀的著作：一是 2003 年由中国物价出版社出版的《区域产业转移研究——以"大北京"经济圈为例》，戴宏伟教授是第一作者；二是 2006 年由中国市场出版社出版的《京津冀区域经济协作与发展》，戴宏伟教授是第二作者。

2. 课题方面。戴宏伟教授主持了国家社科基金项目《"大北京"经济圈产业梯度转移与产业结构优化研究》，此项目 2002 年立项，2003 年结项；2009～2011 年戴宏伟教授主持了北京市教委与中央在京高校共建项目：《京津冀企业协作促进区域协调发展研究》，此项目也已结项；戴宏伟教授正在主持国家社科基金课题《基于京津冀协同的首都城市群发展研究》课题于 2014 年立项。

3. 论文方面。戴宏伟教授发表了一系列京津冀相关学术论文。其中主要是在《财贸经济》上发表的《京津冀与长三角区域竞争力的比较分析》、在《城市发展研究》发表的《首都城市发展模式及比较分析》、在《中国社会科学报》上发表的《京津冀：协同方能发展》、在《中国区域经济学前沿》论文集发表的《京津冀资金要素比较分析》、《河北经贸大学学报》上发表的《京津冀金融业发展与协作路径分析》等。

在戴宏伟教授的指导下，其所带的博士生回莹也对京津冀有了较深入的研究。在课题方面，回莹博士主持了河北省教育厅课题"京津冀雾霾联合防治与河北省产业结构调整问题研究"，项目编号为 SQ141118（在研）；主持了廊坊市科技局课题"廊坊在京津对接战略中区域优势的研究"，此课题项目编号为 2012023043（已结题）；主持了中央财经大学研究生科研创新基金项目"基于雾霾联控的京津冀区域产业协同发展研究"，项目编号为 201511（在研）。在论文方面，回莹博士发表了两篇同京津冀相关的学术论文。第一篇是在 2014年以独立作者身份在廊坊日报上发表的《浅析廊坊在京津对接战略中的区域优势》；第二篇是 2016 年以第二作者身份与戴宏伟教授一同在《社会科学战线》上发表的《京津冀流动人口主观幸福感实证研究》。

随着雄安新区的设立，戴宏伟教授还参与了相关部委组织的多个讨论会参与献言献策，并受国家发改委高新技术产业司委托完成了研究课题"雄安新区创新发展的思路与对策研究"。

戴宏伟教授的相关研究，有力地推动了京津冀区域的协同发展，其关于京津冀产业转移的研究与当前非首都功能疏解的大趋势相吻合。

（二）冯薇

冯薇，中央财经大学经济学院教授，硕士生导师，中央财经大学经济学博士。她主要从事微观经济学、产业经济学、产业组织理论、宏观经济学、环境与自然资源经济学等课程的教学工作，研究涉及产业经济学、区域经济学及环境经济学等领域。出版专著 1 部，合著 3 部，主编、参编各类教材十余部，发表学术论文 40 余篇。主持完成教育部人文社会科学项目 1 项，横向课题 2 项，参与纵向、横向研究课题 8 项。她自 2001 年 7 月起担任硕士研究生导师，已有 30 余名硕士研究生毕业；2012 年指导国家级、市级大学生创业训练项目各 1 项。2011 年受校人事处指派承担新疆高校青年教师的进修指导工作。2011 ~ 2016 年任中国区域经济学会理事。

冯薇教授本科毕业于安徽大学，研究生毕业于华中科技大学及中央财经大学，分别获得工学学士、经济学硕士和经济学博士学位。1986 年来校任教。

冯薇教授学术研究主要表现在：进行多学科的交叉性研究，探索主流经济学与非主流经济学的结合，将自然科学的普适性理论用于社会经济现象的类比分析；综合运用区域经济学、产业经济学、生态经济学、产业生态学和复杂性科学等多学科理论和方法，研究中国经济社会发展中出现的新现象及面临的新问题；对动态演化的产业集聚现象予以解析，强调空间的非中性特征，揭示了现实世界中区域经济发展本质的东西。

冯薇教授的专著《产业集聚、循环经济与区域经济发展》（经济科学出版社 2008 年版）把产业集聚与循环经济有机地结合起来，为研究产业集聚和循环经济问题提供了新视角。该研究成果以区域经济发展为主线，以产业与区域的结合为切入点，将产业集聚、循环经济与区域经济发展纳入一个理论分析框架，为研究区域经济发展提供了新思路。该研究具有较强的创新性。

冯薇教授的系列研究成果《产业集聚的区域负面效应剖析》一文发表在 CSSCI 来源期刊《改革》2007 年第 9 期，被中国人民大学复印报刊资料《城市经济、区域经济》2008 年第 1 期索引；《产业集群政策与区域经济发展》一文被顾强主编《中国产业集群（第 5 辑）》一书收录；《基于循环经济的新一轮产业集聚研究》一文被中山大学 985 工程产业与区域发展研究哲学社会科学创新基地丛书《市场转型与中小企业成长》收录。科学研究成果产生了较大的社会影响，具有良好的社会效益。

（三）郭冬梅

女，中央财经大学教授，博士生导师，山东大学理学博士，现任中央财经大学经济学院党委副书记，主要研究方向为数量经济学、环境经济学、城市经济学，先后在《中国科学：数学》《经济研究》、Insurance：Mathematics and Economics 等国内外核心期刊发表论文近 30 篇，其中：AAA 类论文 3 篇、AA 类论文 3 篇、SSCI 检索 4 篇、SCI 检索 10 余篇；出版个人专著 2 部；主持国家自然科学基金、国家社科基金、北京市哲学社会科学基金等多项课题。2015 年成立了经济学院数量与经济决策中心，开始利用大数据的方法从事城市经济学、环境经济学方面的相关研究，2016 年获得阿里研究院第六季"活水计划"支持，目前已形成完善的研究成果。另外，还进行"财经文本大数据"基础数据库建设，旨在为包括本校以及其他高校师生在内的用户提供高质量的数据服务，帮助其更好地拓展和深化科学研究，目前数据库累积近亿条文本数据，并建成 3 个文本搜索系统。

理论研究方面，郭冬梅教授首次推导出可违约情形下的美式期权的定价方程，利用倒向随机微分方程进一步探索了非线性的定价机制，刻画了巴黎期权的非线性价格过程。基于以上理论研究，为我国碳排放权定价进行微分建模，建立了一套完整的定价方法框架。应用研究方面，基于"财经数据文本数据库"，结合全国城市层面的人口与土地等数据，她利用机器学习的方法和计量方法研究了人口结构、人口流动、城市媒体联系指数、经济政策不确定性等方面的问题，旨在经济新常态下深入分析城市经济发展的主要问题，为城市经济的健康发展提供智力支持和政策依据。

（四）刘轶芳

刘轶芳，中央财经大学经济学院教授，中国科学院管理科学与工程专业博士，是中国社科科学院经济学研究所博士后、美国杜克大学政治学系访问学者，应用经济学系主任、党支部书记，绿色经济与区域转型研究中心主任。主要研究方向是环境经济、投入产出、可持续发展。她主持了国家自然科学基金、教育部人文科学基金、北京市科学基金等多项课题，在国内外学术期刊《经济研究》、《数量经济技术经济研究》、《中国管理科学》、《系统工程理论与实践》、Energy for Sustainable Development、Journal of Systems Science and Complexity、Applied Mathematics Letters 等发表学术论文多篇。曾获河南省科技进步二等奖、国家统计局机关统计科研优秀成果二等奖、北京财政学会调研成果特等奖。

刘轶芳教授先后毕业于大连理工大学和中国科学院，获计算机信息管理专业工学学士、应用数学专业理学硕士、管理科学与工程专业博士，2008 年 7 月来校任教。

刘轶芳教授研究学科领域为理论经济学之人口、资源与环境经济学，在资源与环境经济研究领域，聚焦于资源消耗与污染排放、循环经济与可持续发展模型等方面的研究。2016 年她带领研究团队，以中央财经大学绿色经济与区域转型研究中心的名义，向社会公开发布《中国绿色产业景气报告》，首次构建了中国绿色产业景气指数，并被行业采用目前每季度向社会公开发布指数结果及研究报告。

（五）苏雪串

苏雪串，中央财经大学经济学院教授，博士生导师，经济学博士。兼任全国经济地理研究会常务理事、全国经济管理院校工业技术学研究会常务理事、北京市行政区划与区域发展研究会常务理事、北京世界城市研究基地特约研究员等。

苏雪串教授 1985 年获山西财经学院（现山西财经大学）经济学学士学位，1987 年获南开大学经济学硕士学位，1987 年至今在中央财经大学任教，2004 年获中央财经大学经济学博士学位。主要研究领域包括城市和区域经济、当代西方经济学流派、宏观经济运行和发展等，学术研究成果集中在城市化、世界城市、产业结构和收入分配等方面。

苏雪串教授主要讲授的课程包括本科生的西方微观经济学、西方宏观经济学、当代西方经济学流派、区域经济学和发展经济学；硕士研究生的城市经济理论专题、经济发展理论专题研究、区域经济理论专题、区域经济学前沿和西方经济学前沿；给博士生讲授区域经济专题研究等。指导研究生方向为区域经济学、产业经济学和西方经济学。

从事经济学的学术研究，主要目标是获取理论创新和为经济发展实践提供理论解释和解决问题的对策思路，苏雪串教授的学术研究在一些相关问题上形成了有价值的学术成果和有借鉴价值的政策依据。

第一，在对城市化、城乡收入差距以及产业集聚的研究中，苏雪串教授发现在 20 世纪末，城乡收入差距是制约我国经济发展的重要障碍，城市化滞后是导致城乡收入差距扩大的根本原因，加速城市化进程可以缩小城乡收入差距，同时产业集群增强了城市化的经济基础，有利于提高城市竞争力从而促进城市化；提出相应的战略性措施，加速我国的城市化进程，促进"二元经济"的转化，缩小城乡收入差距。

在对城市化与产业结构的研究中，苏雪串教授认为产业结构升级与城市化进程相辅相成，21 世纪初期我国城市化滞后，对产业结构升级形成制约，因此要加速城市化，促进产业结构升级，重点在于城市现代化和农村城镇化。

在对城市群的研究中，苏雪串教授认为不同阶段城市群内城市规模结构、城市之间分工协作程度等特征不同，因此在不同经济发展水平的区域，城市群发育程度不同，应该选择差异化发展战略。我国东、中、西部城市群所依托的区域经济基础的差异导致各区域城市群的发育程度不同，所以要根据其各自所处的发展阶段，东部地区城市群发展的战略重点是优化城市之间的产业分工，而西部地区城市群发展则应重点培育中心城市、完善城市规模体系。

苏雪串教授针对北京市作了相关领域的研究。在经济全球化背景下，北京市的发展必须考虑其在全球城市体系中的角色定位。通过梳理分析城市功能演变的规律、经济活动空间布局的新特征以及现已形成世界城市的发展经验，根据北京城市空间结构的现状及发展世界城市的需要，她提出北京空间结构的调整应需要重视 CBD 能级的提升、高技术制造业的空间集聚及新城的合理规划和建设。

苏雪串教授的研究主要通过城市和区域经济学的理论和原则来研究现实经济现象，并针对发展过程中存在的问题提出解决措施，这对于我国城市经济的发展和整个国民经济的发展，都具有重要的实践意义。

第六节　产业经济学

一、历史沿革

产业经济学，是以市场结构与企业行为作为主要研究对象的微观经济学分支。产业经济学在西方通常也被称为产业组织理论，是国际公认的一门应用经济学学科，是微观经济学深化和发展的结果，是经济学专业的核心课程之一，也是近些年来经济学最活跃、取得成果最丰厚的领域之一。1996 年，我国对学科专业门类作了调整，"产业经济学"作为"经济学"大类中"应用经济学"一级学科之下的二级学科第一次位列其中，在学科设置上与国际惯例实现了初步的接轨。

根据分析工具的发展，产业经济学的历史可以分为三个阶段：（1）20 世纪 30 年代到 70 年代，此时产业经济学的核心分析框架为哈佛大学贝恩和梅森教授等人提出的"SCP"范式，产业经济学积累了大量的经验研究，并作为一门独立的经济学分支开始出现；（2）20 世纪 70 年代到 90 年代，博弈论开始逐渐成为产业经济学标准的分析工具，理论模型的构建成为产业经济学的主流研究内容，但基本模型已经很难再取得突破；（3）20 世纪 90 年代到目前，随着计量经济学的发展，实证产业组织（empirical industrial organization）开始大放异彩。实证产业组织，即利用先进的计量分析工具来对现实问题进行实证研究，并对以往的理论研究成果进行证实或证伪，现在正成为产业经济学中最欣欣向荣的领域。从最近几年美国博士毕业生就业情况来看，这个方向的博士生是非常抢手的。

中央财经大学的产业经济学学科由经济学院、信息学院、中国经济与管理研究院、中国经济管理研究院共同建设，其中经济学院是产业经济学学科建设的主力。该学科点师资力量雄厚，拥有 5 名教授、3 名副教授、2 名讲师。其中包括全国优秀教师 1 名（金哲松）、教育部新世纪优秀人才 1 名（戴宏伟）、中国工业经济学会常务副理事长 1 名（齐兰），中国工业经济学会常务理事 1 名（史宇鹏），中国工业经济学会理事 2 名（尹振东、尹志锋）。在学校和学院的领导和支持下，该学科点教师在科学研究、社会服务等方面做出了显著的成绩，在全国产业经济学专业的地位和影响力与日俱增。

二、基本情况

根据我们的统计，到目前为止，全国共有 140 余高校开设了产业经济学专业，进行教学和科研工作。北京大学、中国人民大学、上海财经大学、东北财经大学等大学的产业经济学学科在全国均具有很大影响力。其中，北京大学和上海财经大学拥有大量的海归博士，科研力量很强；中国人民大学产业经济学学科点被国务院学位办授权编写"产业经济学"专业介绍和硕士生、博士生培养方案，在学科建设方面具有很大影响力；东北财经大学则立足东北工业基地，对地区发展和国有经济研究较多。

跟这些传统的经济学研究重地相比，我校产业经济学学科建设时间不长，影响力上也存在一定差距。不过近几年来，我校产业经济学科建设正在迎头赶上。近年来，学科点教师在《经济研究》《管理世界》《世界经济》等国内顶级刊物和 China Economic Review 等 SSCI 刊物上发表了大量文章，主持了多项国家级和省部级科研项目，在国内学术界影响力日益扩大。产业经济学学科聚集了一大批国内外知名大学毕业的青年教师，科研潜力很大；教师之间合作氛围很浓，科研热情很高，这些为我院产业经济学学科的发展奠定了良好的基础。

三、主要研究方向

该学科现有三个研究方向：市场结构与竞争政策、产业结构与经济发展、政府规制理论与政策。

（一）市场结构与竞争政策

该研究方向重点研究经济全球化条件下我国的市场结构及竞争政策选择问题。这里的市场结构的含义包括市场结构（S）本身，还包括市场行为（C）和市场绩效（P），是SCP的集合，并且考虑引入开放因素，由此该研究方向主要从三个层面展开研究：

一是从总体层面分析经济全球化对我国总体市场结构的影响，重点探讨跨国公司全面进入我国之后，对我国工业化、市场化和国际化的影响，进而提出我国宏观竞争政策的目标和重点指向。

二是从具体产业或行业分析经济全球化对我国一些主要行业（产业）的市场结构影响，重点选择金融业、汽车业、家电业、传媒业等几个行业，研究国际跨国集团对这些行业的市场结构的影响，进而针对不同行业提出该行业竞争政策的具体实施措施。

三是从同一产业（行业）内部分析经济全球化对我国企业组织行为的影响，重点研究某一行业的同类企业中的外资企业与内资企业之间垄断竞争关系，进而提出竞争政策在微观领域中的具体实施建议。

该研究方向经过多年积累，已形成一定特色，取得一些有价值和影响力的成果。齐兰教授主持完成国家社科基金重点项目"垄断资本全球化问题的理论探讨"、教育部人文社科规划基金项目"经济全球化对我国市场结构的影响"和北京市高校学科带头人课题"WTO规则与我国竞争政策"，先后在《中国社会科学》《中国工业经济》《经济理论与经济管理》《经济学动态》《中国流通经济》等学术刊物上发表论文40余篇，出版专著《市场国际化与市场结构优化问题研究》《中国经济安全：融入WTO和全球化战略思考》《环球经营发展战略》等4部。国家社科基金重点项目研究成果——专著《垄断资本全球化问题研究》在商务印书馆出版，该研究成果中关于"跨国公司对我国市场结构的影响及对策"部分作为《成果要报》上报中央领导参阅。

今后该研究方向将进一步加大研究力度，在吸收借鉴国内外最新研究成果基础上，跟踪我国改革开放不断出现的新情况、新问题进行研究与探讨，为我国开放条件下的竞争政策的制定与完善提供理论依据和现实依据，使该研究方向的研究处于国内先进水平。

（二）产业结构与经济发展

产业政策的制定以产业经济分析为基础，以经济发展为目标，该研究方向着力研究产业结构演进的一般动因及其规律。产业结构演进的一般动因及其规律分析为产业政策的制订提供了一个基本框架和分析工具，因而全面、深刻地对产业结构演进的一般动因及其规律进行分析，将有助于对我国产业经济进行透彻的分析，进而为制订正确的产业政策奠定基础。尽管影响产业结构变动的因素很多，但应重点选择一些关键因素如发展战略的制定等进行深入研究。

在该研究方向，金哲松教授、蒋选教授和戴宏伟教授做了大量的研究工作，并形成专门的研究成果。金哲松教授主要研究国际经济学和产业组织理论问题，其代表作有《国际贸易结构与流向》《中国国际贸易与比较优势结构》《中国制造业比较优势结构的变化》《中国贸易结合度分析》《中国经济的国际化与贸易》《中国出口贸易的区域和国别结构分析》等，并多次获得省部级学术奖。蒋选教授多年来在产业经济学领域从事教学、科研和社会实践，他主持完成国家社科基金课题《我国产业结构政策研究》，出版学术专著《我国中长期失业问题研究——以产业结构变动为主线》，并获北京市社会科学理论著作出版基金资助。先后在《财贸经济》《经济理论与经济管理》《中国经济时报》《经济研究参考》等报刊上发表论文40余篇，其中代表性论文有《关于建立现代企业制度若干关键问题的思考》《企业集团组建的动因和组建方式》《我国国有银行实行股份制初议》《就业压力下的技术政策选择》《我国产业结构政策的基本导向和主要问题》等。戴宏伟教授主持教育部课题"国际产业转移与生产要素跨国流动的互动关系研究"，已出版专著《国际产业转移与中国制造业发展》。

今后该研究方向在吸收借鉴国内外最新研究成果基础上，结合我国改革开放的实际进行研究与探讨，注重多学科的交叉研究，为我国新形势下产业政策的制订提供理论依据，使本研究方向的研究处于国内先进水平。

（三）政府规制理论与政策

该研究方向是很有发展潜力的一个重要方向，主要研究我国垄断性行业包括自然垄断性行业和目前行政垄断行业中政府如何对其进行管制或监管问题，其中重点选择代表性行业如水、电、煤气等行业和铁路、民航、电力、通讯等部门进行研究，研究政府如何对这些特定垄断性产业的市场进入、价格、投资、服务质量等实行科学的管制，以刺激企业提高生产效率，保护消费者利益。政府管制理论是产业组织理论的延伸与深化，该理论将直接指导政府制定对垄断性产业的管制政策。该研究方向的研究成果对于完善国家垄断性产业（包括基础设施产业）的政府管制体制与管制立法，促进国有企业的后续改革，消除企业与政府之间的管制博弈的负面影响，通过引进与不断强化竞争机制，打破垄断，实现规模经济与竞争活力兼容的有效竞争，提高垄断性产业的经济效率，降低成本与价格，增进消费者福利等，都有重要的理论意义和应用价值。

在该研究方向上史宇鹏教授、尹振东副教授、尹志锋副教授做了大量的研究工作，主持 3 项省部级课题，在《经济研究》《管理世界》、Asian Economic Journal、Annals of Economics and Finance 等杂志发表论文 20 余篇，多篇文章被人大复印资料转载，并获得省级科研奖励。

对垄断性行业进行深入研究，为我国政府管制政策制订提供理论依据和现实依据，使该研究方向在吸收借鉴国内外最新研究成果基础上，因通过对自然垄断性行业和行政行为开展研究而处于国内先进水平。

四、学科团队

产业经济学学科点现有专职教师 10 人，其中教授 5 人，副教授 3 人，讲师 2 人；博士生导师 5 人，硕士生导师 8 人。本学科教师与国内外学术界交流活跃，经常受邀参加高水平学术会议，在全国经济学界已经具有了良好的学术声誉和学术影响。

戴宏伟：此处略，详细信息见区域经济学和资源环境经济学学科点第　页介绍。

蒋选：此处略，详细信息见国民与宏观经济学学科点第　页介绍。

金哲松：此处略，详细信息见国民与宏观经济学学科点第　页介绍。

齐兰：此处略，详细信息见政治经济学学科点第　页介绍。

史宇鹏：教授，经济学博士，经济学院副院长。主要讲授课程为经济学原理、中级微观经济学、高级微观经济学、产业经济学（本科、研究生），研究领域为产业经济学、社会经济学，兼任中国工业经济学会常务理事、中国软科学研究会理事。在《经济研究》《管理世界》《世界经济》等国内权威期刊发表论文数十篇，在 China Economic Review、Asian Economic Journal 等 SSCI 期刊发表多篇论文。论文获得北京市第十五届哲学社会科学优秀成果二等奖（排名第一）、教育部第七届高等学校科学研究优秀成果三等奖（排名第二），参与撰写的研究报告获得了北京市第十三届哲学社会科学优秀成果奖二等奖（排名第三），所提政策建议被北京市有关部门所采纳。主持省部级科研项目 3 项，校级科研创新团队 1 项，主持国家社科基金重大项目子课题 2 项、教育部重大攻关项目子课题 1 项、北京市社科基金重大项目子课题 2 项。

尹振东：副教授，经济学博士。2003 年获中国青年政治学院经济学学士学位，2005 年获中国人民大学西方经济学硕士学位，2009 年获中国人民大学政治经济学博士。主要研究领域为契约与组织理论、制度经济学、新政治经济学、中国经济，在《经济研究》《经济社会体制比较》等杂志发表多篇论文。

尹志锋：此处略，详见政治经济学学科点介绍。

张琥：此处略，详见国民与宏观经济学学科点介绍。

龚雅娴：讲师，北京大学经济学博士。主要讲授课程为中级微观经济学、高级微观经济学、产业经济学。研究领域为金融经济学学、银行经济学、博弈论、微观经济理论。在 Journal of Banking and Finance、《金融研究》等杂志发表多篇论文。

李艳：讲师，清华大学经济管理学院经济学博士。主要研究领域为公共经济学、产业经济学、国际贸易，在《经济研究》《管理世界》等杂志发表多篇论文。

五、未来发展展望

经济院产业经济学学科发展的目标是：瞄准国际理论前沿，结合中国产业问题，进行原创性的科学研究，并以此提升我校产业经济学学科在全国的声誉与影响力；同时积极培养国家建设所需要的中高级产业经济学专业人才，为国家建设提供智力支持，成为全国一流、世界知名的产业经济学学科。

六、主要学术带头人简介

（一）戴宏伟

此处略，详细信息见区域经济学和资源环境经济学学科点介绍。

戴宏伟教授的相关研究，有力地推动了京津冀区域的协同发展，其关于京津冀产业转移的研究与当前非首都功能疏解的大趋势相吻合。

（二）蒋选教授

此处略，详细信息见国民与宏观经济学学科点介绍。

（三）齐兰教授

此处略，详细信息见政治经济学学科点介绍。

（四）史宇鹏

史宇鹏，中央财经大学经济学院教授、副院长，兼任中国工业经济学会常务理事，软科学研究会理事。2007 年毕业于北京大学光华管理学院，获得经济学博士学位。主要研究领域为产业经济学、社会经济学。目前，已在《经济研究》《管理世界》《世界经济》等国内高水平学术杂志和 China Economic Review、Asian Economic Journal、Annals of Economics and Finance、Social Indicators Research 等 SSCI 来源期刊发表多篇论文，主持完成省部级科研项目 3 项、校级科研创新团队项目 1 项，作为子课题负责人参与国家社科基金重大项目 2 项、教育部哲学社会科学重大攻关项目 1 项，北京市社科基金重大项目 2 项。获得省部级科研奖励 3 项、校级科研奖励 1 项，校级教学奖励 2 项。

史宇鹏教授 1998 年 6 月毕业于南京大学社会学系，获学士学位。同年在南京大学社会学专业攻读硕士研究生，2001 年获得硕士学位。2001 年 9 月，进入北京大学光华管理学院攻读博士学位，2007 年 1 月毕业。2007 年 6 月来我校任教。曾任经济学院应用经济系主任。2017 年 7 月，赴新加坡在南洋理工大学商学院做访问学者，2017 年 10 月回国。

史宇鹏教授的主要研究领域包括产业经济学、制度经济学，特别是集中在企业创新、产业结构等方面，对于回答中国情境下企业创新的激励与绩效、宏观政策的微观后果等方面形成了一系列创新性的学术成果，在国内外学术界产生了较大的影响。具体而言，研究成果主要包括以下三个方面的研究：

1. 政府行为对企业所产生的微观后果。首先，他分析了产权保护的力度对企业存续的影响。通过对我国企业存续时间的研究，首次系统地研究了政府的产权保护程度对企业存续时间的影响。研究表明，产权保护程度越高，企业的存续时间越长，但产权保护对企业存续的影响作用在不同所有制企业间存在显著差别。特别地，加强产权保护能够显著延长私营企业的存续时间，但却减少了国有企业的存续时间。其次，分析了法律制度和法律执行效率对企业的影响。首次提出了"去西方中心主义"的法律制度指标，通过使用中国外资企业数据，指出法律传统和执法效率对外资进入模式的选择具有显著影响，具体表现在外资持股比例存在显著差异。该项研究填补了企业经济学和国际经济学在该研究领域的空白。这部分研究成果发表在《经济研究》《管理世界》、China Economic Review（SSCI）、Asian Economic Journal（SSCI）等杂志。

2. 政府行为对消费者福利、消费者心态所产生的影响。首先，他与其他合作者一起分析了通货膨胀对消费者福利的影响。利用中国综合社会调查数据，首次系统测算了通货膨胀给我国消费者所造成的福利损失，并通过对比异质性消费者的福利，指出需要重点关注低收入消费者，因为他们所受损失占收入比重最高。其次，分析了公共资源的丰裕程度对居民信任的影响。通过计量和实验方法，首次系统分析并指出政府对公共资源的供给程度、政府政策是否具有可预见性，都对消费者的心态具有重要影响，集中体现在对消费者的社会信任程度具有显著影响：公共资源提供的越丰富、政府政策越可预期，消费者对他人的信任程度越高，反之就越低。这方面的研究成果发表于《经济研究》《世界经济》、Social Indicators Research（SSCI）等杂志。

3. 针对中国企业创新投入与创新产出的研究。在企业创新投入方面，他从所有制结构、企业规模、所在地区等多个纬度对我国企业创新投入强度进行了详细的比较和分析；在构建理论模型的基础上，他通过对中国规模以上制造业企业数据的研究指出，知识产权保护对企业创新的激励效果因为企业所有权性质和行业竞争程度不同而存在较强的异质性，且知识产权侵权程度对企业研发的负面影响并不能够通过事后查处的方式得到完全消除；通过构建多阶段动态博弈模型，首次从理论上系统分析了知识产权保护政策的不同实施方式对企业创新行为和社会福利的影响，并分析在何种情况下何种措施更有效。这方面的研究成果发表在 Annals of Economics and Finance（SSCI）、《金融研究》《经济管理》《改革》等杂志，并获得了教育部人文社科青年基金项目、中央财经大学科研创新团队项目立项资助。

第七节　劳动与人口经济学

一、历史沿革

现代劳动经济学是西方经济学的一个学科分支，它以新古典微观经济学为基础，研究劳动力市场均衡问题，分析作为实现市场均衡力量的双方——劳动者和雇主在给定市场结构和约束下的最优决策行为及其后果。现代劳动经济学的研究领域是在劳动力供给和劳动力需求这两大核心议题基础上不断延伸和拓展而最终形成的。人口经济学主要是考察人口变动对经济增长或经济发展的影响，同时研究人口变动的经济因素及人口现象和经济现象的相互关系等。马尔萨斯于 1798 年发表了《人口论》，标志着人口经济及其相关理论的产生。人口经济学的正式形成则是在第二次世界大战后。劳动经济学和人口经济学存在密切的交叉联系，生育意愿和生育决策问题、家庭、婚姻、人口迁移、健康和人力资本等问题是劳动经济学和人口经济学共同关心的研究议题。

我校劳动经济学科是应用经济学一级学科下设的二级学科。我校于 2003 年获得应用经济学一级学科博士学位授予权，2007 年应用经济学一级学科获评国家重点学科。作为我校应用经济学科下属的重要二级学科，劳动经济学学科在近年来取得了较快发展，根据教育部的全国高校劳动经济学学科排名，我校从 2007 年的 20 名（B 类）左右一跃成为 2015～2016 年度的第 3 名。

我校人口经济学起步较晚，但发展比较迅速。近些年来，一批年轻的经济学学者越来越关注我国人口经济的相关问题，包括计划生育政策、生育意愿问题、人口老龄化、人口迁移、人口健康、人力资本等问题。相关研究人员和青年老师分布在经济学院、社会心理与发展学院、人力资本与劳动经济研究中心等院系机构。

二、基本情况

根据粗略统计，到目前为止，全国共有 158 所高校开设了劳动经济学专业，进行教学和科研工作。中国人民大学、浙江大学、上海财经大学、厦门大学、北京大学、复旦大学、暨南大学等学校的劳动经济学学科在全国均具有很大影响力。其中，中国人民大学和浙江大学的劳动经济学学科设立早，发展历史悠久，师资力量雄厚；上海财经大学和暨南大学近年来引进了大量的海归博士，学科实力发展迅速。特别是暨南大学 3 年前新成立了经济与社会研究院，着力发展劳动经济学科，在短短三年时间中引进了 20 多位劳动经济学领域的青年学者，产出了大量优秀科研成果，已经发展成为国内劳动经济学研究的重镇。跟中国人民大学、浙江大学、厦门大学、北京大学、复旦大学等高校相比，我校劳动经济学学科建设时间不长，影响力上也存在一定差距；跟上海财经大学、暨南大学相比，我校劳动经济学学科师资队伍建设相对滞后，在科研实力上的差距日益扩大。总体而言，我校劳动经济学学科的发展形势不容乐观，面临较大的挑战。

国内兄弟高校人口学科大多分布在社会学系或者人口学系，经济系开设人口经济学方向的院系不多。相比之下，我校人口经济学虽然起步较晚，但发展比较迅速。我校人口经济学学科点大多是青年教师，研究梯队偏年轻，目前在国内学术界尚缺乏足够的学术影响力。

三、主要研究方向

（一）就业问题研究

就业一直是我国劳动经济学研究的重点和热点。就业的研究重点之一是各个宏观经济变量与就业之间的关系。其中，中国经济高速增长是否带动了就业增长（就业弹性问题）是学者们争论的热点；随着经济开放程度的加深，国际贸易、汇率变动等对就业的影响以及 FDI（国外直接投资）的就业效应也开始引起关注。工资变动、经济与产业结构、技术进步等与就业之间的关系的实证研究，也是学者研究的热点。近几年，随着劳动力供求力量的逐步变化，社会和学术界对就业问题的关注逐渐从只关注就业数量向重视就业质量转变，包括就业质量的量化评价、就业质量的测量、就业质量提升的对策建议等。

（二）收入差距问题

收入差距问题继续成为经济学研究的重要内容。在中国经济快速增长的过程中，收入差距问题继续引起了广泛关注，包括对城镇工资差距、地区收入差距、城乡收入差距、农村居民收入差距及其构成变化、公务员收入差距以及行业之间的收入差距，特别是垄断行业的高收入问题研究。除此之外，一些学者开始关注对收入差距代际转移的研究。

我国收入差距在过去 30 年中持续扩大，对收入差距的发展趋势和影响因素的研究继续得到关注。在影响收入差距的因素的研究中，经济发展因素和人力资本因素成为学者们关注的重点；行业垄断、企业性质、技术进步、政府干预、税收、对外贸易、教育、老龄化、农地制度、城乡劳动力流动对地区、城乡收入差距的影响，也得到一定的研究。

随着经济的发展，劳动收入（或者说工资性收入）占国民收入的比例越来越低，这一问题也引发了学者们的广泛关注，相关的研究集中在劳动收入份额的演变趋势以及原因探讨上。同时，收入差距继续扩大对经济与社会发展的负面影响得到进一步的研究。

（三）人力资本问题研究

人力资本与经济增长之间的关系是学者们研究的热点，包括人力资本因素对中国经济增长的作用、人力资本对生产率提高的影响以及从人力资本角度对地区经济差异进行解释。

教育收益率的研究得到进一步推进和深化，Heckman 两步法、分层线性模型、分位数回归、二阶段最小二乘法、双胞胎组固定效应模型等计量方法应用于教育收益率的研究，农村的教育投资开始得到关注。

此外，健康人力资本得到关注，学者们对健康人力资本对经济增长的影响、健康人力资本对个人收入的影响以及健康人力资本与教育投资的关系等方面进行了研究。

（四）农村剩余劳动力的转移和流动

在劳动力流动方面，研究主要集中在农村劳动力的流动转移及其对农村经济的影响等方面。在影响因素方面，教育和培训的作用得到重点关注。2004年开始出现的"民工荒"引发了中国农村剩余劳动力存量、中国经济是否已经迎来了刘易斯"转折点"等一系列问题的讨论。另外，近年来，我国劳动力流入珠江三角洲地区下降，流入长江三角洲地区的人口及劳动力增长，这一劳动力流动流向的变化引起了学者的注意，一些学者对珠三角与长三角外来工的状况进行比较研究，探讨劳动力流向变化的原因。此外，劳动力流动与区域经济发展的关系也得到较为深入的研究。新生代农民工问题、农民工的城市融入、返乡农民工影响因素及其返乡后对当地的影响等成为这一阶段的研究热点。此外，农地流转对农村劳动力转移的影响开始受到关注。

（五）劳动力市场分割问题研究

劳动力市场分割理论及实践，尤其是"二元劳动力市场"的存在及其对工资决定机制的影响，引起广泛关注，城乡劳动力市场如何融合成为此阶段的关注重点。对劳动力市场的研究重点关注城镇二元劳动力市场，即本地人口和外来人口分别进入不同的劳动力市场，研究内容主要包括城市居民和外来劳动力之间存在的职业分割、外来劳动力的工资歧视和外来劳动力和本地失业风险的比较等。另外，一些学者对我国城市就业人口职业性别隔离进行了研究。以往对劳动力市场分割的研究主要集中在劳动力市场分割所带来的不平等问题方面，近年来，劳动力市场分割对经济增长的负面作用、劳动力市场的结构转型、劳动力市场的结构错配等问题也得到了关注。随着劳动力供求力量的变化，劳动力尤其是农村劳动力的供求预测等引起一些关注，由此引发了不少我国人口红利还能持续多久的讨论，学者对劳动力市场产生的变化和面临的挑战进行了深入探讨。

（六）工资问题研究

在工资的研究方面，研究重点是工资的决定机制，包括不同所有制企业、贸易自由化、劳动力市场分割对工资决定的影响，低端劳动力的工资决定机制、高等教育扩张带来的工资效应，也引起一定的关注。工资的影响因素一直是该领域的研究重点，主要是外商投资、产业聚集、国有企业改革、全球化、劳动报酬份额对工资变化的影响。另外，最低工资的调整是该阶段的热点问题，对最低工资的提高是否实现了提高工资、消除贫困的目的，以及最低工资提高对就业的影响，学者们的观点和实证结果不尽相同。

（七）歧视、老年人口、劳动关系等问题研究

歧视问题得到越来越多的关注，研究主要围绕性别工资差异、部门工资差异、职业隔离和职位晋升歧视等展开。

随着我国逐渐步入老龄化社会，老年人口问题逐渐得到学界关注，主要集中在养老保险、退休年龄影响因素、延迟退休等方面。

随着劳资力量的变化，劳动者的权益保护问题和双方关系的处理，引起越来越多的讨论，尤其是围绕劳动合同法的探讨在 2008 年之后成为研究热点。近几年，学术界提倡通过推动集体谈判立法及实际行动来建立体面的劳动关系。此外，劳动关系领域的研究如何开展也吸引了一些学者的关注。

劳动经济学学科点现有专职教师 9 人，其中教授 3 人，副教授 5 人，讲师 1 人；博士生导师 3 人，硕士生导师 7 人。

四、学科团队

张舰：教授，博士生导师，美国加州大学（戴维斯）博士，校科研处副处长。主要研究领域为劳动经济学、发展经济学，应用计量经济学和中国经济。在 Journal of Comparative Economics，American Journal of Agricultural Economics，Contemporary Economic Policy 等 SSCI 刊物发表学术论文多篇。

张苏：教授，中国人民大学经济学博士，博士生导师，现为校教务处副处长。研究领域为劳动经济学和发展经济学。张苏教授曾获得中央财经大学第九届青年教师教学基本功比赛（2013 年）一等奖、最佳教案奖、最佳教学演示奖；获得 2010 年度北京市师德先进个人称号；获得 2010 年霍英东教育基金会第十二届高等院校青年教师奖三等奖；入选 2013 年教育部新世纪优秀人才支持计划。张苏教授在包括《中国社会科学》《经济研究》《管理世界》在内的国内经济学类顶级刊物和一流刊物发表论文 20 余篇，主持国家社会科学基金重点课题、北京市社科基金重点课题等项目。

周战强：教授，博士生导师，北京大学经济学博士。他的主要研究兴趣为

人口流动与社会融合，考察流动人口身份对其就业等方面的影响，代表性成果发表在《城市发展研究》等期刊。

刘靖：副教授，硕士生导师，中国社会科学院经济学博士，研究领域为劳动经济学、农业经济学和产业经济学。曾获得 2009 年中国社会科学院优秀博士论文奖、2010 年北京市优秀博士论文和 2006 年"安子介国际贸易奖"之学术鼓励奖。在《经济研究》《世界经济》《人口研究》等国内权威刊物和 *China Economic Review*、*The World Economy* 等 SSCI 刊物发表论文十多篇。主持国家自然科学基金青年基金项目、国家自然科学基金面上基金项目等课题多项。

路乾：副教授，美国马里兰大学经济学博士。他的主要研究方向为城市化以及"三农"问题，尤其擅长利用制度经济学的方法分析中国城市化背后的动因和后果，代表性成果发表在 *China &World Economy* 等期刊。

杨晓兰：副教授，香港中文大学经济学博士。她主要研究人口流动与区域经济发展，专注于城市的网络效应，代表性成果发表在《财贸经济》、*Cities* 等中英文刊物。

赵文哲：副教授，硕士生导师，中国人民大学经济学博士。主要研究领域为劳动经济学、城市经济学。他在《经济研究》《经济学季刊》《管理世界》等国内经济学权威刊物发表论文 20 余篇。主持国家自然科学基金青年基金项目、国家自然科学基金面上基金项目、教育部人文社会科学青年基金项目和北京市哲学社会科学规划一般项目等多项课题。

张川川：副教授，博士生导师，北京大学国家发展研究院经济学博士，现为经济学院院长助理。他曾担任哈佛大学经济系访问研究员和世界银行总部短期研究顾问，兼任中国卫生经济学会专家委员会委员。他的主要研究领域为劳动经济学、健康经济学和公共经济学。在《中国社会科学》《经济研究》《经济学季刊》《世界经济》等国内权威期刊发表论文数 30 余篇，在 *Demography*、*Journal of Population Economics*、*Health Economics*、*Research in Labor Economics* 等国际权威刊物发表论文十余篇，参编专著两部。论文获得北京市哲学社会科学优秀成果一等奖、湖北省哲学社会科学优秀成果奖三等奖、《金融研究》杂志年度最佳论文奖、《产业经济评论》杂志年度优秀论文奖、《世界经济年鉴》年度最佳论文等，所发表的论文被《新华文摘》《中国社会科学文摘》《人大复印报刊资料》《中国人口报》等报刊转载十多次。主持霍英东基金会高等院校青年教师基金项目、国家自然科学基金青年基金项目、北京市社科基金研究基地项目、国家社科基金重大项目子课题、加拿大国际发展研究中心项目等多项课题。

彭晓博：讲师，北京大学经济学博士。主要研究方向为劳动经济学、健康经济学和社会保障问题，在《经济研究》《经济学季刊》、The European Journal of Health Economics 等中英文刊物发表论文十余篇，并主持教育部人文社科基金青年基金项目。

五、未来发展展望

劳动经济学和人口学学科下一步发展方向是，坚持教学科研相结合促进学科发展，主要通过内在培养，辅之以高端人才引进，尽快形成以年轻优秀人才为学科带头人和骨干的学科力量，稳步扩大和稳定研究生导师队伍，争取在各自领域继续保持特色基础上，在学院、学校乃至校外资源中寻找交叉或共同点，逐步形成比较集中的优势方向和持续合作的团队。在经济学院众多应用经济学学科中，成为"小而精"的、具有特色的、在国内外具有较大影响的学科。

六、主要学术带头人简介

（一）张舰

张舰，中央财经大学经济学院教授博士生导师；现为科研处副处长。美国加州大学（戴维斯）农业与资源经济学博士，美国国际食物政策研究所访问研究员，中国农业经济学会青年（工作）委员会副主任委员，美国农业与应用经济学会中国分会主席。主要研究领域为发展经济学、农业经济学、中国经济和应用计量经济学；在国际国内权威经济学期刊发表数十篇论文。为本科生、硕士生、MBA、博士生以及外国留学生开设中国发展经验解析、发展经济学、高级微观经济学以及应用计量经济学等课程。曾担任世界银行研究顾问，从事巴基斯坦中小企业投资环境以及孟加拉国食物需求的研究分析工作；美国国际食物政策研究所研究顾问，从事农业保险研究；美国普华永道会计师事务所（旧金山）国际税务部的高级经济咨询分析师，从事转让定价和无形资产的评估工作。

张舰教授 1998 年毕业于山东农业大学，获农业经济学学士；2001 年毕业于中国人民大学，获技术经济及管理硕士；2007 年毕业于美国加利福尼亚大学（戴维斯），获农业与资源经济学博士。2009 年 11 月来校任教，2014 年 9 月赴美国华盛顿特区国际食物政策研究所做访问研究员，2015 年 9 回国。

张舰教授的主要研究领域为发展经济学、农业经济学、中国经济和应用计量经济学。他在 American Journal of Agricultural Economics、Journal of Comparative Economics、Contemporary Economic Policy、Asian Pacific Journal of Education、Journal of the Asia and Pacific Economy、China and World Economy 和《比较经济社会体制》《中国农村经济》等国际 SSCI 经济学期刊和国内权威期刊发表论文多篇。此外，张舰教授担任美国农业与应用经济学会中国分会主席。作为中国分会主席，他负责汇聚研究中国问题的经济学家，促进和推动全球对中国农业、农村发展和环境问题的研究和交流，团结和组织分会会员，展开中国分会学术活动和学术会议。他担任中国农业经济学会青年（工作）委员会副主任委员（全国 45 周岁以下农业与发展经济学家中仅 11 名学者入选），负责组织开展中国青年农业和发展经济学者的培养、人才队伍建设和学术交流活动。另外，张舰教授还担任 Applied Economics，Journal of Development Economics，Economic Development and Cultural Change，Journal of Development Studies，China Economic Review，China Agricultural Economics Review，World Development 等国际权威 SSCI 经济学杂志匿名审稿人。

张舰教授研究的方法以实证方法为主，通过搜集的第一手数据或二手数据，利用严谨的计量方法，来研究中国经济发展，特别是农村发展过程中的经济现象。近五年来，张舰教授的研究主要是集中在三个领域：（1）农村教育问题；（2）农村劳动力转移问题；（3）农村村干部行为以及农村治理。在这三个方面，他都有重要学术论文在权威经济学期刊上发表。

在农村教育方面，张舰教授作为第一作者的论文 "Teachers and Urban-rural Gaps in Educational Outcomes" 发表在 American Journal of Agricultural Economics（AJAE，《美国农业经济学杂志》）2018 年第 4 期。American Journal of Agricultural Economics 是世界公认的农业经济学领域最权威学术期刊，自 1919 年开始在美国发行，主要发表农业经济学、发展经济学和环境经济学最新前沿研究成果。

近年来，城乡教育差距被政策制定者和发展经济学家逐渐认识到，其有可能成为制约我国经济持续增长和结构转型的重要因素，并有可能导致我国落入

"中等收入陷阱"。张舰教授带领经济学院本科生和硕士研究生赴广西调研城乡教育问题，并收集了某一郊区所有学校初中生的学习成绩、个人信息和老师的相关情况。利用该数据，该论文研究城乡教师质量在导致城乡学生成绩差距中所起的作用。研究发现，城乡教师质量差异能够在很大程度上解释城乡学生在语文、数学和英语三门科目上的成绩差距；该三门科目成绩差异的27% ~ 72%能够被城乡教师差异所解释。研究进一步发现，2009年我国实施的中小学教师绩效工资改革，尽管大幅度提高了农村教师的收入和待遇，稳定了农村教师队伍，但由于绩效工资的发放倾向于平均分配，绩效工资与学生成绩相关性低，因此对教师的激励作用有限。该研究有助于理解我国城乡教育差距的原因，为我国政府制定消除城乡教育差距政策以及进行农村教育改革提供了新的见解，具有重要的现实意义和政策含义。

在农村劳动力转移方面，张舰教授作为第一作者的论文《农村劳动力转移、化肥过度使用与环境污染》发表在了《经济社会体制比较》2017年第3期。始于20世纪80年代初，农村劳动力由于城镇化与工业化的快速发展大规模地向城市转移。与此同时，农业部门化肥使用量急剧增加：单位面积化肥使用量是世界平均水平的两倍。使用一个涵盖全国27个省和直辖市318个村，跨期15年（1987~2002年）的村级层面面板数据，该论文研究农村劳动力的转移如何影响化肥使用量。利用沿海城市和相关省份在不同时间点建立经济特区这一外生事件作为工具变量，该论文发现短期外出务工导致单位面积化肥使用量大幅度增加。这表明，由于农村劳动力转移导致农业劳动力的减少，农民使用化肥来代替需要较多劳力的有机肥。该论文进一步发现单位面积化肥使用量越高，下一年使用量会更高。这说明化肥的有效性在下降，土地肥力在下降，农民为保证产量不得不逐年使用更多的化肥。该论文随后发现，化肥的过度使用与我国河流湖泊的有机物污染相关。这表明工业化不仅直接造成水污染，而且通过影响农村地区劳动力的供给影响化肥的使用间接地导致水体污染。

张舰教授的研究表明，农村劳动力的大规模转移和城镇化绝对不是免费的午餐，它可能给我们的环境带来很大的负面影响。政府需要在农村劳动力转移和城镇化的过程中，能够有效地应对由于大量资源向城市集中对农村地区在教育、医疗和福利等方面的不利影响，并注意这一过程对环境的负面影响。

该篇论文的英文版本被收录在美国 NBER Working Paper 系列（W17245）。

NBER 是美国权威的经济研究机构，全称是 National Bureau of Economic Research，1920 年成立，它的工作论文系列在美国经济学界有着巨大的影响。此外，国内著名财经类期刊《21 世纪经济报道》在看到了张舰教授的 NBER 论文后，主动联系了他，将该论文的主要观点以题为"人不够，花费凑"发表在了该期刊上，产生了一定的社会影响。

在农村村干部行为以及村治理方面，张舰教授作为第一作者的论文 Does It Pay to be a Cadre? Estimating the Returns to being a Local Official in Rural China 发表在发展经济学领域国际权威期刊 Journal of Comparative Economics 2012 年第 3 期。估算政治地位和政治关系价值的文献日趋增多。一些研究从不同的角度证实了政治地位和政治关系对于个人收入或公司价值的提升作用。对处于改革时期（开始于 20 世纪 70 年代末 80 年代初）中国农村的研究，学者们尤其关注在农村担任乡村干部所得的收益及其变迁。该论文利用一个涵盖 10 个省、跨期 16 年的数据，研究中国经济体制转型过程中农村地区草根干部的政治地位和关系的收益回报。

张舰教授的研究发现，如果按 2008 年物价计算，农村干部家庭人均收入与非农村干部家庭人均收入相比，平均多出 331 元或高 9.3 个百分点；同时，发达省份农村干部家庭收入的绝对优势和相对优势都高于落后省份。总体来讲，当地非农工作机会是农村干部家庭收入优势的主要源泉。农村干部的家庭成员较非干部家庭获得本地非农工作的机会更大。不仅如此，他们更有可能获得高工资的本地非农工作。研究结果也显示，农村干部家庭的收入优势对收入不平等的影响甚微，即农村干部家庭的收入优势不是造成农村收入不平等的重要因素。而且在中国农村地区，与农村干部地位相关的政治资本会在其去掉干部身份后迅速贬值。大多数农村干部家庭的收入优势是源自乡村干部身份和关系网。如果失去农村干部身份，也就失掉了其拥有的权力和影响力，最终他们的家庭会丧失由农村干部身份带来的大部分收入优势。这一研究应验了"人走茶凉"这句谚语，成为官场的真实写照。

该篇论文被收录在世界银行 Policy Research Working Paper 系列（WPS6082）。该 Working Paper 系列在国际学术界和政策制定领域具有重要而广泛的影响。这篇论文也被收录在了 IZA Discussion Paper 系列（IZA DP No. 6653）。IZA 是国际研究劳动经济学的著名机构，它的论文在学界具有重要的影响。此外，国内著名期刊《瞭望东方周刊》在看到了张舰教授的论文后，主动联系了他，将该论文的主要观点以题为"农村干部的收入优势"发表在该期刊上，产生了一定的社会影响。

（二）张苏

张苏，中央财经大学经济学院教授，博士生导师，中国人民大学经济学博士。研究领域为宏观经济学、劳动经济学、发展经济学。他曾获得北京市师德先进个人称号，入选教育部新世纪优秀人才支持计划，获得中央财经大学第九届青年教师教学基本功比赛（2013 年）一等奖、最佳教案奖、最佳教学演示奖。他在《经济研究》《中国社会科学》、Annals of Economics and Finance 等杂志发表学术论文；主持了国家社会科学基金；在清华大学出版社出版的本科生教材《宏观经济学》深受好评。他曾出访英国、美国、日本、罗马尼亚、韩国、法国进行学术交流。

张苏教授 2002 年 7 月毕业于湖南师范大学经济与管理学院，获得经济学硕士学位。2005 年 7 月毕业于中国人民大学经济学院，获得经济学博士学位。2005 年进入北京大学信息科学技术学院电子科学与技术博士后流动站，师从中国科学院院士。2007 年来我校任教，曾任经济学院产业经济学系主任、经济学院副院长，现任中央财经大学教务处副处长。2014 年 1 月赴英国伦敦大学亚非学院做访问学者，2014 年 4 月回国。期间担任过国家开发银行专家，以及一些上市公司独立董事。

张苏教授重要创新成果有在清华大学出版社出版的本科生教材《宏观经济学》；在《经济研究》等杂志发表的学术论文。张苏教授历时七年写作的《宏观经济学》具有教育意义和科学研究意义：第一，对于宏观经济学经典文献的引入深刻、生动。教材对于经典文献的前后文献进行了细致考察，加深了读者对理论的理解和学习的兴趣。比如，第五章引入了莫迪利安尼提出的"生命周期假说"后，又通过一个"理论与应用专栏"引入了莫迪利安尼等人的后续研究（Jappelli 和 Modigliani，2005）。按照"生命周期假说"理论，社会财富的年龄分布应该是"驼峰型"的。后来莫迪利安尼等人利用意大利银行的"家庭收入和财富调查"对财富的年龄分布是否是理论所推测的"驼峰型"进行了检验。结果显示，将调查对象按出生年份分成 11 个群组，绘制出的财富的年龄分布图的确是"驼峰型"的。这种理论与实证文献相结合的方式能够有效激发学生的学习兴趣。还有，第五章在引入弗里德曼的持久收入假说

（Friedman，1957）时，作者不仅仅踏踏实实引入了弗里德曼的理论证明，还引入了他的实证检验（弗里德曼对 1897～1949 年美国的平均消费倾向和边际消费倾向进行的 6 次计算）。再比如，在第七章对于著名的卡甘模型（Cagan，1956）的讨论中，引入了卡甘的一个抽象定义"货币需求对于通货膨胀的半弹性"，也就是，通货膨胀增加一个单位，货币实际余额需求下降几个百分点。讲完模型后，还专辟"理论与应用专栏"来介绍了卡甘对奥地利、德国、希腊、匈牙利、波兰在 20 世纪 20～40 年代发生恶性通货膨胀时期所计算的这个半弹性的估计值，同时还列出了 Khan（1975）的估计值进行对比分析。

教材对经典文献思想的解释是生动的。第四章按照卡甘的抽象的适应性预期方程构造了一个具体的函数，这一具体函数还可以容纳不同性格、不同思维习惯的人的预期规则。随后对这些预期规则进行了直观的数值模拟，读者会看到，如果经济当事人不断地调整自己的预期规则，预期值与真实值的误差有可能会越来越小；适应性预期是一种"向后看"的预期，只是根据过去的经验修正预期的错误，而没有"向前看"，即没有对未来的情况进行预期。未来的经济发展状况会有什么变化？这种变化对未来的通货膨胀有什么影响？如果人们开始"向前看"，"适应性预期"就会演变为"理性预期"。由此很自然地引出了最早由 Muth（1961）用来分析单一市场的局部均衡而后来被 Lucas（1972）引入宏观经济模型的"理性预期"概念。

第二，引入了大量有关中国经济以及中国经济与世界经济对比的数据，这是该教材一个积极而重要的探索。在增长理论中提出"稻田条件"后，教材立即绘制了中国、美国、加拿大、巴西 1950～2010 年的人均资本与人均收入的散点图作为佐证。在总供给理论阐述中，教材援引了 Lucas（1973）对美国和阿根廷 1951～1967 年总需求政策的产出效应和通胀效应的分析后，严格按照卢卡斯的方法估计了中国 1978～2009 年总需求政策的产出效应和通胀效应。在失业和通胀理论中，不仅仅关于经济活动人口数、就业数、失业人口数、失业率、通货膨胀率直接使用中国数据，还严格按照菲利普斯（Phillips，1958）的方法绘制了中国的菲利普斯曲线。此外，该教材还引入了大量中国财政政策、货币政策以及国际贸易和国际金融数据，并对这些数据进行了恰当的国际比较。

张苏教授对于何时何地引入数据显然经过了一番思考，尽力做到了两点：一是契合大学生的认知心理，二是经济数据与经典文献思想的融合。比如在介绍失业和通胀的关系时，先绘制了智利 1990～2010 年的 CPI 时间序列，这一序列有着递减的趋势；此后绘制了智利 1990～2010 年的失业率，这一序列基本是递增的。最后绘制了横轴为失业率，纵轴为 CPI 的散点图，得到 1990～2010 年智利失业率和通货膨胀率负向替代的关系。紧接着又绘制了芬兰 1980～2010 年、葡萄牙 1990～2010 年失业率和通货膨胀率的散点图。这就为提出菲利普斯曲线奠定了良好的基础。这种先做铺垫后讲基础理论的讲述方式使宏观经济学的学习变得更为轻松。

（三）赵文哲

赵文哲，副教授，硕士生导师，中国人民大学经济学博士。他的主要讲授课程包括《宏观经济学》（中级）、《宏观经济学》（高级）、《时间序列分析》《人口经济学》等。主要研究方向是人口转变与经济发展、地方政府行为与公共财政、人口迁移与城市化。其博士学位论文获得第五届黄达 – 蒙代尔经济学论文奖以及全国百篇优秀博士论文提名奖。目前，他在《经济研究》《管理世界》《世界经济》《金融研究》等国内权威经济学期刊发表学术论文 20 余篇左右；主持国家自然科学基金面上项目等 8 项课题，参与 10 项课题。同时，作为专家，他向国家卫健委、北京市民政局和新闻出版局等机构提供政策咨询。

赵文哲副教授 2002 年毕业于信阳师范学院市场营销专业，获经济学学士学位。2002 年起在华中科技大学经济学攻读西方经济学硕士研究生，2005 年毕业。2007 年 7 月考入中国人民大学经济学院攻读西方经济学博士学位，2010 年 6 月获得经济学博士学位。在攻读博士期间，2008 年 10 月～2009 年 10 月，在国家留学基金委的资助下，赴德国波恩大学塞尔滕经济学实验室进行博士生联合培养项目的学习。2010 年 7 月进入我校经济学院任教至今。

赵文哲副教授近些年来主要围绕着人口转变与经济发展、地方政府行为与公共财政以及人口迁移与城市化方面开展相关研究。

在人口转变与经济发展方面，主要研究人口年龄结构的转变与经济发展的关系，赵文哲副教授以内生增长理论和统一增长理论为基础，研究经济增长对人口抚养比的影响，以及在少儿抚养比下降和老人抚养比升高的过程中，要素禀赋的变化以及对经济增长和收入分配的影响。他利用中国省级面板数据和跨国面板数据的研究发现，在经济发展的不同阶段，经济增长对人口年龄结构的变化是不同的，随着经济的增长，少儿抚养比和老人抚养比都呈"升高—下降—升高"的趋势。在行为效应和年龄结构效应的交替作用下，少儿抚养比升高导致储蓄率先后呈"升高—下降—升高"的趋势，老人抚养比升高先后导致储蓄率呈"升高—下降"的趋势。同时，人口结构转变对劳动收入份额也有影响，这是因为人口结构的变化能够改变资本－劳动结构，因而要素收入份额变化。研究显示，我国少儿抚养比的下降和老人抚养比升高的过程会伴随劳动收入份额的下降。这方面的研究将人口转变视为内生变量。

在地方政府行为和公共财政方面，主要思路是考察多级政府框架下财政分权对地方政府行为的影响，包括土地（使用权）出让行为和公共支出。地方政府的土地出让一方面是出于弥补地方财政缺口，即所谓的"土地财政"；另一方面，土地出让也充当了金融和财政工具，是地方政府实施产业政策的重要手段。无论是土地财政的工具还是产业政策的工具，国有企业在其中都发挥了重要的作用。一方面，国有企业能够充当地方政府的财政收入稳定器，当地方政府财政缺口较大时，地方政府倾向于将土地以更低的价格出让给国有企业，国有企业的投资有利于增加地方政府的税收收入。另一方面，国有企业也充当了地方经济增长的稳定器，在实施经济刺激计划时，地方政府倾向于将土地出让给国有企业以鼓励国有企业投资，这有利于恢复经济增长，保持经济稳定。国有企业与地方政府的这种互利合作的关系根源于国有企业的属性，许多国有企业的领导人与地方政府有千丝万缕的关系。

在人口迁移与城镇化方面他主要关注城市化过程中的人口迁移问题、我国城市化模式以及相关问题。人口从农村向城市的流动关系着我国未来城市化的质量，过去一二十年中，我国人口迁移规模不断增加，这大大推动了我国城镇化速度，但是过去我国城镇化主要以土地城镇化和常住人口城镇化为主，人口城镇化，尤其是户籍人口城镇化大大落户于土地城镇化和常住人口城镇化。因此，如何推动流动人口在城市的落户和社会融合将决定我国未来城镇化的质量，而高质量的城镇化将会是我国经济增长主要驱动力之一。因此，在这个领域，赵文哲副教授一方面关注流动人口在城市落户的影响因素，包括房价和社会融合；另一方面，关注城镇化的模式及其背后的影响因素，例如地方政府土地出让在城市化背后的作用。

（四）张川川

张川川，中央财经大学经济学院副教授，博士生导师，北京大学国家发展研究院经济学博士，曾任哈佛大学经济系访问研究员和世界银行总行研究顾问。他的研究方向为健康经济学、劳动经济学和公共政策评估，研究兴趣包括老龄问题和社会保障、健康状况的决定因素和影响、文化观念与经济行为等。近年来在 Demography，Health Economics，Journal of Population Economics，Feminist Economics，《中国社会科学》《经济研究》《经济学季刊》《世界经济》《金融研究》等国内外期刊发表论文 30 余篇，研究成果被《新华文摘》《社会科学文摘》和人大复印报刊资料等刊物转载十余次。

张川川副教授 2008 年 6 月毕业于山东大学，获经济学学士。同年硕博连读进入北京大学国家发展研究院（原中国经济研究中心），师从赵耀辉教授，2013 年 6 月毕业，获经济学博士。2013 年 7 月来我校任教。2011 年 8 月在哈佛大学经济系做访问研究员（Visiting Associate），2012 年 6 月回国。

过去五年，张川川副教授的主要研究兴趣包括健康和养老问题、劳动力市场这两个方面。同时，研究也涉及城市经济学方向。取得的成果及其研究价值概要介绍如下：

1. 健康和养老问题。

（1）在亚洲开发银行的资助下，张川川副教授和博士生导师合作分析了中国社会养老和医疗保障体系的发展历程、制度特点和存在的问题，为改革和完善社会保障体系提供了政策建议。研究成果发表于英文著作 Managing the Middle – Income Transition（Edward Elgar Publishing. Published in print 27 Feb 2015）。

（2）张川川副教授的博士论文和后续研究考察了中国农村人口的养老问题，回顾了 1992 年启动的农村养老保险（老农保）试点政策的发展历程和影响，评估了 2009 年启动的新型农村社会养老保险（新农保）试点政策对家户部门的影响。这些研究有助于我们理解家户部门在公共政策影响下的行为反应，同时也为健全和完善农村养老保障体系提供了政策借鉴。这方面的研究成果发表于《经济研究》《经济学季刊》、Research in Labor Economics，Feminist Economics，China Agricultural Economic Review 等国内外经济学期刊，研究结论被《财经》杂志、人民网、社会科学网、《中国人口报》等刊物和媒体进行了转载和报道。这方面最新的研究成果目前正在 American Economic Journal：Applied Economics 进行第二轮的匿名评审。

（3）在国家自然科学基金委和世界银行的资助下，张川川副教授和他的合作者们分析了我国社会医疗保险的发展历程和现状，详细描述分析了城乡（45 岁及以上）中老年人口在健康状况、健康服务的利用、健康支出等诸多方面的基本情况，为健全社会医疗保险体系和保障老年人口福利提供了决策依据。这方面的研究成果发表于 Health Economics。

（4）在新近的研究中，张川川副教授尝试从文化角度解释代际养老支持和社会保障参与等行为，这方面的部分成果发表在《经济学季刊》，Demography、Journal of Population Economics。

2. 劳动力市场。

（1）张川川副教授针对开放经济环境下的国际贸易与外商直接投资对国内劳动力市场的影响做了一系列的研究，成果发表于《经济研究》《经济学季刊》《世界经济》、China Economic Journal 等期刊，其中多篇被《中国社会科学文摘》、人大复印报刊资料等刊物转载。

（2）张川川副教授和他的博士生导师合作研究了不同年龄人口就业的关系，为评估延迟退休政策的潜在就业挤出效应提供了经验证据，该研究成果发表于《世界经济》，并被《中国社会科学文摘》、人大复印报刊资料等学术刊物转载，研究结论被人民网、新浪、搜狐等各大门户网站广泛报道，引起了强烈的社会反响。作为独立作者，张川川副教授针对延迟退休改革做了制度和政策层面的分析，讨论了改革需要注意的问题和合理的政策选项，文章发表于《武汉大学学报（社会科学版）》。

（3）张川川副教授将文化因素引入就业分析，从性别观念的角度解释了就业行为和性别工资差距，部分研究成果发表在《世界经济》，China Economic Review 等刊物，这些研究为理解就业行为、性别工资差距等提供了全新的分析视角，从而为理解个体经济行为提供了许多新的理论洞见和经验证据。

3. 城市经济学。

（1）张川川副教授与合作者从人力资本扩张和空间流动、收入分化等角度解释了中国城市住房价格动态和区域差异，为理解城市住房市场的发展提供了新的研究视角，这方面的研究成果发表于《中国社会科学》《世界经济》，Journal of Housing Economics 等国内外刊物。

（2）张川川副教授与合作者基于微观数据，考察了住房价格上涨对城市中家庭和企业两个部门的影响，指出源于收入分化的住房价格上涨会严重损害城市中低收入家庭的福利水平；住房价格过高过快上涨还会导致资源错配和制造业企业效率损失。这方面研究成果发表于《金融研究》，China Economic Review 等刊物。上述论文被《新华文摘》、人大复印报刊资料等刊物转载多次。发表在《金融研究》的论文获得该刊物 2016 年最佳论文奖。这些研究为理解城市住房价格的变动提供了理论洞见和经验证据，同时也为推动城市住房市场健康发展，解决"鬼城"和"蜗居"等社会经济问题提供了政策借鉴。

第三章
科学研究

一、国民与宏观经济学

1. 张铁刚，《中国在变动的亚太经济分工中的比较优势》（China's Comparative Advantage and International Division of Labour in the Changing Asia – Pacific Economy）成文于 1992 年，提交中国和东盟经济关系国际研讨会。英文版于 1994 年在新加坡出版（ISSN 0129 – 1920；ISBN 981 – 3016 – 89 – 2），中文版于 1995 年在中国社会科学文献出版社出版。

文章以 20 世纪 80 年代末 90 年代初变动的亚太经济环境为背景，重点考察了该地区国际分工体系的形成与变化，对中国的比较优势做了量化分析，给出了国际性替代竞争和互补合作的可能，强调了密切亚太经济关系的重大意义。此文有理论和政策价值，也是较早发表于国际学术会议、国外学术刊物的英文论文和国内重要学术刊物的中文论文。

2. 赵丽芬，《财政资金与银行资金关系研究》，中国财政经济出版社 1999 年。

财政和金融是政府实施宏观调控的两个重要工具，无论是动用财政工具还是金融工具，或者是实施二者联动，都涉及资金运行问题，所谓政策工具的协调，实则为资金关系的协调。该著作基于宏观经济管理的视角，交叉运用国民经济学、财政学、金融学等学科知识与方法，立足于中国改革开放的实践，从理论上深入探析我国财政资金和银行资金的运行规律及其关联机理，深刻剖析了我国经济体制改革实践中两类资金各自运行及其关系的变化，以及宏观调控中面临的矛盾、冲突及其造成的不良影响。在此基础上，该著作系统阐述了我国政府在宏观调控过程中灵活运用财政政策与货币政策，相机抉择，使二者有机结合，共同促进宏观调控目标达成的可行性、必要性及相关政策建议。其主要创新和贡献在于以财政资金和银行资金运行与协调为嵌入点，展开宏观经济政策协调配合的研究。

3. 赵丽芬,《微观财政政策的国际比较》,中国计划出版社 1999 年。

通常人们广泛研究的财政政策是宏观经济政策之一,而有关微观财政政策的专门研究还比较罕见。尽管如此,也不能否定政府通过倾斜性财政手段(如倾斜性财政支出或倾斜性税收政策)作用于部分地区或局部经济领域的现实,这一点已被一些典型国家的实践所证实。该著作出于研究的需要,首先在理论探讨部分尝试将财政政策明确划分为宏观财政政策和微观财政政策(即上述的倾斜性财政政策),并对微观财政政策的内涵进行界定,比较分析了它与宏观财政政策的异同,进而揭示了微观财政政策的作用机理。其次,在相关微观财政政策理论分析的基础上,基于国际比较的视角,选择美国、法国、日本、韩国、新加坡、印度等典型国家,深入、系统地研究了在不同的经济社会文化背景下,相关国家在经济社会发展的不同时期,或者是适应调整和优化产业结构,促进产业转型升级的需要,或者是为了重点支持某个产业行业和企业发展而采取的倾斜性政策实践,并实证分析了政策效果。通过比较研究,该著作发现了一些值得我国借鉴的经验和引以为戒的教训,为我国政府通过顶层设计和政策引领,有效实现阶段性、主导性经济发展目标提供智力支持和参考。最后,继国际比较之后,对我国微观财政政策实践进行了历史回顾和现实考察,对经济体制发生根本性变化时我国在运用微观财政政策方面存在的问题与难点做出了研判,据此提出了进一步提高我国运用微观财政政策技巧与效果的建设性意见,为政府制定经济政策提供参考。其主要创新和贡献在于与现有研究不同,选择了一个微观的视角对财政政策展开研究。

4. 蒋选,《面向新世纪的我国产业结构政策》(国家社会科学基金课题最终成果)中国计划出版社 2003 年。

该著作重新审视了产业结构政策的各种依据,分析了制定和实施产业结构政策的一般条件和特殊条件;提出今后我国产业结构政策的四个特点和四种类型。深入探讨了与产业结构政策相关的重大问题,包括我国产业结构的演变及其特点,经济全球化对我国产业结构变化的影响,我国产业结构调整和升级的战略任务,产业结构政策的重点,制造业的发展和升级,产业技术政策,地区的产业布局、转移和调整,我国的工业化和城市化,技术进步与就业。政府的产业结构政策是个颇具争议的问题,该著作既坚持了现阶段我国产业结构政策不可或缺的观点,又分析了影响政策有效性的原因,提出随着市场经济体制的完善,应调整产业结构政策的内容,改进制定和实施方式。

5. 蒋选，《我国中长期失业问题研究——以产业结构变动为主线》，中国人民大学出版社 2004 年。

该书提出：以产业结构变动为主线，从一系列矛盾中研究我国失业的原因及其缓解的根本途径。从产业结构变动角度研究我国失业问题，丰富了我国系统性的失业理论，充实了一个符合我国经济发展主线的研究视角。

第一，通过对西方失业理论的梳理，对我国失业原因各种观点的反思性讨论，提出以产业结构变动作为主线研究我国失业问题的思路和初步框架。

第二，提出科技进步的多种功能，为分辨科技进步对就业是否有影响提供了依据；在全面分析科技进步对就业影响的基础上，提出科技进步对就业补偿效应的"时间差"和"空间差"，以及缩小或消除这些矛盾的条件。

第三，较全面地分析了各种类型产业衰退导致的失业。我国现阶段的失业现象很大程度上是产业整体上的衰退造成的。该书的分析弥补了这方面的不足。

第四，对发展劳动密集型产业作了微观层面的分析，讨论了如何认识我国劳动力资源的比较优势问题，提出了动态地认识劳动密集型产业的观点。

第五，在有关农业剩余劳动力转移问题的讨论中，一是提出了农业劳动力供求的若干特点，以区别于城镇劳动力供求，而这往往是被相关文献忽视的问题；二是根据我国的实际情况，提出阶段性的"开源节流"模式，并讨论了相关的几个具体问题，从而实现了对发展经济学二元经济结构失业理论的扬弃。

中共北京市委刊物《前线》2004 年第 7 期载文评价称："该书从产业结构变动角度研究我国中长期失业问题，颇有见地。"

6. 蒋选，《中国宏观经济运行与调控》，中国财政经济出版社 2006 年。

该书运用宏观经济理论对中国宏观经济运行的主要问题进行描述和分析。中国是处在工业化进程中的发展中大国，经济体制及经济运行机制已经发生深刻变革，因此，宏观经济运行既具有市场经济国家相通之处，也有发展中国家和体制转轨国家的特殊性。该书基于这样的考虑，将重心放在中国现阶段宏观经济运行和调控中的突出问题上，并且按照宏观经济运行的基本逻辑排列，大体分为三个部分。

第一部分：中国宏观经济运行和宏观调控的基础问题。包括宏观经济运行和宏观调控的理论前提（第一章）、宏观经济调控的微观基础和市场环境（第二章）、宏观经济调控体系和体制（第三章）。

第二部分：中国宏观经济运行和宏观调控的基本内容和主要问题，基本按照"总需求——总供给——开放——综合"的思路安排。包括收入分配及政策（第四章）、消费与储蓄（第五章）、投资与融资（第六章）、失业分析与就业政策（第七章）、产业结构与产业政策（第八章）、推动科技创新及其产业化的产业技术政策（第九章）、开放经济中的宏观政策协调与国家经济安全（第十章）、通货膨胀与通货紧缩（第十一章）、经济周期波动与稳定经济政策（第十二章）、地区经济协调发展（第十三章）。

第三部分：宏观经济运行状况的判断方法问题，即经济景气分析与预警体系（第十四章）。

该书由北京市重点学科建设专项经费和中央财经大学经济学院教材建设基金资助出版，并被多所高等院校的国民经济学专业硕士研究生的教学采用（参考教材或阅读书目）。

7. 高伟，《中国国民收入和利润率的再估算》，中国人民大学出版社 2009 年。

该著作根据西方马克思经济学实证研究的最新成果对中国的国民收入、利润率、劳动报酬、资本有机构成等指标进行了重新估算。中国 1987～2002 年的实际的国民财富增长率平均为 10.16%，而按照 SNA 计算的我国实际 GNP 增长率为 9.30%，而 10.16% 的增长率才是真正符合马克思经济学的国民财富增长率。

我国 1987、1990、1992、1995、1997、2002 年的劳动所得分别为 44%、45%、36%、40%、45%、39%，相应的资本所得就为 56%、55%、64%、60%、55%、61%，我国劳动者在国民财富中的所得一直低于 50%。这也使我国历年来内需启动困难，改变收入分配结构，提高劳动收入在国民总收入中的比重是我国经济持续增长的必选之策。

中国一般利润率和净利润率水平在 1987～2002 年度都呈现一定程度的下降趋势，1987、1990、1992、1995、1997、2002 年的一般利润率分别为24.31%、19.23%、25.82%、21.51%、18.56%、20.31%。这是由于，1987～2002 年中国资本有机构成提高，而剩余价值率没有明显的下降或上升趋势，这必然导致利润率快速下降。

1987～2002 年，中国的积累率实际增长率与利润率之间存在关联性，但关联度不高。这与我国长期以来政府是投资主体有关，随着民营与外资投资主体的强势，可以预期：利润率是积累率的一个导航指标，在利润率低的年份，积累率也低，反之亦然。

8. 赵丽芬，《北京城乡统筹发展问题研究》，中国财政经济出版社 2009 年。

鉴于现有研究大多偏重于新农村建设某一方面的实际，该书进行了大胆尝试，即建立一个经济学分析框架：通过研究农村产业结构调整与优化，为农村经济可持续发展建立基础；通过研究人力资源配置机制，为农村剩余劳动力转移提供制度依据；通过研究公共产品的均等化供给机制，为推动城乡社会和谐提供新的思路；通过研究城乡统一的社会保障制度，促进农民与城市居民共享改革成果，实现老有所养，病有所医；通过研究城乡商品流通体制，为农产品的市场化、商品化开辟渠道，促进农民增产又增收；通过研究土地管理制度，为农民参与城市化进程和增加农民财产性收入提供参考。可见，该书侧重于经济视角，但也涉及经济与社会、环境、生态等的协调问题。

该书的主要创新和贡献在于，确定了在经济学分析框架下，以农村产业结构调整、劳动力资源配置、公共产品供给和土地管理制度改革等作为突破口的基本研究思路，将国民经济学、发展经济学、区域经济学、财政学以及社会保障学、公共管理学等学科中的理论与方法纳入一个分析框架中，对北京城乡统筹发展问题进行系统分析和深入研究，为促进北京城乡统筹发展和首都地区可持续发展，提供重要理论依据和智力支持。

9. 陈斌开、林毅夫（校外），《金融抑制、产业结构与收入分配》，载《世界经济》2012 年第 1 期。

该论文分析了金融抑制产生的机制，发现政府发展战略是造成金融抑制背后的根本原因：为支持违背本国比较优势的资本密集型产业的发展，政府通过金融抑制的方式来降低其生产成本。本文的理论模型和数值模拟结果表明：（1）金融抑制导致穷人面对更高的贷款利率和更低的存款利率，造成金融市场的"机会不平等"，使穷人财富增长更慢，甚至陷入贫困陷阱。（2）在比较优势发展战略下，"先富带动后富"的"滴落"机制将发生作用，收入分配格局会不断改善；若政府推行重工业优先的发展战略，个体财富收敛速度将减慢，收入分配趋于恶化，甚至造成长期"两极分化"的态势。

10. 陈斌开、李涛，《中国城镇居民家庭资产—负债现状与成因研究》，载《经济研究》2011 年增 1 期。

利用 2009 年"中国城镇居民经济状况与心态调查"数据，论文细致考察了中国城镇居民家庭资产—负债的现状与成因。描述性统计表明，家庭资产随着户主年龄、教育程度和家庭收入水平提高而上升，家庭负债则恰恰相反，家庭资产—负债存在明显的地域差异。实证研究发现，户主的年龄、受教育程度和健康状况以及家庭收入和人口规模不仅是家庭是否拥有资产（负债）最重要的决定因素，也是家庭资产负债额的重要影响因素；进一步研究表明，家庭净资产也主要受到这些因素的影响，但其影响程度因家庭净资产量不同而不同。论文进而研究了家庭资产—负债状况的稳定性，发现户主年龄较小、教育水平较低和健康状况较差以及人口规模较大的家庭更容易受到金融市场不利冲击的影响。

11. 严成樑、龚六堂（校外），《税收政策对经济增长影响的定量评价》，载《世界经济》2012 年第 4 期。

基于一个资本积累与创新相互作用的内生增长模型，论文以中国 1978～2009 年的经济为样本，通过参数化和数值模拟估算了中国税收政策的经济增长效应与社会福利损失。研究发现，不同税种对应的经济增长效应与社会福利损失差别较大。其中，征收资本所得税的经济增长效应与社会福利损失最大；征收劳动所得税、企业所得税以及消费税的经济增长效应较小，而相应的社会福利损失却较大。在此基础上，论文进一步估算了中国总体税负的经济增长效应与社会福利损失。研究发现，在基准经济参数环境下，若政府收入占 GDP 的比例从 25% 提高至 35%，经济增长率将降低 2.55%，对应的社会福利损失相当于减少 36.24% 的消费；若政府收入占 GDP 的比例从 25% 减少至 15%，经济增长率将上升 2.71%，对应的社会福利改善相当于增加 51.78% 的消费。

12. 黄少安（校外）、陈斌开、刘姿彤（校外），《租税替代、财政收入与政府的房地产政策》，载《经济研究》2012 年第 8 期。

论文从理论和实证两方面研究了房地产发展与政府财政收入之间的关系，揭示了"租税替代"原理。理论研究表明：在静态框架下，政府财政收入满足"租税等价"原理，即政府通过土地租金融资和通过企业税收融资是等价的，其总收入水平只取决于土地资源总量，与融资方式无关。在动态框架下，政府财政收入在长期内满足"租税等价"，在短期内存在"租税替代"关系，即政府来自房地产的租金收入越高，来自其他行业的税收收入越低。文章基于 1998～2008 年工业企业调查数据对"租税替代"机制进行了实证检验。研究发现，住房价格上涨将导致企业税收（增值税、所得税、主营业务税金及附加）和企业利润的全面下降，很好地支持了"租税替代"理论。论文还进一步考察了地方政府热衷于发展房地产的原因以及房地产片面发展对实体经济的不良影响，发现现行财政体制、政府官员短期行为以及官员政绩考核体系不合理是其背后最重要的原因。

13. 严成樑，《社会资本、创新与长期经济增长》，载《经济研究》2012年第 11 期。

本文在一个水平创新的经济增长模型中内生化社会资本积累。研究发现，社会资本可以提高代表性个体的福利水平，同时社会资本也有利于提高创新效率。社会资本的重要性越强，家庭选择的社会资本投资力度越大，知识生产和经济增长速度越快。在理论分析的基础上，本文从信息共享和相互沟通的视角构建了社会资本测度指标，并运用我国 31 个省份 2001～2010 年的数据，通过面板数据模型考察了社会资本对我国自主创新和经济增长的影响。研究发现，社会资本对知识生产有显著的促进作用；相对于低水平的创新而言，社会资本对高水平创新的影响力度更大；社会资本对经济增长有显著的促进作用，且这一结论是稳健的。

14. 陈斌开、杨汝岱（校外），《土地供给、住房价格与中国城镇居民储蓄——基于中国城镇住户调查（UHS）数据的微观实证研究》，载《经济研究》2013 年第 1 期。

基于国家统计局城镇住户调查（UHS）2002～2007 年的家户数据，本文研究土地供给、住房价格和居民储蓄的关系。研究表明，住房价格上涨使得居民不得不"为买房而储蓄"，从而提高居民储蓄率：住房价格上升 1 个百分点，城镇居民储蓄率将上升 0.067 个百分点，这解释了 2002～2007 年间我国城镇居民储蓄率上升的 45%。进一步研究发现，住房价格上涨主要影响收入水平较低、没有住房或住房面积较小的家庭；同时，住房价格对年轻人和老年人的影响较大。以土地供给作为住房价格的工具变量有效缓解了内生性问题，2SLS 回归结果表明，土地供给越少，住房价格水平越高，居民储蓄率越高。本文的结论对于降低地方政府"土地财政"依赖程度、建立扩大消费需求的长效机制等相关政策讨论具有一定的现实意义。

15. 高伟、张苏、王婕（学生），《土地流转、收入预期与农村高等教育参与意愿》，载《管理世界》2013 年第 3 期。

本文在计划行为理论的框架下，结合贝克尔的家庭教育投资模型，构建了三套模型探讨了土地流转对农村高等教育参与意愿的影响，并同土地禀赋背景下的情形进行了对比分析。研究发现不同于土地享赋对于农村高等教育参与意愿显著的正向影响，土地流出背景下家庭的高等教育投资意愿明显降低，这一过程主要通过两种机制发挥作用一是土地流出弱化了人们对于未来收入的预期，丧失了拥有土地时的收入保障效应，使得家庭经济负担能力降低，同时也降低了人们对大学教育收益的感知二是土地流出使得农民对土地的依赖关系减弱，劳动力的流动性大幅度增加，接受高等教育不再是农民改变命运和改善家庭经济条件的唯一出路。

16. 陈斌开、林毅夫（校外），《发展战略、城市化与中国城乡收入差距》，载《中国社会科学》2013 年第 4 期。

本文从理论上探讨了政府发展战略通过劳动力市场影响收入分配的机制。重工业优先发展战略将减少劳动力需求，进而降低均衡工资和劳动者收入，导致收入差距扩大。当政府遵循比较优势发展战略时，收入分配将在经济发展过程中持续下降。当政府推行重工业优先发展战略时，经济发展可能停滞，收入分配呈现出先上升后下降的倒 U 形特征，且稳态收入不平等程度高于比较优势发展战略。在重工业优先发展战略下，城市化所需时间也更长。

17. 陈斌开、林毅夫（校外），《发展战略、产业结构与收入分配》，载《经济学（季刊）》2013 年第 7 期。

基于翔实的微观家户数据，本文首次区分和比较了家庭生产性固定资产和非生产性住房资产对居民消费的影响，细致考察了家庭资产对居民消费的"资产效应"和"财富效应"，并在此基础上探讨了不同类型资产对居民消费的异质性影响及其作用机制。研究发现，家庭住房资产主要呈现出消费品属性，只存在微弱的"资产效应"，且不存在"财富效应"。这个结论对于拥有大产权房和二套房的家庭同样成立。因此，住房价格上涨无助于提高我国居民消费。相反，家庭生产性固定资产具有明显的"资产效应"和"财富效应"，同时，其"财富效应"主要体现在自我雇佣的家庭中，主要作用机制是降低了家庭预防性储蓄动机并缓解了家庭流动性约束。本文的政策含义在于，引导资金进入生产性部门、发展房地产金融并积极推动金融市场改革是促进居民消费的重要方式。

18. 严成樑、胡志国（校外），《创新驱动、税收扭曲与长期经济增长》，载《经济研究》2013 年第 12 期。

论文在一个水平创新驱动的内生增长模型中对比了资本所得税和劳动所得税的扭曲性。研究发现，劳动所得税的扭曲性可能高于资本所得税，政府通过征收资本所得税为财政支出融资可能是最优的。论文丰富了 Chamley – Judd 的经典结论，为现实经济中高资本所得税率、低劳动所得税率的特征事实提供了一种解释。论文的政策含义是，最优税收设计依赖于经济增长模式，不能笼统地说高资本所得税就一定是坏的，与资本积累驱动的经济增长模式相区别，在创新驱动的经济中，对资本所得征收较高的税率可能更有利于促进经济增长和改善社会福利。论文被《中国社会科学文摘》转载，并获得北京市第十四届哲学社会科学优秀成果奖和第六次全国优秀财政理论研究成果奖。

19. 樊茂清、黄薇（校外），《基于全球价值链分解的中国贸易产业结构演进研究》，载《世界经济》2014 年第 2 期。

论文根据国家间投入产出表利用基于非竞争性投入产出表的宏观估算方法研究了中国在全球价值链中的地位及其演进过程，并对中国的进出口贸易进行了产品类别的分解和比较研究。结果显示：中国企业在全球生产网络中地位上升尽管中国加工贸易占贸易总额的比重下降，但是中间产品进出口贸易在全球占比仍在逐年提高；中国对全球价值链的贡献逐年增加，中国的生产活动正在逐步向全球价值链高端攀升尽管总量水平不高，但中国的知识密集型产业贸易发展迅速，这一点不仅体现在舸造业也体现在服务业领域。

20. 陈斌开、陈琳（学生）、谭安邦（学生），《理解中国消费不足：基于文献的评述》，载《世界经济》2014 年第 7 期。

论文全面归纳了中国储蓄过高、消费不足的典型事实，澄清了对中国需求结构失衡现象的诸多质疑和争论。我们发现，居民和政府储蓄率持续攀升、政府收入占比不断提高是中国国民储蓄率上升的重要决定因素。通过对文献的回顾发现，现有研究尚不足以解释中国消费不足的"典型事实"，经济转型过程中的市场扭曲可能是需求疲软的根本决定因素。因此构建启动消费需求的长效机制必须从供给面改革入手，而不是使用短期的需求刺激政策。

21. 高伟，Cognitive Ability and Cooperation：Evidence from the Public Goods Experiments，Annals of Economics and Finance，Volume 16. No. 1：Pp43 – 68. SSCI. 2015。

文章利用公共产品投资博弈模型，通过公共产品投资博弈实验来探索认知能力和合作倾向之间的关系。我们的实验设计沿用了 Fehr，E. & Gächter，S 以及 B. Herrmann（费尔、葛士特和赫尔曼）等学者的思路，并进行了扩展，设计了四类惩罚制度实验：无惩罚实验（non-punishment，NP）、无成本惩罚实验（Free Punishment，FP）、有成本惩罚实验（Cost Punishment，CP）以及外部惩罚实验（External Punishment，EP）。前面三种为内部惩罚实验，最后一种为外部惩罚实验。文章通过实验分析了不同认知能力的人在四种不同制度下最大化合作收益的能力差异以及合作倾向差异与合作收益之间的关系。

实验得出的基本结论是：在无成本惩罚实验、有成本惩罚实验以及外部惩罚实验中，认知能力更高的人在公共产品投资博弈实验的合作收益更大；无论是内部惩罚制度还是外部惩罚制度下，要取得更高的合作收益都要求"对公共产品贡献的更多""更多的进行亲社会惩罚"（维护正义）"不要进行反社会惩罚"（防止反社会惩罚情绪的传染）；人们内化的合作倾向正是由显示出的"贡献公共品行为""亲社会惩罚行为""反社会惩罚行为"来表征的。控制了参与人的风险态度等个人因素、家庭收入等家庭因素后，无论是内部惩罚制度还是外部惩罚制度下，认知能力更高的人均表现出更多的"贡献公共品行为"，更多的"亲社会惩罚行为"、更少"反社会惩罚行为"。

研究验证了这一假说：学习成绩更好、认知能力更高的大学生内化了较高的合作的"固有倾向性"；也就是说，更好的大学的文凭，相同大学中学习成绩更优秀的毕业生给劳动力市场的信号显示是：他们的更高的认知能力意味着更高的合作倾向，更有能力为组织带来合作收益。认知能力更高的人具有更高的合作倾向，合作倾向更高的人能为企业带来更大的合作收益，因而更受劳动力市场青睐。

22. 陈斌开、金箫（学生）、欧阳涤非（学生），《住房价格、资源错配与中国工业企业生产率》，载《世界经济》2015 年第 4 期。

遏制房价过快上涨和保持经济平稳较快发展是当前中国政府面临的两大挑战，本文研究二者之间的关系。不同于传统"以高房价刺激经济增长"的观点，本文发现不断上涨的住房价格是阻碍中国经济持续稳定增长的重要因素，其原因是，高房价将导致资源错配，降低资源再配置效率，进而降低全要素生产率。2003 年以来，中国住房价格快速上涨，全要素生产率增速和资源再配置效率则双双下降。基于中国微观工业企业数据库的研究发现，房价上涨 1%，资源再配置效率下降 0.062 个百分点，全要素生产率下降 0.045 个百分点；高房价导致的企业利润率与全要素生产率"倒挂"机制是产生资源错配、资源配置效率降低的重要原因。

23. 陈斌开、陆铭（校外），《迈向平衡的增长：利率管制、多重失衡与改革战略》，载《世界经济》2016 年第 5 期。

与国际经验相比，中国经济长期以来呈现出多重失衡的特征，中国经济多重失衡必然是由某些"异常"因素所致。基于利率管制的视角，本文在统一的框架下解释了 21 世纪初中国经济多重失衡的六个核心现象：产业结构快速资本深化，城市化滞后于工业化进程，就业增长速度落后于经济增长速度，劳动报酬增长滞后于劳动生产率增长，国民收入分配不断从居民向企业和政府倾斜，消费占 GDP 比重持续下降。相互关联的多重失衡是利率管制下中国经济"结构性动态无效率"的表现，"扭曲的增长"在未来难以持续。为使"改革"赢得与"危机"的赛跑，让利率反映资本回报，是加快金融市场改革的重中之重。

24. 陈斌开、张川川，《人力资本与中国城市住房价格》，载《中国社会科学》2016 年第 5 期。

中国住房价格上涨具有"非平稳性"和"异质性"两个核心特征。基于微观家户数据，从人力资本增长视角分析中国城市住房价格的动态演变和区域差异发现，1999 年高校"扩招"和高等教育资源地区分布不均导致的人力资本规模扩张和空间集聚，是造成房价上涨两个核心特征的重要原因。高等教育人口占比每增加 1 个百分点，城市住房价格将上涨 4.6%～7.9%，这可解释 2002～2009 年间房价增幅的约 12%～20%。其作用机制包括"直接效应""外溢效应"和"预期效应"。随着人力资本规模扩张速度趋于下降，中国房地产市场已经进入"新常态"，以短期政策刺激房价无益于保持房地产市场的平稳健康发展。

25. 严成樑，《延迟退休、内生出生率与经济增长》，载《经济研究》2016 年第 11 期。

论文构建了一个包含延迟退休和内生出生率的 OLG 模型，考察延迟退休对人口出生率和经济增长的影响。研究发现，在新古典增长框架和内生增长框架下，无论是现收现付社会保障制度还是完全基金社会保障制度，延迟退休都使得均衡状态出生率上升。延迟退休对经济增长的影响依赖于经济增长模式。在新古典经济增长模式下，延迟退休通过提高人口出生率渠道使得经济增长率上升。在内生经济增长模式下，延迟退休通过人口出生率渠道对经济增长的正向影响不足以弥补其通过资本积累渠道对经济增长的负向影响。论文认为延迟退休不会通过抑制人口出生率的渠道使得人口老龄化加剧，但需要注意延迟退休通过资本抑制效应对经济增长的负向影响。

26. 申广军、陈斌开、杨汝岱（校外），《减税能否提振中国经济？——基于中国增值税改革的实证研究》，载《经济研究》2016 年第 11 期。

中国宏观经济正面临前所未有的挑战，减税能否成为稳定中国经济增长的有效工具亟待研究。论文利用 2009 年增值税改革的政策冲击，基于微观数据考察增值税税率变化对企业的影响，为理解减税对宏观经济的作用提供了微观基础。研究发现，减税不仅可以提升短期总需求，还可以在长期内改善供给效率。具体而言，降低增值税有效税率短期内会刺激企业的固定资产投资，这一效果对于私营企业、中西部地区和非出口企业尤为明显；同时，减税可以提升供给效率，国有企业、东部地区和出口企业的资本和劳动产出效率明显增强。论文对于制定稳定经济的减税政策乃至具体的减税方案都有一定的指导意义。

27. 黄乃静、张冰洁、郭冬梅，《汪寿阳中国股票市场行业间金融传染检验和风险防范》，载《管理科学学报》2017 年第 12 期。

论文运用一个新的金融传染检验统计量对 2015 年 6 月中旬中国股市暴跌时各行业间的传染效应进行检验。跟传统的金融传染检验统计量相比，它可以从不同的分位数水平上检验金融传染；跟已有的分位数回归检验方法相比，它对于可能存在的模型误设是稳健的。论文首次检验了国内全部十个一级行业以及四个金融二级子行业之间的金融传染情况，并从市场风险的角度对不同行业间的传染关系和传染的可能途径进行了分析。新的金融传染检验统计量检验结果表明：在此次暴跌中大部分行业间存在金融传染，尤其是在低分位数下，而传统的检验方法忽略了这种传染效应的存在，这对市场风险的提示有着重大意义。

28. 徐翔、李稻葵（校外）、赵墨非（校外），"Made in China" matters: Integration of the global labor market and the global labor share decline, China Economic Review, 2018 – 05 – 26。

We show that the integration of Chinese labor into the global labor market has played a key role in the global labor share decline since the late 1970s. Several key institutional changes, including the "reform and opening-up" that began in the late 1970s and China's entry into the WTO in 2001, accelerated this process. We build a two-country dual economic model to explain how labor shares decline in labor-intensive and capital-intensive countries simultaneously. Our empirical results show that the integration of Chinese labor significantly affects the global labor share, mainly through the channel of international trade and especially processing trade business.

29. 张琥,《集体信誉的理论分析》,载《经济研究》2018 年第 12 期。

建立在重复博弈模型上的逆向选择问题称为信誉理论,该理论主要研究博弈参与者如何通过树立信誉实现在非合作博弈中的合作均衡。传统的信誉理论涉及的多是个体的信誉问题,但是当个体信息无法传递时,个体信誉便无法发挥作用。此时,公众通常会对拥有相同标识的集体形成一个整体判断,与个体利益相关的是他们拥有的集体信誉。本文考察了集团内部存在不同类型个体时集体信誉维护的问题,本文称为内部逆向选择问题。我们发现,由于个体利益与集体利益的差异,导致集体信誉的激励作用要弱于传统的个体信誉的作用。此外,由于集体利益与社会利益的不一致,最终即使可以有效激励集团成员最大限度地维护集体利益,如果公众信念更新相对麻木,仍会造成经济运行无效率。

30. 黄乃静、汪寿阳(校外),《中欧货币汇率的极端风险传播研究》,载《管理科学学报》2018 年第 12 期。

2016 年 10 月 1 日,人民币正式加入国际货币基金组织的特别提款权篮子,这是人民币国际化进程中的里程碑事件。人民币国际化为经济活动带来便利的同时,也伴随着汇率风险传播的可能性,这体现在不同货币汇率的极端联动性上。所谓极端联动性,是指不同货币汇率同时大涨或大跌,这不利于维持金融市场的稳定,也会影响实体经济的有效运行。因此,研究货币之间极端联动性的特征和原因有着重要意义。论文首先采用多种动态的 Copula 模型,研究了欧洲地区主要国家货币汇率和人民币汇率之间从 2008 年到 2016 年间的极端联动现象,发现,两个地区货币汇率的极端联动现象自 2016 年起有所增强。这不仅体现在极端联动的概率显著上升,还体现在其持续时间的延长。为了解释该风险溢出现象背后的原因,论文随后研究了影响极端联动概率的可能因素,包括经济政策的不确定性,中欧双边贸易的开放程度,以及金融一体化的程度等。面板固定效应回归模型结果显示,经济政策的不确定性对于中欧地区货币汇率的极端联动现象有着重要的影响,其中中国经济政策的不确定性起主导作用,尤其是在进入 2016 年之后。论文认为降低经济政策制定和实施过程中的不确定性将会有效地减少汇率风险的传播。

31. Huang Naijing, Zhigang Huang, Weijia Wang（学生）, The Dynamic Extreme Co-movement between Chinese Stock Market and Global Stock Markets. 《Emerging Market Finance and Trade》（SSCI）（2019.01）。

We use time-varying Symmetrized Joe – Clayton Copula model to study the extreme co-movement（boom or crash together）between the Chinese stock market and major stock markets in the world from 2007 to 2017, including developed markets and stock markets on "Belt and Road Initiative"（hereafter B. R. I.）. We find that the extreme co-movement probability between Chinese market and "Belt and Road Initiative" markets is higher than developed markets at both tails. Then we study important "real" and "non-fundamental" factors affecting the excess co-movement probability, including bilateral trade openness, financial integration, and economic policy uncertainty. The results of panel regression analysis show that: the bilateral financial integration has significant effects over the lower tail dependence between Chinese and developed markets, but does not affect the extreme co-movement between Chinese and B. R. I. markets. And the bilateral trade openness is an important factor for the extreme co-movement at both tail between Chinese and global markets. The economic policy uncertainty index, especially China's economic policy uncertainty, plays a key role in the extreme co-movement between Chinese and developed markets at both tails. However, it has sizable effects only at the upper tail co-movement between Chinese and B. R. I. markets.

二、政治经济学

1. 齐兰，《市场国际化与市场结构优化问题研究》，中国经济出版社 1999 年。

该书在西方产业组织学的 SCP 分析范式基础上，首次引入开放因素，原创性提出了"I—SCP"范式即"市场国际化——市场结构、市场行为、市场绩效"范式。

作者提出"可持续竞争"思想，构建适合中国国情的有效竞争标准体系。

作者提出"综合因素分类法"，并对所划分的三大类产业群提出相应的竞争政策重点指向：将中国主要产业划分为三大类产业群，即竞争性产业群、准竞争性产业群、非竞争性产业群。根据这三大类产业群的现实状况和主要问题，相应提出各类产业群的竞争政策重点指向：（1）竞争性产业群，是开放的市场经济条件下占国民经济比重最大的一类产业群，竞争政策在此重点指向应是反行政性垄断，促进国内企业之间、内资企业与外资企业之间的市场竞争；司时注重反过度竞争和不当竞争。（2）准竞争性产业群，尽管占社会经济中比重不是很大，但关系国家经济安全和长远发展，竞争政策在此重点指向应是反对外国跨国公司的经济性垄断，以促进内资企业与外资企业之间的公平竞争；同时应加大国有企业改革力度以增强其市场竞争力。（3）非竞争性产业群，虽在总体上不具有市场经济性质，但与市场经济密切关联并在国民经济中起基础性作用，在此首先需划分市场竞争性质和非市场竞争性质的部门和业务，然后对于具有市场竞争性质的部门和业务采取竞争性产业群的竞争政策，即扩大市场开放，促进市场竞争；而对于不具有市场竞争性质的部门和业务，则实行适度的政府管制，以保证其健康稳定发展。

2. 冯春安，《国内劳动价值论争鸣简评》，载《经济学动态》2001年第11期。

论文对国内劳动价值论争论的不同观点进行了系统梳理，把观点分为以下类型：坚持用马克思劳动价值论解释现实；重新定义劳动，重建劳动价值论；价值理论的出路是边际效用价值论与劳动价值论的融合，其中前者决定需求，后者决定供给，两者均衡形成均衡价格；重新定义价值，重建价值理论；价格是真实的，价值是多余的。作者指出，大家争论的焦点在于是否坚持劳动价值论，如果否定劳动价值论，资产性收入就不等于剥削收入，社会主义消灭生产资料私有制的理由就不存在。

3. 冯春安，《新编政治经济学（社会主义部分）》，经济管理出版社2001年。

在吸收国内外最新成果基础上，结合中国社会主义新的实践，该教材对社会主义政治经济学进行了大胆创新，如对剥削、企业行为、社会总供求关系、城市化等有新的认识。该书共13章，可分制度体制、微观经济运行和宏观经济运行三个部分。该教材具有内容全面、观点新颖、理论务实等特点，尤其对经济制度、主体行为、政策战略、改革开放、国际交流等热点问题进行深入分析，不回避难点，为读者答疑解惑，深受读者欢迎和好评。

4. 冯春安，《商品价值新论》，载《中央财经大学学报》2002年第8期。

论文从商品价值条件、本质、量、实体、源泉、形式、增值、分配、内容、特征等十个方面提出了新的价值理论体系。论文最大创新是对商品价值、价值增值和剥削进行了重新定义，认为商品价值是人们相互交换财富的利益关系，而不仅仅是劳动关系。价值增值是人们以同一种财富计量尺度（如货币），对一种财富的产出与投入或收入与成本比较有剩余的现象。剥削是某人或集团凭某种权力垄断、违背别人意志、无偿侵占他人利益的行为。这样，就把资产增值收入与剥削收入区别开来，为社会主义市场经济实践中科学理解价值规律、正确处理人们之间的利益关系提供了坚实的理论基础。

5. 林光彬，《等级制度、市场经济与城乡收入差距扩大》，载《管理世界》2004 年第 4 期。

主要观点：社会等级关系和市场经济相互作用形成的分配关系是城乡收入差距扩大的根本原因。社会等级关系与市场经济本身有不断扩大城乡收入差距的趋势，而国家在一段时间内执行扶强扶优的政策，使国家宏观调控烫平城乡差距的政策发生错位与缺位，加快了城乡收入差距的扩大。中国城乡收入差距扩大的发生机制与根本原因是社会等级秩序格局、失衡的财富与收入分配格局、资源的流动性障碍格局与市场等级化格局等一系列社会安排的相互作用，在计划机制与市场机制双重的游戏规则下，形成了一种"收入差距不断扩大的自我强化机制"。收入分配的公平深深地依赖于政治和社会安排。因此，要实现政府主导的城乡统筹发展、缩小城乡居民收入差距警戒性扩大的根本性措施是：实现城乡等级法权地位平等化、收入分配格局平衡化、农村资源充分流动化与市场一体化。

6. 韩金华，《希法亭金融资本理论研究》，中国财政经济出版社 2006 年 12 月出版。

该著作的主要贡献有三：一是客观地介绍了希法亭在其专著《金融资本——资本主义最新发展的研究》中所阐述的金融资本理论的主要内容，包括金融资本理论的理论基础（劳动价值论）、金融资本研究的出发点（货币）、金融资本的两大杠杆（信用和股份公司）、金融资本形成的原因（垄断）、金融资本的形成及其对自由竞争和经济危机的影响、金融资本的经济政策、金融资本的历史地位和发展趋势以及金融资本理论的进一步发展（有组织的资本主义）等；二是对希法亭金融资本理论的历史贡献进行了客观评价，指出其历史贡献主要表现在"论证了金融资本占统治地位的时代是资本主义发展的一个新阶段、解释了资本主义新阶段到来的原因是资本对利润的追逐、阐明了金融资本的形成是银行资本和产业资本相互融合的结果、分析了金融资本统治对社会—政治—经济等各方面的影响、论证了金融资本的形成与发展为社会主义的实现准备了主客观条件"等方面，但其历史缺陷也比较明显，主要表现在"否认马克思主义有自己独立的哲学基础并用新康德主义和马赫主义来补充和修改马克思主义、暴露出社会改良主义的观点、忽视金融资本的寄生性质"等方面；三是对希法亭金融资本理论的现实意义进行了分析，重点强调了其对于中国经济体制改革的指导意义。

7. 林光彬，《私有化理论的局限》，经济科学出版社 2008 年。

该著作把形形色色的私有化理论概括为人性利己论、自由市场论、个人主义方法论、产权论、政府失灵论，并对之进行了系统追溯、梳理和述评，认为人性利己论及其逻辑下的个人主义效率观与所有权个人主义是所有理论的基点。对三种类型国家私有化的效果进行了比对分析和评价，认为经济发展要处理好国家与市场的关系、经济增长与社会全面协调发展的关系、效率与公正的关系、利用内资与外资的关系、自主创新与引进技术的关系；提出发展要以人为本，走群众路线、协调之路；一个国家整体发展方法、方式的转变，不能走"乌托邦式的社会工程学"道路，不能简单地"彻底打碎一个旧机器"，经济结构和所有制结构的调整要遵循经济规律、切合发展的实际，发展要循序渐进，通过切合实际的政策设计，务实地处理好"破"与"立"的关系，通过累积效应发展自己；认为国家与市场、秩序与自由的平衡关系决定经济发展与繁荣，两者的关联互动对经济发展具有放大效应。他提出建设一个好的市场经济，深化改革和完善市场机制关键要解决两个核心问题：一是建立有效监管政府及其官员的机制，二是建立有效监管企业及其领导人的机制；提出建设一个好的市场经济和有效率的企业组织需要三个制度基础设施，即一个民主高效廉洁的政府治理结构（政治民主）、一个平等的自由竞争环境（经济民主与法治市场）和一个权利平衡的灵活所有制结构（企业民主与共同治理）。

8. 齐兰，《垄断资本全球化对中国产业发展的影响》，载《中国社会科学》2009 年第 2 期。

论文明确界定资本全球化条件下中国产业发展的范畴；构建资本全球化与中国产业发展问题研究的分析框架。论文根据研究结论提出主要观点和政策建议：（1）从产业发展总体层面看，跨国公司的进入有效地促进了中国产业结构升级、市场结构优化、贸易结构改善，并相应推进了中国工业化、市场化、国际化进程。但随着跨国公司全球产业战略在华布局的实现，其负面效应逐渐显现并有强化趋势，突出表现为中国一些重要产业和市场及其产品出口出现了"有产业无技术""有市场无安全""有产品无品牌"的严峻态势，这将对中国的产业发展乃至产业安全构成威胁。（2）从汽车业和家电业具体行业来看，两个行业受跨国公司影响程度相比产业发展总体层面更为强烈，而且前期产生的积极效应（如快速提升行业制造能力、市场竞争程度、产品出口份额等）与当前显现的负面效应形成较大反差，汽车业出现了"产业空心化、市场寡头化、出口低档化"问题，家电业出现了"生产外围化、市场微利化、出口边缘化"问题，如此下去，中国汽车业和家电业将被锁定在全球产业价值链的低端位置。（3）在继续加强与跨国公司深度合作的同时，加快转变以往过度依赖技术引进和自身比较优势的依附型产业发展模式，调整和修正现有相关政策法规，将增强自主创新能力作为中国产业发展的战略基点，注重寻找和培育新的竞争优势，尽快提升一些新兴产业和重要行业及产品在全球产业价值链的位置，不断增强中国产业的整体竞争力。

9. 齐兰，《垄断资本全球化问题研究》，商务印书馆 2009 年。

该著作首次明确提出"垄断资本全球化"概念，并将此作为独立的研究对象贯穿始终，这在理论上具有原创性。

该著作构建一个新的综合分析框架，采取规范分析和实证分析的方法，分别对基础理论和现实问题进行研究：在基础理论研究中，重点研究了垄断资本全球化的含义、特征、成因、本质、作用、发展趋势六个方面基本理论问题；在应用研究中，重点考察了发达国家跨国公司对我国宏观经济和产业经济的影响。由此形成较为系统的有关垄断资本全球化方面的研究框架和主要内容。

该著作根据研究结论提出了有针对性的对策建议，进一步充实和拓展了垄断资本理论、跨国公司理论和产业发展理论，也为我国制定新形势下的引资政策和产业政策提供了理论支撑和现实依据。

10. 韩金华，《改革开放以来劳动报酬占初次分配比重演变轨迹、原因及对策研究》，载《中央财经大学学报》2009 年第 12 期。

为了更好地理顺公平与效率的关系和更好地解决收入分配悬殊问题，提高劳动报酬在初次分配中的比重是提高低收入人群收入、缩小收入差距、改善公平与效率关系的关键途径，对这一问题进行深入研究将具有重要的理论和现实意义。该文首先对从"居民收入占初次分配总收入比重、劳动报酬占 GDP 比重、工资总额占 GDP 比重"三个方面对改革开放以来劳动报酬占初次分配比重的演变轨迹进行了分析,发现近年来劳动报酬占初次分配比重在呈逐年下降趋势;指出导致劳动报酬占初次分配比重逐年下降的主要原因在于政府在制定经济政策和制度创新时更多地向企业倾斜而忽视了对劳动者权益的保障,在产业结构调整方面更多地向资本密集型大企业倾斜而忽视了对劳动密集型中小企业的鼓励和支持;企业一是因过分追求利润最大化目标而忽视劳动者权益,二是因经济效益不高而减少了对劳动力的需求或降低了在岗劳动者的劳动报酬;劳动者对劳动报酬占比下降的影响主要体现为劳动者因自身素质差、维权意识差、凝聚力差等降低了与企业谈判和博弈的能力。因此,要提高劳动报酬在初次分配中的比重,需要政府、企业和劳动者的合力:政府要维护市场秩序并在政策制定和执行方面向劳动者适当倾斜,企业要在努力提高企业经济效益的同时增强社会责任感并关注企业的长期、可持续发展,劳动者要借助于国家的帮助努力提高自身的素质并增强与企业谈判的能力。

11. 林光彬,《市场经济与软约束——对市场经济微观基础的反思》,载《政治经济学评论》2011 年第 3 期,第 106~128 页,新华文摘 2011 年第 19 期全文转载;China Economist, 2012(1),p68-77,全文翻译;《中国经济学年鉴》(2012 年)摘要收录。

论文认为,产权社会化与预算软约束的常态化导致市场经济自身无法实现资源优化配置的理想功能,新古典的微观经济学基本原理无法解释现代市场经济主要组织的经济行为,需要建立新的微观经济学基本原理;预算软约束的外部性具有了整体性和全球性的特征,并成为全球金融危机和经济危机不断循环与周期性爆发的主要内在原因和结果。因此,必须加强对现代企业组织和金融机构的监管,制定适应时代发展的监管制度;加快建立国际经济新秩序、矫正失衡的国际储备货币体系和加强对跨国经济组织的全球管理势在必行。

12. 张维闽,《劳动分享剩余的理论与实践》,载《马克思主义研究》2012 年第 5 期。

劳动分享剩余在理论和实践上都是处于资本占有剩余和劳动占有剩余之间的一个过渡性历史范畴。论文通过批判分析"按要素分配"和"按劳分配"的内涵和前提条件,提出"按要素分配"实际上只是一种表面形式上的平等,而"按劳分配"必须要具备相应的社会经济条件才能成为社会发展的内在规律。在当前阶段要实现劳动参与分享剩余，依据这两种分配形式是无法做到的。为此，论文结合当前市场经济的实践，力图探明劳动分享剩余的历史条件、经济条件和实现形式，论证其合乎历史发展的合理性与必然性，为社会主义经济实践的发展提供战略决策参考。

13. 韩金华，《非公有制经济和谐劳资关系研究——以私营经济为例》，经济科学出版社 2013 年。

该著作以私营经济劳资关系作为研究对象，以马克思主义经典作家的劳资关系理论为基础和指导，重点归纳了不同阶段私营经济劳资关系呈现出的特点，描述了当前私营经济劳资关系不和谐的种种表现，探寻了产生不和谐的原因，剖析了劳资关系不和谐可能导致的严重影响，介绍了国外典型国家的劳资关系理论和实践，明确了构建私营经济和谐劳资关系的目标和方向，并在此基础上勾勒构建私营经济和谐劳资关系的基本框架。该专著认为，中国私营经济劳资关系不和谐的最根本原因在于私营企业和劳动者之间利益的矛盾，而政府和工会的不作为或工作不力也是非常关键的原因。如果处理不好劳资关系，将会减缓经济增长速度、影响产业结构的优化、影响国际贸易的发展以及进一步加剧教育不公平、使一个社会的弱势群体失去向上流动的机会、影响和谐社会目标的实现等。而构建私营经济的和谐劳资关系必须是国家和政府、企业、工会组织和劳动者共同努力才能实现。如政府要完善三方谈判机制和建立畅通的利益表达机制，进一步加强对私营企业的财税金融支持，积极在私营企业中开展创建劳动关系和谐企业活动等；企业要进一步增强社会责任感和主动承担社会责任，建立健全企业内部各项制度，努力营造保护劳动者合法权益的良好环境；劳动者要努力提高自身素质，积极组织起来，参与工会组织；工会要进一步提高私营企业工会组建率，进一步强化维权职能，加强私营企业工会的独立性等。

14. 林光彬，《我国是古典政治经济学的创始国》，载《政治经济学评论》2015 年第 9 期。

论文从规律、制度、管理三个层面对我国古典政治经济学和财政学进行了创新性研究，提出我国是古典政治经济学创始国和财政学创始国，世界经济学的第一、二次发展高潮分别是我国的春秋战国时期和宋代。

15. 林光彬，《中国财政改革的政治经济学逻辑》，载《中央财经大学学报》2016 年第 2 期。

论文通过对我国财政改革的内在逻辑进行分析，发现所有制和税制变化所形成的财局与政局之间的互动演化，是我国财政改革的最重要内因；财政困境的突破和矫正分利失衡是政府推进财政经济改革的直接动力；财政改革经历了从控税源到改税制的发展演进。论文从政治经济学的视角，用历史和逻辑相结合的方法，首先从历史演进的逻辑对中国财政改革进行分析，然后以此为基础，从政治逻辑、经济逻辑、财政逻辑和发展逻辑四个方面对我国财政改革进行了理论分析，认为保障中央政府的财政经济权威是改革不可动摇的政治逻辑，适应基本经济制度的变化是财政改革的经济逻辑，经济决定财政是财政改革的自身依存逻辑，财政经济矛盾的展开和克服的无限循环过程是财政的发展逻辑。财政改革尚面临三个深层问题，即政府层级之间的收支均衡问题，国有企业发展的"收益个人化、成本社会化"带来的巨大系统性财政风险管控问题，财税对社会两极分化的有效缓减问题。

16. 尹振东、汤玉刚（校外），《专项转移支付与地方财政支出行为——以农村义务教育补助为例》，载《经济研究》2016 年第 4 期。

如何设计专项转移支付制度才能有效引导和矫正地方财政支出行为？论文研究发现，专项转移支付的政策效果取决于转移支付分配规则（"扶弱"还是"奖优"）以及经济发展的阶段。随着经济发展，嵌入某种激励机制的"奖优"规则比事后"扶弱"规则更能引导地方政府合理安排公共支出。进而，论文以 2006 年全面展开的农村义务教育经费保障机制改革为背景，利用 2007 年中部五省 423 县的数据，运用非递归结构方程方法进行了实证检验。结果表明，义务教育专项补助制度设计中较好地嵌入了"奖优"机制，实现了激励地方政府将资源向基础教育倾斜的目标。这一发现对当前构建兼顾公平和效率的专项转移支付制度具有参考价值。

17. 尹振东，《利益表达、社会稳定与公共治理》，载《经济研究》2016 年第 11 期。

维稳制度在维护社会稳定中发挥了重要作用，但也存在值得关注的社会问题。当民众因认为自身利益受损而采取利益申诉行为时，维稳补偿政策可以化解民众的申诉行为，且补偿中的"溶解效应"可以节省维稳成本，但这种维稳均衡并不稳定。虽然设置严厉的维稳考核制度可以激励维稳部门尽可能地消除"引信效应"，从而保证维稳制度能有效实施，然而严厉的维稳考核又可能为谋利型上访的出现提供了空间。补偿式维稳政策在实施中可能由于不满情绪的持续积累与维稳均衡的不稳定性，使公共治理陷入维稳悖论。通过加强法治建设等措施为民众提供合法且充分的利益表达渠道，是社会长治久安的治本之道。

18. 林光彬，《重新理解市场与政府在资源配置中的作用》，载《教学与研究》2017 年第 3 期。

论文主要观点是：（1）市场不会配置资源，市场只是一种商品交易的平台、一种聚集交易信息发布交易信息的平台，并且是事后呈现的结果，即市场平台观；（2）市场上交易或行为的主体是组织和个人，即政府、企业、家庭和个人，是这些主体在配置资源；（3）政府是市场的有机组成部分，是市场和市场经济的最大行为主体，也是市场和市场经济的奠基者、设计者、规划者、建设者和维护着，同时也是设租者，甚至制造不良的制度和政策会加剧市场的波动。这个可以从国内市场和国际市场的演进中清晰的看出来。（4）由于市场中的组织和个人在资源配置中行为的短期化、机会主义和自利行为的全局性后果，政府、企业、家庭、个人这四类市场行为主体都需要国家和社会通过法律等强制力与伦理道德来约束。

19. 尹志锋，《专利诉讼经历与企业技术创新战略》，载《世界经济》2018 年第 10 期。

论文基于 2016 年中国企业专利调查数据，考察专利诉讼经历对于企业技术创新战略的影响。从诉讼发起人角度区分起诉、被诉；从诉讼结果角度区分作为原告且胜诉和被告且败诉；从诉讼赔偿方式角度区分法定赔偿、非法定赔偿，并结合赔偿金额大小，考察了诉讼经历对涉诉企业研发投入决策、专利维持决策、知识产权机构设置及专利管理经费投入决策的影响。研究发现，专利诉讼经历能够有效激励涉诉企业进行研发投入、持有更多有效专利，并促使企业建立专门的知识产权管理机构，投入更多资金进行专利管理运营。相较而言，专利诉讼经历对企业专利持有结构（发明专利占比）的改善效果不明显。论文还从克服双向因果关系、诉讼经历效果的异质性等维度进行拓展分析，发现上述结论具有较强的稳健性。

20. 林光彬，《财局与政局：中国的政治经济关系》，人民出版社 2018 年。

该专著主要学术贡献是，从财局与政局的关系出发，以所有制、财政制度构成的财局与国体、政体构成的政局为主线，初步构建了一个国家理财学的理论框架，对我国政治经济关系进行了系统性研究。

三、西方经济学

1. 王海港、黄少安、李琴、罗凤金，《职业技能培训对农村居民非农收入的影响——来自珠江三角洲的证据》，载《经济研究》2009 年第 9 期。

论文应用异质性处理效应模型研究了珠江三角洲农村的职业培训，发现：（1）村民的不可观察变量在村民的参与决策和收入获得中发挥了重要的作用；（2）不可观察变量使得那些最有可能参加培训的村民从培训中获得的边际收益最低，反而那些不太可能参加培训的村民的边际收益最高；（3）参加者的处理效应低于平均处理效益，而后者又低于未参加者的处理效应。我们的实证结果建议政府应该吸引和动员那些不参加职业培训就难以提高工资收入的村民参加培训。

2. 王海港，《中国居民家庭的收入变动及其对长期平等的影响》，载《经济研究》2005 年第 1 期。

论文利用"中国经济、人口、营养和健康调查" 1989～1997 年期间 4 期家庭收入和家长特征的模块数据（panel data），用时间依赖定义收入变动，度量了全体家庭和分 4 种类型的家庭在 20 世纪 80 年代末至 90 年代后半期的收入变动，发现在总体收入分配中，高比例持续贫困的发生比较分散，并不固定在哪一类型的家庭上。平均而言，农村家庭的持续贫困比例稍高。与此相反，持续高收入的家庭集中在城市、郊区和城镇，农村的富裕家庭变动大，收入不稳定。分组家庭之间，农村家庭的收入变动最大。分组家庭内部，家长为中年和壮年人的家庭收入景况较好，富裕老人家庭能否保持富裕在农村和在其他分组差别很大。总体而言，我国居民家庭收入分配的变动在这一时期减慢；收入变动在所有 4 个时期内都有利于分配的平等，20 世纪 90 年代中期后在农村和城镇家庭的作用大幅减弱，但对改善城市家庭的平等分配作用增强。

3. 赵文哲，《人口结构、储蓄与经济增长——基于跨国面板向量自回归方法的研究》，载《国际金融研究》2013 年第 9 期。

人口转变过程包括死亡率和生育率的变化，从经济学上来讲，死亡率和生育率都内生于经济发展过程，因而人口转变也是内生于经济发展的。论文在内生人口转变框架下分析人口结构对储蓄率的影响。

在内生人口转变情况下，人口结构变化对储蓄率的影响除了年龄结构效应，更重要的还有行为效应，行为效应包括审慎储蓄的行为效应和养老储蓄的行为效应。年龄结构效应下，抚养比升高导致储蓄率下降；而在行为效应下，少儿抚养比和老人抚养比的变化对储蓄的影响在不同发展阶段是不同的。

论文利用跨国面板向量自回归模型对 1960～2011 年的面板数据进行实证分析的结果发现，在不同经济发展阶段，经济增长对人口转变的影响不同；并且由于人口转变的行为效应，少儿抚养比与老人抚养比对储蓄率的影响也不都是负的。当一个国家经历了落后阶段、快速发展阶段和发达阶段时，随着经济的增长，少儿抚养比和老人抚养比都呈"升高—下降—升高"的趋势。在行为效应和年龄结构效应的交替作用下，少儿抚养比升高导致储蓄率先后呈"升高—下降—升高"的趋势，老人抚养比升高先后导致储蓄率呈"升高—下降"的趋势。这种变化趋势对于人口和经济增长方式转变有重要影响，随着我国老龄化的到来，我国储蓄了将会大幅下降，过去我国依靠大规模投资的经济发展方式将不可维持。从政策上来讲，一方面我们需要提高生育率，在更高的收入水平下少儿抚养比升高有利于提高储蓄了；另一方面，我们需要我国更重视人力资本在推动经济增长方面的作用，以缓解老龄化的副作用。

4. 李涛、陈斌开，《家庭固定资产、财富效应与居民消费：来自中国城镇家庭的经验证据》，载《经济研究》2014 年第 3 期。

基于翔实的微观家户数据，论文首次区分和比较了家庭生产性固定资产和非生产性住房资产对居民消费的影响，细致考察了家庭资产对居民消费的"资产效应"和"财富效应"，并在此基础上探讨了不同类型资产对居民消费的异质性影响及其作用机制。研究发现，家庭住房资产主要呈现出消费品属性，只存在微弱的"资产效应"，且不存在"财富效应"。这个结论对于拥有大产权房和二套房的家庭同样成立。因此，住房价格上涨无助于提高我国居民消费。相反，家庭生产性固定资产具有明显的"资产效应"和"财富效应"，同时，其"财富效应"主要体现在自我雇佣的家庭中，主要作用机制是降低了家庭预防性储蓄动机并缓解了家庭流动性约束。论文的政策含义在于，引导资金进入生产性部门、发展房地产金融并积极推动金融市场改革是促进居民消费的重要方式。

5. 李新荣、李涛、刘胜利（校外），《政府信任与居民通货膨胀预期》，载《经济研究》2014 年第 6 期。

论文实证分析了不同经济形势下居民对政府的信任程度对其通胀预期的影

响。基于 2005 年、2007 年和 2009 年三年的中国城镇居民家庭调查混合截面数据，考虑到居民对政府信任程度的内生性可能，论文的工具变量回归结果显示：在经济形势平稳时，居民的政府信任程度对其预期的未来通胀水平没有显著影响；在经济形势较好时，居民较高的政府信任程度会导致其预期的未来通胀水平较低，即这种影响显著为负；在经济形势较差时，这种影响显著为正。此外，与初中教育程度以下的居民相比，初中教育程度及以上的居民的政府信任程度对其通胀预期的影响更显著。这说明，不同的经济形势下，政府会在经济增长、充分就业与物价稳定等宏观调控目标之间权衡，而这种权衡会通过居民的政府信任机制对其通胀预期产生不同影响。论文的政策含义在于：相关部门在制订通胀预期管理政策时，应该充分考虑政策作用客体即居民的异质性特征对政策效力影响的可能性和复杂性。

6. 赵文哲及校外合作者，《地方政府财政缺口与土地出让方式——基于地方政府与国有企业互利行为的解释》，载《管理世界》2015 年第 4 期。

在现有分税体制下，土地出让是地方政府缓解财政缺口压力的重要渠道。一方面，土地出让产生的土地出让金是地方政府预算收入的重要补充，对于一些财力比较薄弱的地方政府来说，土地出让金可能高于预算内收入。因此土地出让具有"以地生租"的功能；另一方面，土地出让还发挥了"引资生税"和"以房生税"的功能，前者是土地出让通过吸引固定资本投资促进经济增长，从而扩大税基实现的，后者是土地出让通过促进房地产和建筑相关产业的发展增加税收收入，包括土地增值税、城镇土地使用税、耕地占用税、契税、房产税和营业税等。正是这些功能，在面临财政缺口时，地方政府会考虑通过土地出让来弥补财政收入的不足。

与以往研究不同，论文在考察地方政府财政缺口与土地出让关系时侧重于国有企业的作用。由于内在的政治联系，国有企业与地方政府之间的关系是互利合作的。与土地出让金相比，国有企业的"引资生税"功能更强，因为国有企业规模往往比较大，国有企业的投资有助于为地方政府提供更大的税基，因而地方政府有动机将土地出以较低的价格让给国有企业。论文利用 2003 ~ 2010 年中国 149 个地级市城市面板数据、并结合 2003 ~ 2008 年的中国工业企业数据库考察了国有企业在地方政府面临财政缺口增加时出让土地的作用。论文基本结论是：当面临较高的财政缺口压力时，地方政府会以较低的价格向国有企业增加出让土地，尤其是在经济增长下滑阶段、地方政府利用财政政策刺激经济的时候，财政缺口增加导致国有企业比重高的城市协议土地出让比例更高。从互利角度来讲，国有企业能够获得更多价格低廉的土地作为投入，从而提高企业的营业收入；同时，地方政府会因地方国有企业投资增加而获得更多的税收收入。

7. 李彬、史宇鹏、刘彦兵（学生），《外部风险与社会信任：来自信任博弈实验的证据》，载《世界经济》2015 年第 4 期。

论文在经典的信任博弈实验基础上，通过引入参与者待投资资金的风险特征来代表社会的外部风险，对外部风险与社会信任之间的关系进行了系统分析。基本实验结果和回归结果均表明，当决策者面对外部风险时，决策者对他人的信任水平会显著降低。因此，在社会转型过程中，减少社会外部风险的制度建设（如完善社会保障制度和产权制度）除了可以提高社会成员的物质福利水平外，对提高社会信任水平也有促进作用。

8. 李涛、张文韬（学生），《人格特征与股票投资》，载《经济研究》2015 年第 6 期。

论文实证分析了户主人格特征对家庭股票投资的影响。作者采用文献中通行的"大五"人格分类标准，同时将着眼点深入到"大五"维度之下 14 个细分维度的人格特征变量，基于 2010 年和 2012 年的中国家庭追踪调查（CFPS）截面数据的回归结果显示：在户主所有的 14 个细分人格特征变量中，仅有开放性维度下的价值人格特征对家庭股票投资具有稳健且显著的积极影响。户主的价值观越开放，家庭股票投资越积极，即投资股票的可能性越高，股票投资额越大，而且股票在全部金融资产中的比重越高。这种积极作用既不受到股票投资反向影响价值人格特征的内生性问题的干扰，也不体现由于数据限制导致分析中无法控制的风险态度对于股票投资的影响。论文的政策含义在于：相关部门在制定涉及居民投资股票的相关政策时，应该充分考虑价值等人格特征对政策效力的影响。

9. 李涛、朱俊兵（校外）、伏霖，《聪明人更愿意创业吗？——来自中国的经验发现》，载《经济研究》2017 年第 3 期。

论文利用"中国家庭追踪调查（CFPS）"数据实证分析了个人的认知能力对其创业的影响。考虑了内生性问题的回归结果显示，总体而言，不论是否区分具体的创业类型，个人的综合认知能力对其是否创业不存在显著影响；表明中国的聪明人并没有更愿意创业。但这种影响会因行业管制水平不同而异：在管制水平较高的行业中，个人更高的综合认知能力会显著降低其创业概率；在管制水平较低的行业中却完全相反。因此，在管制水平较低的行业中，中国的聪明人更愿意创业；而在管制水平较高的行业中正好相反。论文进一步实证考察了字词能力、数学能力和记忆力等三个具体维度的认知能力对创业的影响，发现仅有数学能力能够显著促进创业。论文的政策含义在于，政府应当更加积极有效地推进简政放权，减少各行各业中不必要和不合理的行政干预，这样才能将中国人的聪明才智更好地吸引到创业中。

10. 王海港、李涛、沈华福，《身份与信任——基于干部身份的实验证据》，载《经济理论与经济管理》2017 年第 10 期。

论文设计了由中国大学生被试作为委托人和受托人的投资实验。通过在实验中"泄露"不同完备和对称程度的信息，检验了在"无信息"、"单向信息"和"双向信息"三种不同的环境下，"学生干部"这一社会身份对"信任"和"值得信任"水平的影响。研究发现：首先，多数中国学生被试之间存在着彼此信任和值得信任，这使得双方实现了"双赢"。其次，受托人的干部身份，招致了委托人更高的可信任度；但干部在其身份信息不公开时，并不比无信息状态下的受托人更值得信任；最后，双向信息的干部身份可以显著提升干部的互利性，使得他们比无信息状态下的受托人有更高的值得信任的水平。

11. 李涛、徐翔、张旭妍（校外），《孤独与消费——来自中国老年人保健消费的经验发现》，载《经济研究》2018 年第 1 期。

中国老年人的保健消费是否受到其孤独感的影响？如果有影响，背后的作用机制是什么？论文使用中国健康与养老追踪调查数据实证回答了以上问题。考虑了内生性可能的稳健性回归结果显示，老年人的孤独感对其保健消费有着显著且稳健的正向影响，越是感到孤独的老年人，他们的保健支出的绝对水平和相对比重都会越高。产生这种影响的一个重要作用机制是社会互动，在消费保健产品和服务的过程中，老年人通过与销售人员和其他老年人进行交流，有效缓解了孤独感。作者建议，旨在合理规范和有效促进中国老年人保健消费的有关政策应该充分考虑到老年人孤独感的重要影响，努力实现老年人保健消费市场由情感慰藉或认知误导驱动向健康需求驱动的可持续发展方式转型。

12. 赵文哲，《城镇化、城市房价与农村流动人口户籍迁移》，载《财经问题研究》2018 年第 6 期。

在过去的 20 多年中，我国城镇化主要通过农村人口流动推动。在这个过程中，城市房价升高在一定程度上导致了户籍人口城镇化的滞后。论文以2011～2013 年全国流动人口动态监测调查数据为基础，结合城市层数据分析了城市房价上涨对农村流动人口户籍迁移意愿的影响。经验分析结果显示，城市房价升高造成的生活成本增加使农村流动人口更不愿意落户到现居住的城市，女性、高学历、参加过技能培训、高收入、有保险、有子女在城市接受教育、社会融合程度较高、幸福感更强、跨省流动以及居留时间更长的农村流动人口落户意愿更强，年龄与落户意愿呈倒 U 型。同时，房价升高对落户的影响与人群的社会经济特征有关，无房、流向普通城市、省内流动、未婚、低学历、年龄小、女性的流动人口对于城市房价的上涨更加敏感。

13. 龚雅娴、魏旭，Asset quality, debt maturity, and market liquidity，Finance Research Letters 期刊论文，2018 年 12 月。

We construct a model that endogenizes both the debt maturity choices of financial institutions and the liquidity of the asset market in a Rational Expectations Equilibrium. And we find that the decrease in asset quality can cause over-reliance on short-term debt and also lower market liquidity at the same time. Our result provides a new mechanism of market freeze and sheds light on unified understanding the maturity mismatch and liquidity dry-ups of the asset market during the recent global financial crisis.

四、产业与区域经济学

1. 苏雪串，《中国的城市化与二元经济转化》，首都经济贸易大学出版社2005 年。

城乡二元结构是中国经济最为突出的特征，也是制约我国经济发展的一个重要矛盾。苏雪串主编的专著《中国的城市化与二元经济转化》探索了城市化与二元经济转化之间的关系，认为适度的城市化有利于二元经济的转化，城市化滞后或超前则会阻碍二元经济的转化，并研究了如何通过城市化促进二元经济的转化，主要包括以下内容。

第一，城市化与二元经济转化的理论模型及实践经验：系统梳理了 20 世纪 50 年代以来西方经济学家研究的城市化与二元经济转化的经典理论模型；总结了城市化与二元经济转化的国际经验，认为城市化与现代化主要是手段和目的的关系，如今已经实现现代化的国家的现代化过程都是在城市化过程中实现的，如果没有城市化就不能实现现代化，城市化是人类走向现代化社会的必由之路；阐述了城乡二元经济之间的内在联系及城乡经济协调发展的必要性。

第二，中国城市化进程对二元经济形成及转化的作用：总结了中国二元经济的形成和演变，认为城市化滞后是制约中国二元经济转化的重要原因；分析了城市化与农村经济发展的关系，认为中国城市化滞后导致大量劳动力滞留在农业和农村，农业就业比重过大从而相对劳动生产率偏低，而通过城市化减少农民，提高农业劳动生产率，农业作为一个产业部门才可能具有相对竞争力，农业也才能摆脱弱势产业的地位，因此城市化是提高农业相对劳动生产率、促进二元经济转化的最直接有效的途径；探索了城市化与经济增长及产业结构升级之间的关系。

第三，促进二元经济转化的城市化战略：通过研究多元城市化战略新型、工业化对中国城市化的影响、城市化战略的区域差异和城市化进程中政府的作用等内容，对如何选择我国的城市化道路，制定相应的城市化战略以促进二元经济的转化提供了理论依据和可行措施，这是我国经济发展迫切需要研究和解决的重大理论问题和现实问题。

2. 戴宏伟，《国际产业转移与中国制造业发展》，人民出版社 2006 年。

该书将国际产业转移理论与中国制造业发展联系起来进行系统研究，以国际经济协作和中国当前经济发展为背景，在系统阐释和把握国际产业转移理论及现有研究成果的基础上，对如何利用国际产业转移的机遇、促进中国制造业发展进行了较为深入的研究。

一是对国际产业转移理论中的某些概念进行了界定，并在前人研究的基础上，首次对产业梯度的内涵进行了界定，提出了绝对梯度、相对梯度、间接梯度和直接梯度等概念，并构建了产业梯度的函数表达式，还对国际产业转移与生产要素流动的互动关系进行了分析。

二是对于国际产业转移研究中的一些有争议的问题进行了分析并提出了自己的见解。如提出日本"产业空心化"并非产业转移的结果，而是其产业升级不力所致；国际产业转移不但不会扩大反而会缩小国家间的产业和技术差距；产业集聚与产业转移并不存在矛盾，而是两个不同的发展阶段等。书中还对国际产业转移的影响因素、发展趋势和值得注意的新问题进行了探讨。

三是对中国制造业如何参与国际产业转移进行了探讨。该书将国际产业转移与中国制造业的发展结合起来，明确提出了"产业双向转移"的概念，并以中国家电业为例，从"引进来"和"走出去"两方面，对中国制造业参与国际产业转移的必要性、可能性、面临的问题等进行了深入、细致的分析。

3. 史宇鹏，《地区放权与经济效率：以计划单列为例》，载《经济研究》2007 年第 1 期。

中国的经济改革始于放权，尤其是对地区的放权，论文以计划单列为例，研究整体性行政放权对经济效率的影响并通过构造省内与省外城市的对比组来估计计划单列的因果效应。研究结果表明：从总体上，放权确实有助于计划单列市提高其经济效率。论文的主要贡献有三个方面：第一，该论文以计划单列市为例，首次研究了整体性经济放权对经济效率的影响；第二，计划单列市的设立是区划调整的一种形式，该文的研究对于我们理解区划调整与经济效率之间的关系亦有帮助作用；第三，在该文发表的时间（2007 年），论文所使用的双重差分（difference-in-differences）方法在国内仍然是属于比较新颖的研究方法，论文为该方法在国内的普及也做出了自己的贡献。

4. 冯薇，《产业集聚、循环经济与区域经济发展》，经济科学出版社 2007 年。

该著作以区域经济发展为主线，分析了基于循环经济的产业集聚与区域经济发展的逻辑关系并建立起一个全新的理论分析框架，探索和提炼了我国区域经济发展的新模式，提出了系统的颇具创新意义的观点和政策建议，在我国深入贯彻落实科学发展观的大背景下，具有重要的理论创新意义和实践意义。不同于目前大多数研究把产业集聚与循环经济割裂开来研究，该著作把二者结合起来，深入研究了它们之间的互动关系，为同类问题研究提供了新视角；并将其纳入一个理论分析框架，为研究区域经济发展提供了新思路。著作提出正反馈机制作用于产业经济系统使之产生自我增强的特性，是产业集聚形成机制的重要基石；著作从理论和实证两方面论证了产业集聚是区域经济发展驱动器的观点。著作提出循环经济的理论内涵是建立在一定技术基础之上和特定制度安排下的一种经济发展方式，循环经济是一种全新的区域经济发展方式，最后得出基于循环经济的产业集聚是区域经济发展新战略的结论。在产业集聚地区出现资源与环境强约束的严峻形势下，其政策含义对于我国区域经济发展战略的调整具有一定的借鉴意义，它突破传统的发展模式，坚持"以人为本"的科学发展目标，必将促进区域经济又好又快地发展。研究成果产生了良好的社会效益。

5. 冯薇，《产业集聚的区域负面效应剖析》，载《改革》2007 年第 9 期。

论文深入分析了产业集聚的拥挤效应、锁定效应和环境负面效应三大区域负面效应，剖析产业集聚带动区域经济增长面临的问题，旨在促进产业升级推动区域经济发展进入创新驱动阶段。该论文运用经济学理论对动态演化的产业集聚现象进行分析，并尝试采用复杂性科学理论对产业集聚的区域负面效应予以解祈。在中央力推节能减排、转变经济发展方式的形势下，这一研究具有重要的现实意义和理论意义。

6. 戴宏伟，《京津冀与长三角区域竞争力的比较分析》，载《财贸经济》2010 年第 1 期。

京津冀和长三角都市圈是我国区域经济发展的代表性区域，近年来两大都市圈在经济发展水平和对外开放程度、区域协作方式及程度等方面既有一定的相似性，也呈现出较大差别。针对以上问题，该文利用统计年鉴数据，建立区域竞争力的评价指标体系并运用客观赋权法和数据包络分析方法，对京津冀和长三角都市圈的区域竞争力进行比较分析，得出长三角都市圈的区域竞争力高于京津冀都市圈的结论。

基于以上结论，文章提出京津冀和长三角都市圈一方面要通过完善区域内各省市的基础设施、优化产业结构等措施提高地区竞争力；另一方面两大都市圈也要在发挥区域比较优势的同时，通过区域内部资源整合、产业协作等措施，提升区域的整体竞争力。同时，京津冀应学习借鉴长三角区域协作发展的经验，加强区域内部整合与协作，以进一步提升区域整体竞争力。

7. 苏雪串，《世界城市的理论与实践及其对北京的启示》，北京出版社2010 年。

西方学术界对世界城市的研究经过几十年的发展和演变，产生了许多研究成果，形成了丰富的世界城市理论。苏雪串主编的专著《世界城市的理论与实践及其对北京的启示》，通过对世界上发达国家的城市的发展历程、理论、实践的论述，同时结合我国学者对我国城市（以北京为例）发展的研究和对我国城市发展的现状、要求和发展方向来阐述以北京为代表的中国城市的发展问题，认为国内特大城市的作用在于：有利于形成以特大城市为依托、辐射能力强的城市群，进而带动整个国民经济的增长。在此条件下北京有能力承担此重任，并提出富有建设性和创新性的方案，这对于北京的发展以及提升其国际竞争力具有一定的借鉴价值。

在北京向全球城市体系高端发展过程中，苏雪串认为需要注意以下方面：第一，服务化是世界城市发展的一般趋势，提升产业层次，发展具有高附加值、低污染的生产性服务业是北京产业结构调整的方向，有利于增强北京市集聚和辐射能力。

第二，单个城市的发展必须考虑城市在地区、国家和全球城市体系中的特点、地位和优势。在全球城市体系中，北京是中国参与国际分工和提升国际竞争力的重要空间节点；在国内，北京应突出首都功能以及与其他城市特别是京津冀地区其他城市的联系，包括竞争与合作，特别是合作。

第三，历史文化传统影响城市发展战略和特点，北京既要遵循世界城市形成和发展过程中的共同规律，提高城市能级、扩充城市的生产者服务业等，同时又要考虑城市发展中的路径依赖，根据北京的历史文化传统和资源禀赋等，在产业结构、空间布局等方面体现其特色，提升城市竞争力，增强国际影响力。

8. 于爱芝，《货币供给冲击对农业的影响》，载《经济学动态》2011 年第4 期。

传统农业经济文献中假定粮食及其他农产品的实际价格由实际供给和需求因素决定，名义货币因素仅影响物价总水平，并不影响粮食与其他商品之间的相对价格，即符合货币"中性"假定。国外经验研究表明，货币政策改变农产品相对价格，且与工业品相比较，农产品价格当期调整过度，超出了长期的均衡水平，具有"超调（overshooting）"特征。论文基于此，借鉴国外已有研究基础上，构建理论模型，检验中国货币政策冲击是否引起农产品价格"超调"、对货币政策冲击、工业品与农产品价格响应是否存在差异。同时，论文在三个方面进行拓展研究：一是在短期和长期内粮食、油料、畜产品等不同农产品对货币政策的响应周期差别，进而解释其不同的波动特征；二是考虑货币政策对农业投入、产出价格和消费价格指数的影响，分析货币政策冲击如何影响农户的真实收入；三是在开放经济条件下，货币政策如何通过利率、汇率等传导机制影响农产品出口需求、相对价格，并最终影响农产品贸易。

9. 刘轶芳，《循环经济投入产出模型研究》，经济科学出版社 2012 年。

循环经济被认为是实施可持续发展的有效手段，也越来越得到学术界及各国政府的认可。该著作采用宏观经济分析工具及生态学经典理论，以循环经济所对应的宏观经济产业链关系的变化研究为出发点对循环经济进行了系统分析，构建了循环经济投入产出模型。著作从宏观经济产业链角度，更为本质的揭示了循环经济发展模式下各产业链之间的循环闭合状态及相互关系，并采用投入产出技术有效描述了循环经济下的复杂的产业链关系；从生态学角度出发，构建了能值型循环经济投入产出表及分析模型。著作还引入生态学中的能值分析理论，从生态学角度探讨了循环经济投入产出技术的应用，分别从生态学、经济学角度提出了循环经济系统评价的原则及相应的评价系数。

10. 郭冬梅、宋斌、汪寿阳（校外），《倒向随机微分方程与巴黎期权的非线性定价》，载《中国科学：数学》2013 年第 1 期。

论文首次推导出可违约情形下的美式期权的定价方程，利用倒向随机微分方程进一步探索了非线性的定价机制，刻画了巴黎期权的非线性价格过程。基于以上理论研究，论文为我国碳排放权定价进行微分建模，建立了一套完整的定价方法框架，应用研究方面，利用非线性的定价工具，探索了碳市场价格的形成机制，调控机制，并进一步从行为经济学的角度探讨了碳市场的交易策略，为政府部门和环境交易所的相关工作提供数据支持和科学依据。

11. 史宇鹏、和昂达（学生）、陈永伟（校外），《产权保护与企业存续：来自制造业的证据》，载《管理世界》2013 年第 8 期。

企业存续时间是产业组织研究中的重要问题，但从产权保护角度对我国企业存续时间进行的严格实证分析目前还非常缺乏。论文使用 2008 年我国全部国有及规模以上制造业企业数据，对此问题进行了初步探讨。他们的研究发现：（1）产权保护程度对企业的存续时间确实有很大影响，产权保护程度越高，该地区企业的平均存续时间越长；（2）产权保护对企业存续的影响作用在不同所有制企业间存在显著差别，特别的是，加强产权保护能够显著延长私营企业的存续时间，但却减少了国有企业的存续时间。

12. 于爱芝、郑少华，《我国猪肉产业链价格的非对称传递研究》，载《农业技术经济》2013 年第 9 期。

论文利用协整检验和非对称误差修正模型（APT－ECM），对我国猪肉产业链上价格长期和短期的非对称性传递进行研究，结果表明，长期价格的非对称传递体现为上游产品价格变化没有全部向中下游传递，短期价格传递体现为下游产品对上游产品价格的上涨（即利空）比价格下降（即利好）敏感，对上游产品当期的价格变化比滞后期的价格变化敏感。论文主要贡献不仅分析了价格在猪肉产业链上中下游之间的非对称传递，而且将"好"的价格变化和

"坏"的价格变化的非对称传递，借以全面把握猪肉产业链价格顺向传递的非对称特征。其次，为了适应对短期非对称价格传递的研究，改进了 APT – ECM 模型原假设。

13. 郭冬梅、井帅、汪寿阳（校外），《带跳的分数倒向重随机微分方程及相应的随机积分偏微分方程》，载《中国科学：数学》2014 年第 1 期。

论文首次把 Poisson 随机测度引入分数倒向重随机微分方程，基于可料的 Girsanov 变换证明由 Brown 运动、Poisson 随机测度和 Hurst 参数在（1/2，1）范围内的分数 Brown 运动共同驱动的半线性倒向重随机微分方程解的存在唯一性。在此基础上，论文定义一类半线性随机积分偏微分方程的随机黏性解，并证明该黏性解由带跳分数倒向重随机微分方程的解唯一地给出，对经典的黏性解理论做出有益的补充。

14. 白重恩（校外）、张琼，《中国的资本回报率及其影响因素分析》，载《世界经济》2014 年第 10 期。

论文估计了 1978～2013 年中国的总体资本回报率，并且基于中国省际面板数据，回归识别了资本回报率变动的相关影响因素及其影响幅度，之后对 2008 年全球金融危机以来中国资本回报率变动的成因进行了分解。研究发现：（1）资本回报率呈现出非常明显的惯性特征；（2）政府干预的影响显著为负；（3）投资率对资本回报率存在统计显著的负向影响；（4）第二产业和第三产业比重对资本回报率有显著的正向影响。投资率大幅攀升和政府规模持续扩大是 2008 年以来中国资本回报率大幅下降较为重要的影响因素。

15. 史宇鹏，《Legal Traditions and Foreign Ownership Modes：Evidence from China》，《Asian Economic Journal（SSCI）》，2015，Vol. 29（4）：365 – 384。

论文通过使用我国 2001 年外资企业数据，首次研究了外资来源国的法律传统如何影响投资者对 FDI 企业所有权模式的选择。我们的研究发现：（1）如果投资者的来源国与中国具有相同法律起源，则外商倾向于选择具有更高控制水平的所有制模式，即外商愿意在 FDI 企业中持有更多股份，或者设立独资公司；（2）法律执行效率对于外商投资具有类似的效果，即当投资者所在国家与中国具有类似的法律执行效率时，外商倾向于选择具有更高控制水平的所有制模式；（3）通过对成立于不同年份的企业比较，作者发现法律传统对外资企业所有制模式的影响逐渐在减弱，这很可能来源于中国商业法律环境的持续改善。

16. 于爱芝、李德峰、孙青莲，《人民币实际有效汇率对不同类商品进出口的影响——兼对"总和偏倚"的一个检验》，载《宏观经济研究》2015 年第 10 期。

论文利用自回归分布滞后模型（ARDL）以 SITC 两位数下 61 类商品的进出口月度数据为基础，按照不同标准将其分为耐用品与非耐用品、大宗商品与小宗商品、净出口与净进口类商品，研究不同分类下商品对实际有效汇率敏感程度的差异。在此基础上使用加总数据，研究 61 类商品整体的进出口汇率敏感度，以此检验"总和偏倚"是否存在。结果表明，人民币实际有效汇率对各类商品的影响是非对称的：大宗商品、耐用商品及净出口类商品出口的实际有效汇率弹性比小宗商品、非耐用品和净进口商品要大得多；总出口的实际有效汇率弹性要低于分类数据下任何一类商品的汇率敏感度，因此"总合偏倚"现象确实存在。在进口模型中，不管是总量数据还是分类数据，人民币实际有效汇率与进口额和收入都不存在长期的均衡关系，说明进口商品的需求缺乏汇率弹性。该研究学术价值在于，揭示了数据口径对研究结论的影响，要得到稳健的结论，需要多口径数据支持；政策含义在于，各类商品的出口汇率敏感度存在较大差异，为降低汇率升值对我国部分产业甚至总体经济发展可能造成的负面影响，未来我国在制定产业政策时应该注意对各行业实施差别化的利率、税收等产业政策。

17. 白重恩（外）、张琼，《中国生产率估计及其波动分解》，载《世界经济》2015 年第 12 期。

生产率被视为长期经济增长的决定因素，经验分析中对如何识别其影响因素却存在很大分歧。论文首先估计了中国 1978～2013 年全国和各省各年的生产率水平，之后考察生产率波动的影响机制，并对 2008 年以来生产率下降的成因进行分解。研究发现：（1）就技术进步与技术效率角度而言，研发强度和对外开放程度对生产率的影响显著为正，而相对收入水平的影响显著为负；（2）存货规模和就业参与率通过影响要素的有效使用量，分别对生产率产生显著的负向和正向影响；（3）从要素配置效率角度来看，政府干预对生产率有显著负面影响，投资率与生产率显著负相关。中国近年来生产率下降主要源于其"后发优势"不断减弱、就业参与率持续降低与投资率不断攀升。

18. 刘轶芳，《中国绿色产业景气报告》，2016 年发布。

绿色经济作为我国推动可持续发展、促进经济转型的有效发展模式，其概念及范畴界定尚未形成统一定论。明确绿色经济的定义，梳理绿色经济的范畴，是建立绿色经济的数据收集和分析框架，开展绿色产业核算工作的基础。该项目课题组在梳理国内外现有绿色经济范畴界定的基础上，结合我国近年来出台的绿色产业政策，对绿色经济的产业范围进行了界定，在此基础上引入国际上通行的合成指数方法（Composite Index，CI）初步构建了中国绿色经济景气指数体系（China Green Industry Climate Index，GICI），并进行了长达两年的跟踪校验。

19. 闫坤（校外）、刘轶芳，《中国特色的反贫困理论与实践研究》，中国社会科学出版社 2016 年。

著作通过系统梳理我国反贫困实践的发展历程，就反贫困模式进行了系统总结；在准确把握实践中形成的反贫困核心要点基础上，提出具有中国特色的"两线一力"反贫困理论框架；以此框架为依据，与国际反贫困实践进行比较分析，归纳总结国外反贫困实践对我国的启示。同时，利用国际组织的社会调查数据，实证测算并描述出我国贫困率的变化趋势，验证现有贫困测度及其分解理论的时效性，总结归纳我国农村贫困的组群特征及差异，进而从多个方面对我国的减贫效果进行评价与评估测算；针对"中国模式"做出基本判断，提出应对新挑战的思路与方案以及实现新时期反贫困目标的有效手段。

20. 史宇鹏，《公共资源与社会信任：以义务教育为例》，载《经济研究》2016 年第 5 期。

已有文献表明，社会信任对于一国的经济社会发展具有重要意义。但是，近年来我国居民的社会信任水平一直处于较低水平，引起了学界的广泛关注。与以往解释不同，该论文首次尝试从公共资源的匮乏及对其争夺的角度来解释此现象。以义务教育为例，作者使用 2003 年和 2010 年中国综合社会调查（CGSS）数据，对此问题进行了详细分析。研究结果表明，公共资源供给不足会导致人们之间的不信任程度加剧，且对于争夺中处于较弱势地位的群体来说这种效应表现得更为明显。这表明，提高公共资源的供给水平，完善公共资源的分配规则以解决教育难等民生问题，是提升我国居民社会信任水平，特别是提升弱势群体的社会信任水平的有效途径。

21. 史宇鹏、李新荣，《公共资源与社会信任：以义务教育为例》，载《经济研究》2016 年第 5 期。

已有文献表明，社会信任对于一国的经济社会发展具有重要意义。但是，近年来我国居民的社会信任水平一直处于较低水平，引起了学界的广泛关注。与以往解释不同，论文首次尝试从公共资源的匮乏及对其争夺的角度来解释此现象。以义务教育为例，论文使用 2003 年和 2010 年中国综合社会调查（CGSS）数据，对此问题进行了详细分析。研究结果表明，公共资源供给不足会导致人们之间的不信任程度加剧，且对于争夺中处于较弱势地位的群体来说这种效应表现得更为明显。这表明，提高公共资源的供给水平，完善公共资源的分配规则以解决教育难等民生问题，是提升我国居民社会信任水平，特别是提升弱势群体的社会信任水平的有效途径。

22. 申广军、陈斌开、杨汝岱（校外），《减税能否提振中国经济？——基于中国增值税改革的实证研究》，载《经济研究》2016 年第 11 期。

中国宏观经济正面临前所未有的挑战，减税能否成为稳定中国经济增长的有效工具亟待研究。论文利用 2009 年增值税改革的政策冲击，基于微观数据考察增值税税率变化对企业的影响，为理解减税对宏观经济的作用提供了微观基础。研究发现，减税不仅可以提升短期总需求，还可以在长期内改善供给效率。具体而言，降低增值税有效税率短期内会刺激企业的固定资产投资，这一效果对于私营企业、中西部地区和非出口企业尤为明显；同时，减税可以提升供给效率，国有企业、东部地区和出口企业的资本和劳动产出效率明显增强。论文对于制定稳定经济的减税政策乃至具体的减税方案都有一定的指导意义。

23. 戴宏伟，《我国贫困地区能否实现"旅游脱贫"？——兼析美国的相关经验及启示》，载《西北师大学报（社会科学版）》2017 年第 2 期。

该文认为，我国多数贫困地区虽然在产业基础、区位条件、资金与技术禀赋等方面处于明显劣势地位，从而在很大程度上影响了其经济发展，但从现代旅游休闲产业发展的角度看则具备了发展旅游休闲业的独特条件。该研究立足旅游休闲业发展规律与我国旅游休闲业快速发展的背景，跳出以往对贫困地区一般产业发展劣势研究的窠臼，从逆向思维的角度对贫困地区发展旅游休闲业的优势进行分析，认为该类地区发展旅游业具有独特的优势，但同时也存在诸如缺乏开发意识、资金投入不足、旅游开发定位不准、配套设施较差、缺乏品牌意识、环保意识不强等问题，并对美国旅游休闲业发展的经验进行总结，概括为重视旅游的理念、因地制宜的理念、休闲创新的理念、深度开发的理念、以人为本的理念、与时俱进的理念、环保发展的理念等，并在此基础上提出贫困地区"旅游脱贫"的具体实施思路和对策建议。

24. 申广军、陈斌开，Zombie Firms and Over‑Capacity in Chinese Manufac‑turing，China Economic Review，2017 – 07 – 01。

The problems of over-capacity and zombie firms in China's manufacturing attract all aspects of attention, but academic analysis is still absent. Using firm-level data of Chinese manufacturing, this study first documents the problems of over-capacity and zombie firms during 2011 – 2013. We find that the over-capacity problem is much more severe in the northeastern and western regions of China, in heavy chemical in-dustries, and in state-owned sector. The distribution of zombie firms is in a similar manner across region, industry and ownership. We also empirically test the relation-ship between zombie firms and over-capacity, finding that zombie firms cause and worsen over-capacity by crowding out healthy firms.

25. 孙伟增、吴建峰（校外）、郑思齐（校外），《区位导向性产业政策的消费带动效应——以开发区政策为例的实证研究》，载《中国社会科学》2018年第 12 期。

作为中国工业化发展的排头兵，开发区政策能否带动城市居民消费活力的提升，成为实现工业化和城镇化协同发展的重要机制？利用省级开发区升级的政策冲击，论文使用双重差分模型对开发区政策的消费带动效应进行实证研究发现，开发区升级对于城市居民总消费、生活性消费、住房消费和子女受教育支出都具有显著的促进作用。这主要得益于开发区升级带来的生产力水平的提升，但在户籍制度更严格、流动人口购房限制更大以及社会和谐度偏低的城市，劳动力在城市里消费的意愿和能力相对较弱，内需难以扩大。

五、劳动与发展经济学

1. 张舰，Does It Pay to be a Cadre? Estimating the Returns to being a Local Official in Rural China，Journal of Comparative Economics，2012 年第 3 期。

估算政治地位和政治关系价值的文献日趋增多。一些研究从不同的角度证实了政治地位和政治关系对于个人收入或公司价值的提升作用。对处于改革时期（开始于 20 世纪 70 年代末 80 年代初）的中国农村的研究，学者们尤其关注在农村担任乡村干部所得的收益及其变迁。该论文利用一个涵盖 10 个省、跨期 16 年的数据，研究中国经济体制转型过程中农村地区草根干部的政治地位和关系的收益回报。

作者的研究发现，如果按 2008 年物价计算，农村干部家庭人均收入与非农村干部家庭人均收入相比，平均多出 331 元或高 9.3 个百分点；同时，发达省份农村干部家庭收入的绝对优势和相对优势都高于落后省份。总体来讲，当地非农工作机会是农村干部家庭收入优势的主要源泉。农村干部的家庭成员较非干部家庭获得本地非农工作的机会更大。不仅如此，他们更有可能获得高工资的本地非农工作。研究结果也显示，农村干部家庭的收入优势对收入不平等的影响甚微，即农村干部家庭的收入优势不是造成农村收入不平等的重要因素。而且在中国农村地区，与农村干部地位相关的政治资本会在其去掉干部身份后迅速贬值。大多数农村干部家庭的收入优势是源自乡村干部身份和关系网。如果失去农村干部身份，也就失掉了其拥有的权力和影响力，最终他们的家庭会丧失由农村干部身份带来的大部分收入优势。这一研究应验了"人走茶凉"这句谚语，成为官场的真实写照。

2. 张川川、赵耀辉（校外），《老年人就业和年轻人就业的关系：来自中国的经验证据》，载《世界经济》2014 年第 5 期。

论文使用 1990 年、2000 年中国人口普查数据和 2005 年全国 1% 人口抽样调查数据考察了高年龄段人口就业对年轻人就业的影响。普通最小二乘估计结果（OLS）显示，年轻人就业与高年龄段人口就业显著正相关。论文进一步采用面板数据双向固定效应回归和两阶段最小二乘回归以解决 OLS 估计可能存在的遗漏变量偏倚问题，其结果仍然表明，高年龄段人口就业的增加会提高而非抑制年轻人就业。作者还发现高年龄段人口就业对青年工人的工资水平有显著的正向影响。论文的研究表明，老年人就业的增加不会挤出年轻人就业。

3. 张川川、John Giles（校外）、赵耀辉（校外），《新型农村社会养老保险效果评估——收入、贫困、消费、主观福利和劳动供给》，载《经济学（季刊）》2014 年 10 月。

论文使用中国健康与养老追踪调查（CHARLS）数据，采用断点回归和双重差分识别策略，估计了"新农保"对农村老年人收入、贫困、消费、主观福利和劳动供给的影响。研究结果显示，"新农保"养老金收入显著提高了农村老年人的收入水平、减少了贫困的发生、提高了其主观福利，并在一定程度上促进了家庭消费和减少了老年人劳动供给。进一步的研究显示，健康状况较差的老年人受到的政策影响更大更显著，表明"新农保"的政策影响存在异质性。

4. 彭晓博、秦雪征（校外），《医疗保险会引发事前道德风险吗？理论分析与经验证据》，载《经济学（季刊）》2014 年第 10 期。

医疗保险在增加医疗服务可及性的同时，也可能导致被保险人降低其在出险前防范疾病风险的投入，从而导致经济学理论中的"事前道德风险"（Ex-ante moral Hazard）。论文利用 2000—2009 中国健康与营养调查（CHNS）数据，采用基准模型、工具变量模型和一阶差分模型，首次全面考察了新型农村合作医疗中的事前道德风险问题。结果表明，在控制参保行为的内生性后，新农合的参与显著改变了个体的生活方式，提高了其吸烟、饮酒、久坐、摄入高热量食物等不健康行为的倾向，并引致体重超重概率的增加。在此基础上，作者对新农合及配套制度的改革提供了政策建议。

5. 张川川、陈斌开，《"社会养老"能否替代"家庭养老"？——来自中国新型农村社会养老保险的证据》，载《经济研究》2014 年第 11 期。

中国农村人口老龄化日趋严重，"养儿防老"的传统模式难以持续。基于最新中国健康与养老追踪调查（CHARLS）的微观数据，论文利用断点回归方法实证研究了以"新农保"为基础的农村"社会养老"模式对"家庭养老"的替代性。研究结果显示，获得新农保养老金收入的农村老年人，其获得私人转移支付的概率下降了大约 32～56 个百分点，然而，对于已经获得转移支付的老年人，并未发现新农保养老金收入对他们获得的私人转移支付数额存在显著影响。论文的研究结论表明，"社会养老"对传统"家庭养老"存在一定程度的替代，但当前效果有限，完善中国农村的"社会养老"模式有待于进一步提高保障水平。

6. 张苏，《宏观经济学》，清华大学出版社 2014 年。

正如书序言所说："为了确保原理表述的准确性，作者坚持'回溯到原始文献'的原则"；"作者用尽心力让理论的表述符合大学生学习过程的认知心理"；对于宏观经济学的每一个理论，用"假设－定义－分析框架－命题－经验研究－结论"的模式进行论述。有关贡献可参见书评：龚六堂，"坚持回溯经典文献的《宏观经济学》教材"，《中央财经大学学报》2014 年第 12 期；陈彦斌，"《宏观经济学》简评"，《经济学动态》2015 年第 7 期；唐未兵，"一本契合大学生认知心理的经济学教科书"，《光明日报》，2015 年 4 月 15 日。

7. 赵文哲及校外合作者，《地方政府财政缺口与土地出让方式——基于地方政府与国有企业互利行为的解释》，载《管理世界》2015 年第 4 期。

在现有分税体制下，土地出让是地方政府缓解财政缺口压力的重要渠道。论文利用 2003 ~ 2010 年中国 149 个地级市城市面板数据，并结合 2003 ~ 2008 年的中国工业企业数据库，考察了国有企业在地方政府面临财政缺口增加时出让土地的作用。论文基本结论是：当面临较高的财政缺口压力时，地方政府会以较低的价格向国有企业增加出让土地，尤其是在经济增长下滑阶段、地方政府利用财政政策刺激经济的时候，财政缺口增加导致国有企业比重高的城市协议土地出让比例更高。从互利角度来讲，国有企业能够获得更多价格低廉的土地作为投入，从而提高企业的营业收入；同时，地方政府会因地方国有企业投资增加而获得更多的税收收入。

3. Su Zhang et al, 2015, Cognitive Ability and Cooperation：Evidence from the Public Goods Experiments, Annals of Economics and Finance, Vol. 16., No. 1, May, PP. 43 – 68.

该研究是关于教育与人力资本投资的，研究受到 James J. Heckman 的启发，既关注认知意义（cognitive sense）上的"教育"对人力资本、经济均衡结果的影响，也关注非认知意义上（noncognitive sense）的"品质"对经济均衡结果的影响。关于后者，James J. Heckman 关注的是"毅力、责任心"（qualities of perseverance and accountability）对经济均衡的影响，研究关注合作倾向性、反社会惩罚倾向性对经济均衡的影响。论文设计的实验对于研究合作均衡提出了新思路。

9. 张川川，《地区就业乘数：制造业就业对服务业就业的影响》，载《世界经济》2015 年第 6 期。

论文基于微观人口调查数据估计了中国城市制造业就业对本地服务业就业的影响。研究结果显示，1990 ~ 2005 年和 2000 ~ 2005 年由对外贸易冲击带来的制造业就业每增加 1 个岗位，在其他条件不变的情况下，能够分别创造大约 0.6 和 0.4 个服务业就业岗位。从细分服务业部门来看，中国当前发展阶段上，制造业就业对批发和零售、建筑和房地产等部门就业的带动作用最大，对科研和技术服务部门就业的影响最小。进一步的研究表明，制造业的就业乘数效应主要源于中高端制造业，低端制造业就业对个别细分服务业部门的就业反而存在一定程度的挤出。最后，论文发现在经济开放程度和市场化程度越高的城市，制造业的地区就业乘数效应越显著。

10. 张川川，《出口对就业、工资和收入不平等的影响——来自中国的经验证据》，载《经济学（季刊）》2015 年第 8 期。

使用微观人口数据和贸易数据，论文重点估计了中国出口对就业、工资和收入不平等的影响。结果显示，2000～2005 年间的出口增长显著提高了制造业和服务业就业，并且出口增长对年轻人、低学历人口、农村户籍人口和女性的就业影响更显著，效果更大。进一步研究显示，出口显著提高了在业者的收入水平，降低了城市内部的收入不平等。最后，论文补充考察了进口的影响，没有发现显著的就业和工资效应，但是，发现进口显著增加了城市内部的收入不平等。

11. 张川川，《中等教育陷阱？——出口扩张、就业增长与个体教育决策》，载《经济研究》2015 年第 10 期。

利用出口扩张引致的就业需求冲击和采用工具变量方法，论文从经验上分析了非农就业增长对个体教育投资的影响。研究发现，出口引致的就业增长导致适龄入学人口进入高中和大学的概率显著下降。非农就业人口占劳动年龄人口的比重增加 1 个百分点，导致 16～18 岁初中毕业生进入高中和 19～21 岁高中毕业生进入大学学习的概率分别下降 0.17% 和 0.26%。给定其他条件不变，这意味着 1990～2005 年间由出口扩张引致的就业增长使高中和大学入学率分别减少了 5.4 和 8.6 个百分点。分性别和城乡的考察显示：相对于女性，男性进入高中和大学的概率有更大幅度的下降；农村青年进入高中和大学学习的概率都随着就业增长出现了显著下降，城镇青年进入大学学习的概率有显著下降，但进入高中的概率有显著上升。

12. 张苏、王婕，《养老保险、孝养伦理与家庭福利代际帕累托改进》，载《经济研究》2015 年第 10 期。

该论文是关于老龄化社会的养老保险制度问题的研究，构建了家庭内的代际影响模型（intergenerational models of family influence）探索养老保险对于老年人家庭福利的影响。关于老龄化问题，国内外学者主要关注对于养老保险减贫的实证分析；国外对于养老保险对老年人家庭福利影响的探讨主要围绕养老保险带来的收入效应及其对于家庭资源配置的影响这两个方面展开，国内目前的相关研究较少。对于孝养伦理问题，该研究具有开拓性意义。

13. 张川川，Income Inequality and Access to Housing：Evidence from China，China Economic Review，2015－12－01。

Economic theory suggests that income inequality predicts housing price and housing affordability for low-income households. Employing Chinese urban household survey data, this paper examines empirically the relationship between income inequality and access to housing for urban low-income households. The empirical results demonstrate that higher income inequality within cities is significantly related to a higher housing cost burden, a smaller per capita living space, and lower housing quality for low-income households. Further studies demonstrate that the negative impacts of income inequality could be moderated by product differentiation in housing markets, as a higher degree of differentiation in the size of housing units corresponds to a smaller effect of income inequality on housing affordability.

14. 张川川、贾珅（校外）、杨汝岱（校外），《"鬼城"下的蜗居：收入不平等与房地产泡沫》，载《世界经济》2016 年第 2 期。

最近十余年，中国城市房价增长速度远超居民收入增长速度，引发房价泡沫化担忧。论文的理论研究表明，收入不平等程度加大是导致城市房价收入比和空置率上升的重要原因。基于国家统计局城市住户调查数据（UHS）的经验研究也支持理论发现，主要表现为：收入基尼系数每增加 1 个百分点，房价收入比和住房空置率分别提高 0.026 个单位和 0.143 个百分点。2002 ~ 2009 年，基尼系数的上升至少解释了同时期房价收入比和住房空置率增幅的约 6% 和 11%。进一步研究表明，发展资本市场和住房租赁市场有助于减弱收入不平等的影响，降低房价收入比和住房空置率。

15. 张川川、贾珅（校外）、杨汝岱（校外），Housing affordability and housing vacancy in China：The role of income inequality，Journal of Housing Economics，2016 - 09 - 01。

China's urban housing price has dramatically increased in the past decade, surpassing income growth and raising fears of a real estate bubble. The increase in housing price is also accompanied by a growing number of vacant apartments. This paper argues that income inequality is one important factor driving up both the housing price relative to income and the housing vacancy rate. Using data from China's Urban Household Survey, the paper empirically examines the effects of income inequality on the housing price-to-income ratio and housing vacancy rate within each city. We find that the income GINI coefficient is positively related to the housing price-to-income ratio as well as the housing vacancy rate. In particular, a one percentage higher GINI coefficient is associated with increases in the housing price-to-income ratio and housing vacancy rate of 0. 026 points and 0. 166 percentage points, respectively. During 2002 and 2009, approximately 6% of the increase in the housing price-to-income ratio and 10% of the increase in the housing vacancy rate can be attributed to the increase of the GINI coefficient. Further studies show that the development of the capital market and housing rental market are somewhat helpful in mitigating the associations between income inequality and the housing price-to-income ratio and vacancy rate.

16. 张川川, The Power of Social Pensions (with Wei Huang), 2016, IZA Discussion Paper No. 10425.

Abstract: This paper examines the impacts of social pension provision among people of different ages. Utilizing the county-by-county rollout of the New Rural Pension Scheme in rural China, we find that, among the age-eligible people, the scheme provision leads to higher household income (18 percent) and food expenditure (10 percent), lower labor supply (6 percent), and better health (11 – 14 percent). In addition, among the age-ineligible adults, the pension scheme shifts them from farming to non-farming work, lowers insurance participation rate, but does not change income, expenditure or health significantly. Finally, among the children aged below 15, the pension scheme leads to more pocket money received, more caring from grandparents, improved health, and higher schooling rate.

17. 张川川、李雅娴（学生）、胡志安（校外），《社会养老保险、养老预期和出生人口性别比》，载《经济学（季刊）》2017 年第 1 期。

论文使用中国健康与养老追踪调查（CHARLS）和 2010 年人口普查数据，从经验上检验了新农保的实施对农村人口养老预期和出生人口性别比的影响。结果显示，新农保的实施使农村中老年人预期依靠养老金养老的概率显著上升了 7.8 ~ 9.9 个百分点，预期依靠家庭养老的概率显著下降了 3.9 ~ 4.9 个百分点。总体而言，新农保的实施降低了农村人口对家庭养老的依赖。与上述结论一致，在县级层面上，作者发现新农保政策的实施显著降低了农村地区的出生人口性别比。

18. 张川川、马光荣（校外），《宗族文化、男孩偏好与女性发展》，载《世界经济》2017 年第 10 期。

论文基于 CFPS 数据和中国第六次人口普查数据，考察了宗族文化对男孩偏好和女性发展的影响。结果显示，宗族文化强度同地区男孩偏好和女性发展显著相关，表现为宗族文化势力越强，性别比失衡越严重，女性与男性教育差距越大。以宋代民族战争作为工具变量，论文进一步估计了宗族文化对人口性别比和两性教育差距的因果影响，得到同 OLS 估计一致的结论。在此基础上，作者讨论了城市化和教育进步在影响和改变传统宗族文化中可能发生的作用。

19. 张舰，《农村劳动力转移、化肥过度使用与环境污染》，载《经济社会体制比较》2017 年第 3 期。

始于 20 世纪 80 年代初，农村劳动力由于城镇化与工业化的快速发展大规模地向城市转移。与此同时，农业部门化肥使用量急剧增加：单位面积化肥使用量是世界平均水平的两倍。使用一个涵盖全国 27 个省和直辖市 318 个村，跨期 15 年（1987～2002 年）的村级层面面板数据，论文研究农村劳动力的转移如何影响化肥使用量。利用沿海城市和相关省份在不同时间点建立经济特区这一外生事件作为工具变量，论文发现短期外出务工导致单位面积化肥使用量大幅度增加。这表明由于农村劳动力转移导致农业劳动力的减少，农民使用化肥来代替需要较多劳力的有机肥。论文进一步发现单位面积化肥使用量越高，下一年使用量会更高。这说明化肥的有效性在下降，土地肥力在下降，农民为保证产量不得不逐年使用更多的化肥。论文随后发现化肥的过度使用与我国河流湖泊的有机物污染相关。这表明工业化不仅直接造成水污染，而且通过影响农村地区劳动力的供给影响化肥的使用间接地导致水体污染。

论文研究表明，农村劳动力的大规模转移和城镇化绝对不是免费的午餐，它可能给我们的环境带来很大的负面影响。政府需要在农村劳动力转移和城镇化的过程中，能够有效地应对由于大量资源向城市集中对农村地区在教育、医疗和福利等方面的不利影响，并注意这一过程对环境的负面影响。

20. 张川川、李涛，Culture, Fertility and the Socioeconomic Status of Women, China Economic Review，2017 – 09 – 01。

This paper aims to study the effect of culture on economic outcomes by focusing on one unique fertility norm in China：the belief of continuing the family line. Using the national representative household survey data，we successively examine the fertility behavior and socioeconomic status of women in regions of China with varying beliefs regarding continuing the family line. We show that this local fertility norm has positive and significant effects on the fertility behavior, including the number of births; sex selection biased towards boys; and the education, employment status, and income of women. We also show that the gender gaps in education, labor supply, and income are significantly larger in regions where the belief of continuing the family line is stronger. Our results are robust to the control for reverse causality issue by measuring the local fertility norm using the beliefs of the older generation.

21. 张舰、Songqing Jin（校外）、Maximo Torero（校外）、李涛, Teachers and Urban-rural Gaps in Educational Outcomes, American Journal of Agricultural Economics, 2018 - 07 - 01。

In this paper, we examine the role of teachers in explaining the urban-rural gap in educational outcomes. Using a large panel data set of students and teachers collected from China and explicitly controlling for the endogeneity of prior student academic achievement, we find that the urban-rural difference in teacher effects contributes in a large part to the observed urban-rural gap in student academic achievement. In other words, if rural teachers were of the same quality as urban teachers, the urban-rural gap in student academic achievement would be reduced substantially.

六、经济史与经济思想史

1. 孙洪升，《唐宋茶业经济》，社会科学文献出版社 2001 年。

唐宋时期是我国茶业史上一个极为重要的历史阶段。茶叶作为商品无论于民生还是国用均发挥了特殊作用，从事茶叶的生产、加工、贸易的人员众多，消费者亦十分广泛，在国内民族间贸易及海外贸易中茶叶都已成为大宗商品，对唐宋社会生活诸多方面均产生了深远影响。深入研究唐宋时期的茶业经济，对全面认识唐宋社会经济状况、阶级关系、民族关系均有重要意义。研究唐宋茶业经济，既可以从一个新的视角认识唐宋社会商品经济发展的深度和广度，又可以揭示中国茶业经济史发展的一般规律及其在唐宋时期的特殊表现，以为现代社会主义市场经济条件下茶业经济的发展提供借鉴。

该著作的绪论阐述了研究唐宋茶业经济的重要意义及其学术价值，简述了唐代以前茶业的发展情况。第一章论述唐宋时期我国茶叶商品生产的突出发展，从茶叶生产的发展条件、茶叶生产形态、茶叶生产技术等方面做了深入探讨，并对有争议的茶产地与茶产量问题做了考辨，提出了自己的见解，力图以质、量两个指标来评估当时的茶叶生产情况。第二章重点探讨唐宋茶叶商品流通，对茶叶市场网络的形成和发展、市场的主体与客体、茶商资本等专门问题，深入探究。第三章论述唐宋时期的茶叶消费，运用大量翔实史料描述了当时茶叶消费的一般情况，然后对茶叶消费的主体进行分门别类的考察，最后总结出茶叶消费的特点及作用，并对影响茶叶消费的诸因素做了分析。第四章对唐宋政府的茶法作专门考察，分别论述其演变、内容及评价等，对一些尚有争议的问题如茶叶贴射法的性质、茶法频繁变动的原因等作了考辨并提出了看法，力图把唐宋茶法置于茶业经济乃至整个商品经济发展的大环境中进行考察，揭示茶法与商品经济之间内在的联系及二者之间复杂的关系。最后，是全书的总结，指出茶业经济在唐宋社会中的地位和作用，说明了茶业经济对唐宋社会的深远影响。全文 20 余万言，除运用大量古代文献资料外，对今人研究成果也广采博收，择善而从。该书对不少争议问题表述了独立的系统的认识，已成为关于唐宋茶业经济的一部专门论述。

2. 孙洪升，《明清时期的茶叶生产形态探析》，载《中国农史》2001 年第 4 期。

论文对明清时期的茶叶生产形态进行了比较深入的探究，对私人茶园、寺院茶园、国有茶园等不同类型的茶叶生产状况做了具体论述，并探讨不同类型的茶叶生产在茶业经济中的地位和作用以及与市场的联系，在此基础上考察茶叶生产形态和茶业经济发展之间的关系。文章认为，从本质上看，明清时期茶叶生产的主要力量是个体小农，他们是茶叶生产的主要承担者。个体小农的茶叶生产为我国茶业经济的大发展做出过巨大贡献，近代我国茶业衰落与茶叶生产形态尤其是个体小农的生产方式并没有本质、必然的联系，而是没有及时改造传统茶业。文章最后联系我国当今茶业的实际情况，提出了对改造传统茶业、实现茶业现代化问题的思考。

3. 兰日旭，《中国近代银行制度变迁及其绩效研究》，中国人民大学出版社 2013 年。

该书是国家社科基金后期资助的最终成果，并获得国社科中华外译项目资助英文出版，获得 2014 年第二届金融图书"金羊奖"和北京市第十三届哲学社会科学优秀成果二等奖。该书填补了近代银行制度研究的空白，从动态的角度对中国近代银行制度的组成部分，即融资结构、公司治理机制、激励与约束机制，以及银行制度的整体变迁进行了深入、系统地分析，从中指出中国的银行制度渊源是在传统金融机构基础上嫁接西方现代银行制度的结晶，而银行制度的演进则经历了以西为主、中西结合和以中为主的过程。与此相应地，整个银行制度的演变则出现了官办银行商业化、商业银行官办化，以及中国银行业的联合兼并浪潮。中国近代银行制度的绩效似乎不尽如人意，像官利制、连锁董监制、分期缴纳制等成分明显增加了制度运行的显性成本，但实质上却迎合了当时社会的实际，降低了新旧制度交替的摩擦成本，加快了人们对新制度的接受和认可程度，这也是中国近代银行业能够在险恶的环境中获得快速发展的重要因素之一。

4. 兰日旭，《中国经济强国之路》，高等教育出版社 2014 年。

该书是教育部哲学社会科学基金后期资助项目的最终成果，被光明网等评为 2014 年 12 月十本"最佳图书"之一，2017 年被遴选为国家社科基金中华外译项目，由爱思唯尔出版，核心部分以"中国经济地位：变迁与展望"为题在教育部全国高校教师网络培训中心主讲。该书从历史与国际比较的视角，阐述了中国经济地位变迁的三个阶段及今后经济地位提升所引致的大国机遇。19 世纪初以前，中国凭借"大国效应"所致的较多赋税收入等条件，形成了一个以中国为主导、"德治"维系的经贸交往圈。19 世纪至 21 世纪初，中国主导的经贸交往圈渐趋被西方"军政"维系的世界体系所替代，成为"工业西方、农业中国"格局下的边缘化角色；同时，利用全球化、比较优势等条件，中国展开了自我重塑的努力，随"中国制造"的崛起，中国经济地位转向了"中国制造、西方符号"。21 世纪初以来，随着综合国力增强，中国经济地位显著提升、显现出有所作为的大国机遇。今后，中国要推动国际经济体系改革和促进国际经济秩序朝着更加公正合理的方向发展，不但会遭遇西方各国的全方位干扰和一些新兴国家的挑战，而且还会遇到资源、环境、人口等要素引发的国内压力。中国经济地位变迁的历程，说明了真正的经济强国必须具备主导或主动参与国际经济秩序的规制权，具有按产业链附加值高低国际配置的权利。

5. 孙菁蔚、时文东（校外），Aggregation of the generalized fractional processes，Economic letters，2014 – 08 – 01。

The paper studies the interaction between aggregation and persistence pertaining to skip sampling of stock variables as well as temporal aggregation of flow variables for the generalized fractional processes. We show that, for skip sampling, the long memory feature at the zero frequency can arise from the aggregation of a generalized fractional series, while temporal aggregation does not induce such phenomenon. Simulation results are included to demonstrate the practical relevance of the theoretical results.

6. 孙洪升、宋一森，《论司马迁的经济思想》，载《思想战线》2016 年第 1 期。

司马迁是我国古代著名的史学家、思想家，他不仅在史学、文学等领域取得了巨大成就，产生了深远影响，而且在经济思想领域亦有独特见解。他十分重视社会经济问题，在《史记》中专辟《平准书》和《货殖列传》来关注经济，以如椽之笔论述了对经济问题的看法。基于对人性认识的基础，他认为：人的本性是追求财富；求富的结果不同，导致社会贫富差别，这是自然的社会现象；农、虞、工、商等部门的经济活动是自然形成的，手工业、商业和农业同等重要；社会经济发展有自己的调节机制，故最好的政策是顺应经济发展的自然。司马迁在《史记》中为富商大贾立传，高度评价他们在商业经营活动中的智慧与才干，高度肯定他们在社会经济发展中的重要贡献。这与后世鄙薄商人与商业的态度，形成了鲜明对比。

7. 兰日旭，《中国近代银行家群体变迁及其在行业发展中的作用研究》，载《中国经济史研究》2016 年第 4 期。

论文提出并分析了近代银行家群体的形成不是建构在原有金融从业者升级换代基础之上，而是以业缘、友缘、学缘、地缘等为纽带，通过股份、人事等相互渗透、交织而成。在立足于单个银行业务、组织、管理等创新与改善的同时，银行家群体积极把它们推广和应用到整个行业，从而在一定程度上改善了银行组织结构和经营环境，确立了服务社会大众意识，推动了银行业和传统金融的现代化步伐。南京国民政府建立之后，受政府强权干预，独立、自主的银行家群体渐趋陷入官员与银行经营者之间身份转换的"旋转门效应"。

第四章
经彩人物

第一节　刘光第

——清风明月襟怀阔，纵横文章报国心

刘光第，1917 年 10 月~1996 年 4 月，湖北仙桃市人，中央财经大学教授，著名经济学家、金融专家。毕业于重庆大学和西南联合大学。新中国成立之初，他亲历了上海金融业的接收与改造，为新中国金融制度的建立和国民经济快速恢复做出了重要贡献。改革开放后，他参与经济金融改革的理论与政策研究，发表了一系列具有重大影响的研究成果，著作有《中国经济体制转轨时期的货币政策研究》《社会主义政治经济学原理》《论中国宏观经济价值管理》《社会主义初级阶段政治经济学》《社会主义初级阶段经济管理问题》《中国的银行》等。①

刘光第同志长期以来致力于社会主义经济和金融理论的研究，他以严肃的科学态度、实事求是的治学精神，运用马克思主义的立场、观点和方法，紧密结合中国实际，围绕社会主义市场经济的基本理论以及我国经济体制改革、金融体制改革、企业改革和宏观经济调控的理论和政策等进行了系统的研究，提出了许多创造性的观点。为我国社会主义市场经济理论和金融理论的形成做出了重要贡献，其许多学术观点在理论界产生了重要的影响，对我国经济和金融体制改革具有重要的指导意义。刘光第教授的学术思想主要包括以下几个方面：

一、关于社会主义经济的实质及我国经济体制改革的论述

党的十一届三中全会以后，我们党把工作重心转移到经济建设上来，经济

---

① 来源于《刘光第经济文集》，西南财经大学出版社 1998 年版。

理论界冲破了传统思想的束缚，对我国社会主义经济的实质以及经济体制改革的方向，展开了广泛而深入的讨论。刘先生从 20 世纪 70 年代末开始，就一直致力于这方面的研究，发表了大量的文章，提出了许多具有重要影响的观点和政策建议，其许多学术观点在改革中得到了验证。

（一）关于社会主义经济的实质

在改革开放的初期，刘光第教授就对我国社会主义经济的实质进行了系统的分析。他从我国社会主义初级阶段的实际出发，按照马克思关于过渡时期的理论，认为我国社会主义经济的实质是商品经济，我国现阶段仍处于由资本主义社会向马克思所设想的社会主义过渡的时期。在这个时期，由于存在着社会分工，存在着多种经济成分，因此，这个时期的经济仍然是商品经济。并且我国这个过渡时期与马克思所设想的过渡时期还有很大区别，马克思所设想的过渡时期是资产阶级已经完成了"为新世界创造物质基础的使命"的时期，而中国软弱的资产阶级没有承担起"为新世界创造物质基础的使命"，中国无产阶级必须按照社会主义原则，经过艰苦的努力，补上这一课，这是客观经济规律决定的、不可逾越的历史过程。补上这一课所应采取的方式，只能是发展商品经济。

20 世纪 80 年代末，针对一度出现的对社会主义商品经济的怀疑倾向，刘光第教授再一次从理论上深入论述了社会主义经济为什么是商品经济的问题。他强调，在社会主义条件下，由于存在着分工，对于由劳动差异所产生的利益必须进行比较，以维护劳动者利益，保持生产者的积极性。而劳动成果要比较，就必须把劳动产品当作商品来交换，通过市场来获得社会评价。这个社会评价的尺度就是社会必要劳动耗费。这个作为社会尺度的必要劳动量就是价值。而社会必要劳动耗费不可能由计划机关计算出来，只能在市场交换中自发形成。这就是社会主义经济之所以是商品经济的核心所在。因此，刘光第教授认为，社会主义经济首先应该是商品经济，要不要发展商品经济是社会主义经济的本质属性问题。

搞商品经济，就必须遵循商品经济的客观规律，而商品经济的规律都是通过市场自发地发挥作用，因此，在社会主义商品经济条件下，自发性是不可避免的。自发性有其消极的一面，也有其积极的一面。社会管理机关应当支持积极的自发作用，限制消极的自发作用，必须善于把积极的自发作用不断地引入自觉的计划轨道，变自发性为自觉性。这实际上提出了一个如何正确处理社会主义商品经济条件下计划与市场的关系问题。刘光第教授认为，市场是参加市场活动的经济主体之间关系的总和，是商品经济条件下的最大的客观存在；而计划是人们对市场规律的自觉运用，是主观的产物。计划必须反映市场活动的要求，否则就会脱离客观实际，就不能起指导作用，还会对经济造成巨大损失。在计划与市场这对矛盾中，市场是矛盾的主要方面，人们在制定、执行、监测、校正、总结计划的科学性时，不能不首先考虑它是否符合市场需要。计划来源于市场，又回到市场。社会主义商品经济的实质就是自觉地利用市场规律的商品经济。

（二）关于我国经济体制改革的方向

我国经济体制改革的目的是解放和发展生产力，而选择什么样的目标模式，则是改革成败的关键。刘光第教授运用马克思主义的基本理论和方法，对这一问题进行了长期的探索，在深入研究的基础上，提出了我国经济体制改革的目标是社会主义市场经济的观点，他是在党的十四大以前较早提出社会主义市场经济的少数经济学家之一。早在 1986 年，他就提出"有计划的商品经济的实质是要自觉地依据和运用价值规律"，"从一定意义上讲，有计划的商品经济就是有计划的市场经济"，"计划体制的目标模式应该是建立在市场基础上以指导性计划为主的体制，这种体制由国家反映、引导、控制和调节市场，由市场指挥企业的活动，企业从市场需要出发进行决策，从而使国家和企业的关系变为国家—市场—企业的关系，这种市场即为有计划的市场，符合这种市场的调节机制即有计划的市场调节机制"。1991 年上半年，他更加明确地指出"经济体制改革的实质就是要建立以市场机制为基础的资源配置方式的新经济体制"。针对当时有人把市场经济当作资本主义的东西加以反对的倾向，他明确指出："不能认为市场经济就是资本主义经济，市场经济可以是资本主义的，也可以是社会主义的。社会主义有计划的商品经济就是有计划的市场经济"，"市场经济是商品经济发展到一定阶段后的必然表现"，"我国今后的经济体制改革必须以市场为基础、中心、为取向进行。这是因为，无论在私有制还是公有制条件下的商品经济，最核心的问题就是怎样使各类商品生产实际投入的劳动成为社会必要劳动，即成为社会主义和市场需要的一个合理部分，而社会必要劳动只能通过市场的自发调节而形成，区别仅在于实现这一要求的不同方式上。在资本主义私有制基础上进行商品生产，自发的市场调节是基本的、主要的，宏观调控是次要的、从属的；而在社会主义公有制基础上进行的商品生产，国家的宏观调控占据主要地位，国家必须根据经济发展战略和产业政策要求，把市场自发的调节纳入计划轨道，变自发的市场调节为自觉的计划调节，使计划从市场中来，又回到市场中去，用以指导和调节市场，这就叫改革的市场取向"。1992 年，他又从历史的角度对比了市场经济和计划经济，认为社会生产力的发展不完全取决于生产关系，在很大程度上取决于生产内部发展的规律。他认为中国只有实行社会主义市场经济才能较快的发展社会主义生产力。

关于商品经济、市场经济和社会主义市场经济的关系问题，刘光第教授认为，市场经济是发展了的商品经济。商品经济具有自主性、开放性、平等性和竞争性四大特征，其核心问题是以价值为基础进行的等价交换。市场经济除了具有商品经济的一般属性和特征外，还具有三个特点：一是市场经济通过生产来配置社会资源；二是生产社会化程度更高；三是市场经济成为一种经济体制。现代市场经济是市场经济的进一步发展，并具有了新的特点，即全球化、金融化、知识产业化和信息化，其核心问题是高技术的兴起和新的产业革命的来临。我国社会主义市场经济应当是一种现代市场经济。社会主义市场经济除了具有现代市场经济的共性以外，还具有四个特征：一是共产党领导；二是人民民主专政；三是以公有制为基础的所有制结构；四是以按劳分配为主的分配机制。在宏观调节上应将人们的长远利益和当前利益、全局利益和局部利益结合起来，发挥计划经济和市场经济两种手段的长处，其核心问题是要使生产在社会主义国家宏观调控下对资源配置起基础性作用，使经济活动遵循价值规律的要求，适应供求关系的变化。在建立社会主义市场经济的过程中，需要克服两个矛盾，一是公有制与市场经济的矛盾；二是共同富裕与两极分化的矛盾。做好三方面工作，一是要对国有大中型企业进行彻底改革，使其从政府的附属物变为独立的市场主体；二是建立完善的市场体系；三是建立有效的宏观调控体系。

社会主义市场经济是一种社会主义与市场经济的有机结合，这不仅要求改革生产关系，同时也要求改革上层建筑的各个方面，因而是一场深刻的革命。把改革的着力点放在哪里？他认为应当放在等价交换上，因为这是体制转换过程中的重点和基本功。同时，在资源配置的方式上逐步过渡到市场配置为主的方式。为了把等价交换的原则贯彻到实际中去，必须以企业改革为中心，以产权明晰为关键，以政府职能转变为前提。企业经营机制转换最根本的是企业资产运营机制转换，"在企业产权明晰的基础上，促使企业资产按商品经济中的等价交换原则进行合理流动、优化组合，以确保资产顺畅经营和不断增值"。这实际上肯定了产权融通在市场经济中的基础地位，并提出了建立规范的产权市场问题。为了明晰企业的产权关系，应在所有权与经营权分离的基础上将所有权分离，即把企业所有权分离为终极所有权和法人所有权，国家拥有国有资产的终极所有权，企业拥有法人所有权，然后实现法人财产权和经营权的重新统一，企业对其财产经营负全部责任。

为保证经济体制改革的顺利进行，必须在总结我国改革经验的同时，借鉴其他国家的经验教训，注重改革策略。刘光第教授提出了六个方面的问题：

1. 正确处理改革、发展、稳定三者之间的关系。发展是目的，改革是动力，稳定是基础。在加快改革和加快发展产生矛盾时，宁可适当放慢发展速度，为改革创造宽松的环境，以使改革加快进行。

2. 注意我国经济的周期性。"社会主义经济仍然存在着周期性的波动规律"。改革力度应适应经济的周期性波动，在波峰时期要加大改革力度。反之，则应缩小改革力度。

3. 认识政策作用的滞后性。"任何一种经济政策的变化作用于经济都有一段时间上的间隔，即时滞"，只有准确地掌握时滞，才能选择正确的调节方案，保证实现国民经济持续、快速、健康发展。

4. 研究预期理论，提高决策水平。"人们的预期心理和情绪变化是非常重要的因素。任何经济主体的行为都与其对某些决策性变量的预期有密切关系"，"预期应成为宏观决策形成前考虑的基点之一"。

5. 认真对待经济中的不确定性，减少人为因素造成的经济大起大落。经济运行中存在大量的不确定因素，在我国经济转轨时期，这种情况尤其如此，因此，宏观决策过程中必须计算多个变量，预计多种结果，做好多种准备，把握政策力度，减少人为因素造成的剧烈波动。

6. 各项改革措施必须联动。经济是一个有机体，任何一项改革的出台，不可能孤立地进行，必然要牵涉与之相关的方面。而改革政策的出台，只有联动，才能互相协调。否则难免产生冲突和摩擦，改革措施也就难以达到预期的效果。

二、关于宏观经济管理问题

在 20 世纪 80 年代初期，我国经济体制改革的理论研究尚处于起步阶段，多数同志仅仅把货币信用问题作为一个部门经济学问题来看待，认为其与经济体制改革的总体设想无关的时候，刘光第教授就有预见性地看到货币在经济管理中的地位和作用。提出了"国民经济货币化是我国经济体制改革的主线"以及"宏观经济管理应由实物管理为主转向以价值管理为主"的观点，受到国家有关部门的高度重视。此后，接受国家体改委的委托，刘光第教授主持了此项研究，写成了《论中国宏观经济价值管理》一书，对宏观经济的价值管理进行了系统的阐述。

（一）关于宏观经济管理模式的选择

刘光第教授认为，宏观经济管理模式是从国民经济总体和全局出发，综合运用各种调节手段，把微观经济活动纳入宏观经济运行轨道，以实现总体战略目标的基本框架和管理机制。我国传统的宏观经济管理模式基本上是一种带有自然经济特色的产品经济模式。或带有自然经济特色的经济关系实物化的经济模式。这种模式的形成与我国长期自然经济的影响、解放区和根据地的供给制的影响、来自"左"的错误指导思想的影响以及当时学苏联都有密切的关系。这种宏观经济管理模式是一种高度集中的、行政管理为主的、排斥市场机制的模式，它虽然在我国经济建设的一定时期曾经起过一定的积极作用，但随着经济的发展，越来越暴露出其严重的弊端。随着经济的改革和发展，必须建立新的宏观经济管理模式。刘光第教授认为，新的模式选择，一方面要体现社会主义基本制度的要求，另一方面也要反映我国现阶段经济发展的基本特点。在新的宏观经济管理目标模式中，国家和企业不直接发生关系，而是通过市场中介发生间接关系。这种模式，简言之，就是国家以参数调节市场，市场以市场信号引导企业。新的宏观经济管理模式的建立要求将宏观经济管理从直接控制为主转向以间接控制为主、从实物管理为主转向价值管理为主、从局部管理转向全局管理、从静态管理转向动态管理。

（二）关于宏观经济的价值管理

刘光第教授认为，在建立新的宏观经济管理模式过程中，经济管理从传统的实物管理为主向价值管理为主的转变将是客观的必然。实物管理和价值管理是宏观经济管理的两个方面。但是在不同的经济体制下有不同的侧重点。在传统经济模式下，由于排斥商品货币关系，货币仅仅是作为核算物资耗费的符号，对经济发展根本不起什么积极作用，因此，宏观管理必然要以实物管理为主。在社会主义商品经济条件下，社会经济的运动主要是价值形态的运动，价值是联结社会主义生产、交换、分配和消费的纽带，价值运动带动着实物运动，离开了价值运动，也就没有整个社会经济的运动，因此，要保证社会主义商品经济的正常运行，必须实行宏观经济的价值管理。

实行以价值管理为主，就是要把货币和货币资金的运动作为经济管理的主要内容，着重通过对货币资金计划、分配和调控，间接地实现对社会生产、交换和分配的调控。在这种管理模式下，计划机关的工作重点是在国民收入的分配和再分配以及财政、信贷、市场的综合平衡上。指令性实物指标将大大减少，更多地运用价格、利率、汇率、税收、信贷等经济变量来调节经济活动。宏观经济的价值管理首先是一种总量管理，其管理的目标是实现社会总供给与社会总需求的平衡。同时，作为价值管理，它一般又是偏重于需求管理，就是要通过控制需求来求得供求平衡。需求管理可以分解为多个具体目标进行管理，如通过投资管理、个人收入管理、财政管理、金融管理、国际收支管理以及价格总水平的宏观控制等来体现社会总供给与社会总需求的管理和平衡。由于社会总需求和社会总供给的运动平衡过程既是生产与分配交互作用的过程，也是分配总量与结构交互作用的过程，供求总量平衡总是以一定的结构为内容的平衡。因此，实现宏观管理目标，必须处理好总量控制与结构调整的关系。对宏观价值管理至关重要的是：在什么条件下，要把重点放在总量控制上，在什么情况下应当把重点转向结构调整上，这要根据具体情况而定。

第二节　孙开镛

—— 以德服人亦师亦友，家国天下得失在心

孙开镛，1928 年生人，安徽省怀远县人，中共党员，中央财经大学教授，

全国高等财经院校《资本论》研究会副秘书长、常务理事。1949 年参加革命工作，1952 年安徽大学经济系毕业。安徽省怀远县第一届各界人民代表大会代表，1952 年 9 月至 1955 年 9 月进入中国人民大学财政系主修"长期投资银行业务技术与会计核算"，研究生毕业后入中国人民银行总行干校、中央财政金融学院从事教学工作（并负责培训越南社会主义共和国来华留学生工作）。1961 年 10 月服从组织安排，到北京市崇文区夜大工作。1981 年调回中央财政金融学院，主要从事政治经济学和《资本论》的教学和研究工作。1996 年 10 月 30 日离休，2011 年 3 月 29 日去世。孙教授公开出版《〈资本论〉与社会主义商品经济》等著作多部、发表论文近 20 篇。主要代表作是独著《〈资本论〉与社会主义市场经济研究》，论文《人民币不执行价值尺度职能》《关于社会主义资金的若干问题》等。

孙开铺教授的教学和研究成果良多，现就他公开出版的主要文献进行介绍。

一、为创建中国特色社会主义政治经济学进行探索

"长路漫漫，上下求索。"

1987 年 4 月，中国金融出版社出版了刘光第主编，由刘光第、孙开铺和秦池江三人合作撰写的《社会主义政治经济学原理》。该书共十六章，除绪论外，包括：公有制基础上的有计划的商品经济，社会主义货币、价值规律和经济运行机制，社会主义生产目的和经济效益，社会主义的资金，社会主义企业，社会主义农业，社会主义消费关系，社会主义经济核算，社会主义的货币流通和信贷资金运动，社会主义的统一市场，社会主义国家的对外经济关系，社会总资金的再生产，社会主义社会的国民收入，社会主义经济的宏观管理（一）基本条件和基本内容，社会主义的宏观管理（二）基本手段和综合平衡。整本书以净产值和资金基本范畴，作为社会主义经济运行的轴心；既有制度分析，也有微观和宏观经济运行分析；既有市场经济共性分析，也有社会主义特性分析。在当时看来，该书内容全面、逻辑严谨、内容新颖、分析深刻、联系实际，是一部独树一帜的、有特色的政治经济学教材，为创建中国特色的社会主义政治经济学体系做了有益的探索，大多数内容至今仍值得借鉴。作为该教材的主笔之一，孙开铺为此书做出了重要贡献。这本书交稿时间实际是1986 年 2 月，据党的十一届三中全会召开才过去不到 8 年，据 1984 年《中共中

央关于经济体制改革的决定》确定我国实行有计划的商品经济，过去不到两年。

二、为推进中国《资本论》教学和研究，尤其为《资本论》教材建设做出了重要贡献

"师者也，教之以事而喻诸德也。"

孙开镕教授在中央财经大学的主要工作是从事《资本论》的教学与研究，重点是研究《资本论》与社会主义市场经济问题。

在学术界，对《资本论》的研究对象有不同理解，主要起因是对马克思在《资本论》第一卷第一版序言中的一段话"我要在本书研究的，是资本主义生产方式以及和它相适应的生产关系和交换关系"有不同的解释。根据唯物史观，生产资料所有制是决定社会性质的根本因素，正是由于生产资料资本主义所有制，决定了资本主义特有的生产关系和交换关系。所以，孙开镕教授1983年在《〈资本论〉序言中资本主义生产方式的涵义》一文指出，从《资本论》全书的内容和序言中那段话的内部联系来看，序言中的资本主义生产方式是指生产资料的资本主义所有制关系，孙教授的观点既符合唯物史观，也对准确、完整地把握《资本论》体系和精髓具有重要的参考价值。

孙教授于1988年和1999年主编了高等财经院校研究生教材《〈资本论〉与社会主义商品经济》和《〈资本论〉与社会主义市场经济》，于1999年独自编著了《〈资本论〉与社会主义市场经济研究》。由于写作背景和作者的变化，这三本教材的体系结构和内容有些不同，但共同的特点是尊重原著、通古博今、联系实际、解疑释惑，尤其是孙开镕教授自己编写的《〈资本论〉与社会主义市场经济研究》一书，凝聚了他一生研究《资本论》的心得，阐述了他对许多重大经济问题的看法。在此，重点对该书做介绍。该教材共十二章，依次是《资本论》概述、《资本论》立论的前提、劳动价值理论——《资本论》立论的理论基础、货币理论、剩余价值生产和再生产理论、资本微观运行的市场条件、资本宏观运行的市场条件、剩余价值分配理论的基础、商业资本和商业利润理论、生息资本理论、地租理论、各种收入及其源泉——对资本主义生产方式的总结。从上面章节内容看，除了第一章是概述外，其中，第二章到第五章是结合《资本论》第一卷、第六章到第七章是结合《资本论》第二卷、第八章到第十二章是结合《资本论》第三卷进行的专题分析，每章内容除了

对《资本论》原著相关内容进行融会贯通、细致入微的引领解读外，还尽可能把《资本论》与西方经济学的相关理论进行比较研究，最后把《资本论》与中国社会主义市场经济实践相结合，含英咀华、融会贯通。《资本论》是马克思主义最经典的著作之一，内容博大精深，孙开镛编著的《资本论》教材，不仅把握了原著的精髓，还体现了理论与实践的结合，深入浅出的论述使读者受益匪浅。该书是孙开镛教授离休后编写、1999 年由经济科学出版社出版，全书 39 万字，彼时孙教授已年届 70 周岁，已到人生古稀之年，如此高龄笔耕不辍，能写出这么大部头的高质量的著作，充分体现了孙开镛教授生命不息、治学不已的精神。

三、为中国改革开放、建立和完善社会主义市场经济体制建言献策

"一策安天下，数语定人心。"

孙开镛教授坚持把马克思主义基本原理与中国实际相结合，在《资本论》教学和研究中，理论联系实际，提出了许多重要观点，根据孙开镛教授公开出版的文献，概括如下：

〔一〕人民币作为纸币不能执行价值尺度的功能，作为国民经济价值管理的工具也不是实际再生产要素，不能靠发行人民币推动生产发展

孙开镛教授在 1984 年发表的《人民币不执行价值尺度职能》一文中指出，人民币作为纸币是从流通手段职能产生的，它只是价值符号，本身没有价值，由于历史继承性，它只是黄金的代表。黄金本身具有价值，具有价值尺度的职能。因此，不能把作为贵金属货币的五个职能简单套在人民币上，人民币不执行价值尺度职能。

他在 1986 年发表的《试论如何发挥人民币的作用》一文中进一步指出，人民币不只是一个工具，而是作为一种经济关系、作为资金存在的形态，它具有国民经济价值管理的功能，对调节社会总供求平衡发挥重要作用。物价和币值稳定是人民币正常发挥作用的前提，货币脱离实际发行过多过少，都不利于经济的发展。因为人民币不是实际生产要素，不能脱离客观经济规律，靠发行人民币推动生产发展。

（二）社会主义商品经济或市场经济运行，要处理好计划、市场、企业三者的关系

孙开镛教授 1988 年在《试论有计划市场机制——兼论世界市场机制对我国经济发展的影响》一文中指出，宏观经济运行机制是计划机制，微观经济运行机制是企业机制，市场机制则是联系宏观与微观经济运行的联结机制。有计划市场机制就是由计划机制、市场机制和企业机制相互联系、相互作用、相互结合形成的社会主义经济运行的调节系统。国家尽可能通过经济参数影响市场引导企业，而不是通过行政手段干预企业运行。世界市场运行遵循的是市场机制，在全球一体化条件下会影响我国的经济运行。

他 1989 年在《略论社会主义商品经济秩序》一文中，根据社会主义有计划商品经济中经济、政治、法律、文化秩序的要求，提出了科学制定发展战略、禁止权钱交易、树立民主法治观念、规范政府企业个人行为等的政策建议。

（三）消除对价值规律的误解，重视价值规律在社会主义经济建设中的作用

早在 1990 年，孙开镛教授在《社会主义经济中价值规律作用再探讨》中，就对价值规律的误解和在社会主义经济建设中的作用进行了分析。他认为，价值规律不能等同于资本主义无政府状态规律，也不能等同于供求和价格规律，它既作用于微观也作用于宏观、既作用于商品价值也作用于商品的使用价值。价值规律在社会主义经济条件下，调节社会劳动在不同部门的分配比例、节约劳动提高经济效益、通过竞争优胜劣汰、促进技术进步等。

（四）社会主义市场经济与资本主义市场经济既有共性，又有不同

1992 年，在邓小平南方谈话不久，孙开镛教授就在《中央财政金融学院学报》发表专论《关于社会主义市场经济几个问题的探索》，对社会主义市场经济和资本主义市场经济的异同，进行了深刻的分析比较。他在区分商品经济和市场经济两个既相联系又相区别关系基础上，详细回顾了我国社会主义市场经济观念的形成过程，认为两种体制运行中都体现出市场经济的共性特征，包括经济关系、运行模式、运行机制和社会生产力发展动力以市场为中心，平等与竞争、与不公平并存等。他认为社会主义市场经济与资本主义市场经济又有本质的区别，社会主义市场经济以生产资料公有制为基础、因而与计划经济内在统一、是有计划的市场机制、兼顾公平与社会公正、企业之间竞争更具协调互助性等。

孙教授 2000 年在《〈资本论〉市场功能思想探索》一文中，深入挖掘了《资本论》中的市场功能思想，包括：价值规律在资本主义经济中作用的理论是研究市场功能的理论基础；《资本论》涵盖了西方经济学提出的社会经济生活的三大问题；供求理论、竞争理论和价格理论是《资本论》市场功能思想的重要组成部分；"看不见的手"和"看得见的手"的协调运作，是《资本论》市场功能思想的重要方面；市场的伟大历史功绩是促进社会生产力的发展。

（五）本金、资本、资金是反映资本主义前、资本主义、社会主义不同经济阶段的范畴，劳动力在社会主义条件下具有商品性但不是商品

1985 年，孙开铺教授在《关于社会主义资金的若干问题》中指出，货币是商品经济范畴。货币的一般等价物的本质及其在商品交换中的职能，在不同的商品经济中，是共同的、带有一般性。在商品生产和商品交换的发展过程中，作为商品流通一般媒介物的货币职能，必然发生性质的转化。在小商品生产条件下，货币转化为本金，在资本主义商品生产条件下，货币转化为资本，在社会主义商品生产条件下，货币转化为资金。

他认为，在前资本主义社会的小商品生产条件下，独立手工业者手中的货币，已不是本来意义的商品交换的媒介物。它是手工业者从事商品生产的本金，俗称本钱。虽然，手工业者生产的目的，是满足自己及其家庭成员的多方面——维持生活和进行再生产——的需要，在较大程度上是为了使用价值。然而，如果把对价值的追求排除在小商品生产过程之外，也是片面的。

他认为，资金是社会主义商品经济范畴，它在社会主义政治经济学的范畴体系中，紧接着商品、货币而出现，是个基础性范畴。社会主义资金的本质特征，可以大致概括如下：资金是在社会主义商品生产和再生产过程中，有计划地不停地运动和增殖价值的价值。增殖价值是资金的内在要求，运动是社会化大生产一般规律决定的资金存在的现象形态。一旦停止运动，资金的生命将归于毁灭。循环和周转的计划性，则是社会主义商品经济中资金运动所特有的。资本联结着生产和流通的无政府状态，资金则和社会主义计划经济相联系。资本的生命在于生产和占有剩余价值，资金的生命在于为实现社会主义生产目的——

最大限度地满足整个社会经常增长的物质和文化生活需要服务。资金反映的是社会主义国家、企业、个人之间的根本利益一致的经济关系。本金、资本、资金表现了商品经济发展的不同阶段，及其间的社会经济形态的质的区分。

1993年，孙教授在《试析社会主义市场经济条件下劳动力的社会属性》一文中指出，在生产资料资本主义私有制条件下，劳动力成为商品，是货币转化为资本的条件。在生产资料社会主义公有制条件下，劳动力不是商品但具有商品性，是货币转化为资金的条件。

虽然，现在资本这一概念已在我国社会主义市场经济理论和实践中广泛使用，我们已不把资本作为资本主义专有范畴，但是，如何建立社会主义市场经济专有范畴，用以反映与资本主义市场经济不同的经济关系，仍然是不可回避的理论任务。

（六）要批判地吸收西方经济学的优秀成果，建立中国特色的社会主义经济学

生产什么、怎样生产、为谁生产是人类社会面临的三大共同经济命题。孙开镛教授以这三大命题为视角，2000年在《经济学解决人类面对的三大经济问题的理论模式浅释》一文中，对西方经济学和《资本论》理论进行了比较分析。他认为稀缺和效率理论是西方经济学的精髓，此理论的展开，自然而然地提出人类社会共有的三大经济问题和解决三大经济问题的理论模式。关于三大经济问题的理论，同样构成西方经济学理论体系的基础知识的组成部分。《资本论》涵盖的三大经济问题思想，是在论证资本运动规律的过程中揭示出来的市场经济运动规律的理论表现。马克思的劳动价值论把有限的社会资源抽象为社会拥有的社会劳动总量。社会劳动总量的实物要素构成社会可用于生产物质财富的生产要素总量。任何社会拥有的社会劳动量都不可能是无限的，就是说用于生产的物质要素相对于社会需要来说，永远是供应不足的。马克思的社会必要劳动时间理论，教导人们要最有效地利用劳动时间，用最小的劳动耗费，生产出数量最多、质量最好、价格最低的社会产品，并且通过市场交换在社会成员之间进行分配。

孙教授认为，关于生产什么和生产多少的问题，西方经济学认为决定于消费者的货币选票，亦即要满足市场需要，是市场决定生产什么和生产多少。对此，《资本论》的表述归结为，是有购买能力的社会需求决定生产什么和生产多少。生产者或厂商不是到市场去送礼的，市场从来没有免费的午餐。市场上，一方面是商品追求货币，另一方面是货币的慧眼在选择商品时是很挑剔的。所以，商品必须满足社会有购买能力的需要。在这个问题上，当代西方经济学的理论表述与一百多年前马克思的表述基本是一致的。

孙教授认为，关于如何生产的问题，西方经济学认为取决于不同生产者之间的竞争，这同马克思的论断可以说是完全一致的。归根结底是由一定的生产技术水平和资源的有限性制约的。每一生产者为抢占更大的市场份额，赚取更多的利润，就必须不断地改进技术，降低成本，以生产出物美价廉的商品。

孙教授认为，关于为谁生产的问题，西方经济学归结为社会产品如何在不同的居民之间进行分配的问题，最终取决于个人如何花费他们依靠劳动和财产所有权所得到的收入，也就是由消费者的偏好和消费决策决定的。美国经济学教授萨缪尔森说，为谁生产主要取决于生产要素市场上的供给和需求。要素市场决定了工资、地租、利息和利润水平。因此，收入在居民户之间的分配取决于他们所拥有的要素的数量和价格。尽管萨缪尔森没有明确提出要素占有的社会根源和社会性质，即占有的经济关系的社会属性，但是，他的表述已接触到事物的本质了。马克思则揭示出分配的根源和本质，明确指出了调节需要和供给的原则，即供给和需求的本质是由不同阶级的相互关系和他们各自的经济地位决定的。"如果作进一步的分析，供求还以不同的阶级和阶层的存在为前提，这些阶级和阶层在自己中间分配社会总收入，把它当作收入来消费，因此形成那种由收入形成的需求。"[1] 显然，马克思的分析是从现象到本质，又从本质回到现象，是对市场经济关系本质的揭示。

孙教授认为，生产什么、怎样生产、为谁生产这三大经济问题属于现代经济学研究的具有基础理论性质的问题，不同的社会经济制度和经济体制在解决这三大问题时，会采取不同的方式和方法，在理论模式上也没有必要强求一致。对这三大经济问题，西方经济学已作了较多的研究，中国的社会主义市场经济理论也应加以探讨并创造出解决三大经济问题的有特色的理论。

"师者，所以传道授业解惑者也。"孙开铺教授在学术上精益求精，在教学上一丝不苟、任劳任怨，特别重视对学生和年轻老师的言传身教。他任教几十年如一日从不迟到早退，每次上课都提前近 20 分钟到教室，课后与学生交

---

[1] 《资本论》第 3 卷，人民出版社 1975 年版，第 217 ~ 218 页。

流答疑解惑。孙教授的课，思路开阔、逻辑严谨、精讲精练。他采取研究式教学，调动学生学习的用心性，激发学生的创造性思维。他讲的《资本论》，要求学生做读书笔记，每个学生的读书笔记他都认真批改，评语密密麻麻，并在下次课上对作业进行讲评，使学生有举一反三的潜力。他对年轻老师，倾心传帮带从不摆架子。复旦大学本科毕业，刚21岁就分配到中央财政金融学院政治理论教学部《资本论》教研室，对刚参加工作的年轻教师，他在生活上嘘寒问暖，在教学和科研方面不吝赐教，鼓励他们大胆工作，把一些外出开会的机会让给他们。

"青鸾不独去，更有携手人。"孙开镛教授对家庭有担当、对弱者有扶助。孙教授的老伴在近六十岁时得了帕金森症，话语不清、行动不便、生活不能自理。孙教授除想方设法给老伴进行治疗外，还专门为老伴请了保姆，工作之余尽可能多承担家务，十几年如一日无微不至地照顾老伴，从未因此影响教学工作。孙教授看家里负责照料老伴的小保姆有上进心，就鼓励她利用住在中央财经大学院内的有利条件读书学习，从大专到读本科，再到研究生毕业，在小保姆学习紧张的时候，孙教授还经常给她做饭。在孙教授的支持帮助下，一个从农村里走出来的小保姆，改变了人生轨迹，成为名校毕业的具有高学历的财经人才。至今，姑娘在北京成家立业、为人之母，事业有成。孙教授善心扶弱的故事，成为校园流传的一段佳话。

淡泊名利、治学严谨，勤奋敬业、严于律己，为人师表、以德照人是孙开镛教授一生的写照。

第三节　闻潜

——中国经济研究的探索者

闻潜，1930年9月~2008年6月，河南省桐柏县人，我国著名经济学家，均势市场理论和消费启动理论创始人。中央财经大学教授、博士生导师，兼中国高等财经院校政治经济学研究会副会长、中国社会主义经济规律系统研究会常务理事，并在中国国际金融学会、国家教委高等院校主义市场经济研讨组等机构任职。闻潜研究工作立足于中国客观实际，立意创新，个人专著有《社会主义经济概论》（1985年）、《社会主义商品经济的运行——复合经济论》（1986年）、《社会主义市场模式——管理均衡论》（1990年）、《中国经济运行——

层析分析》（1996年）、《中国经济运行与宏观调节》（2000年）等5部，140万字。由他主持的合著，有《宏观控制论》（1989年）、《中国宏观经济调控通论》（1994年）、《宏观调控方式的国际比较研究》（1999年）、《消费启动与投资启动》（2000年）等4部，近150万字。此外，在《中国社会科学》《经济研究》《人民日报》《光明日报》《新华文摘》等国内重要报刊和香港《信报》上发表论文约300篇，出版《闻潜经济学文集》（两卷本）。

"真正的学者真正了不起的地方，是暗暗做了许多伟大的工作而生前并不因此出名。"

——巴尔扎克

闻潜教授1949年3月就读于华北大学，1951年9月被选送到国民经济计划教研室做研究生，师从苏联专家不列也夫教授，求学履历可以算是同龄人中的佼佼者。他在研究生毕业后留校工作，1981年底调入中央财经大学，先后讲授国民经济计划原理、政治经济学、社会主义市场理论和中国宏观调控理论等课程，是中央财经大学恢复办学以来拥有的不多的著名的经济学家，多次主持国家社科基金、教育部人文科学基金、财政部重点研究课题和研究项目，在社会活动方面接触面广，影响比较大。值得一提的是，闻潜教授在中央财经大学学科建设方面的重大贡献，他是中财的第一批博士生导师，私下被学生们称为"首席博导"。

长期以来，中央财经大学在培养财政、金融和会计等专业人才方面成绩卓越，并培养出一大批活跃在财政和金融领域的人才，但这种相对狭窄的学科设置，以及过于强调实用化的教学风格，让很多人觉得中财更像是一所"大高中"，缺少人文情怀，与其他综合性大学相比，缺点很明显，这在事实上制约着这所学校的发展，特别是研究能力的提高。当时，中央财经大学面临的一个现实约束就是博士点缺乏，这导致了培养研究型人才平台的缺失。而闻潜教授便是中央财经大学的第一个博士点——国民经济学的开创者和奠基者，也是该博士点的学术带头人，为中财这所学校的国家级重点学科建设做出了开创性贡献。

欲建百尺高楼，必先夯实基础，相比于财政和金融等二级学科，经济学是一门更基础的学科，构建学生的基本经济分析框架，培养学生的经济思维能力，这对更深层次的学习是有重要意义的。经济学院在中财很多人眼中是一个"厚重"的学院，这离不开闻潜教授的影响，他对经济学科教育的强化，能够使学生获得更为扎实与系统的经济分析基础，不论是对学生以后更深入的学习研究还是对其他二级学科知识的掌握，都有十分积极的影响，同时对学校本身的发展也起到促进作用。

"路漫漫其修远兮，吾将上下而求索。"

闻潜教授和与他同时代的学者一样，接受的主要是政治经济学的专业训练。政治经济学根据所代表的阶级的利益，为了突出某个阶级在经济活动中的地位和作用，自发从某个侧面研究价值规律或经济规律。他在政治经济学领域所表现出来的钻研精神，以及分析问题时所表现出的对政治经济学的独特把握，都给人留下十分深刻的印象，也给了学生许多的教益。但是，与不少同时代的学者不同的是，他在政治经济学领域取得的研究成果，并没有成为他日后研究的一种阻碍，因为当时的中国开始转向市场经济，政治经济学领域的知识不能完全满足解决现实问题的需求，但闻潜教授的过人之处在此便体现了出来。凭借对新知识快速接受并融会贯通的能力，他在娴熟运用政治经济学分析框架的同时，很快汲取了现代经济学的分析框架，并以此来面对中国的现实问题。

闻潜教授在不同时期的一些代表性的著作，一定程度上代表了对中国经济发展与转型探索的历史，在研究领域勇于探索的精神，对现实问题的深切关怀，是一位经济学者难能可贵的品质。经济学不只是理论，对现实问题的分析与解决是这门学科中很重要的一部分，"经世济民"，是对这个名词很好的解释。在经济转型刚刚起步的时期，闻潜教授敏锐地意识到了这一趋势，先后推出了《社会主义经济概论》（中国财政经济出版社 1985 年 3 月版）、《社会主义商品经济的运行——复合经济论》（中国财政经济出版社 1986 年 12 月版）；在转型过程中出现一系列经济失衡并面临经济调控的压力时，他又推出了《社会主义市场模式——管理均衡论》（中国财政经济出版社 1990 年 1 月版）、《宏观控制论》（人民出版社 1989 年 11 月版）；在宏观调控刚刚成为决策者面临的新课题时，他继续推出了《中国宏观调控通论》（科学普及出版社 1994 年 12 月版）。在经济转型框架基本完成时，他又继续转向对经济总体运行状况的把握与分析，推出了《中国经济运行——层次分析》（中国财政经济出版社 1996 年 9 月版）。《闻潜经济学文集》（中国财政经济出版社 2003 年版）收集了闻潜教授不同时期的著作，体现着他不断探索的足迹。

探索，贯穿了他的学术研究过程，抛开已有成果与经验分析的包袱，才能有新的突破。现实不断变化，当理论与现实不符时，出错的不会是现实，只能是理论，如果思维被禁锢于已有的框架之中，研究就只能在已有的牢笼中打转，无法冲破束缚，人们只有跳出来，寻找新的钥匙，理论才能成长和发展。闻潜教授正是凭借着这种对现实变化的敏锐察觉、敢于跳出固有框架的勇气，成为经济学领域一名不断推出新成果的探索者，硕果累累。对中国宏观经济问题的一些新判断，也许对于一个成长于西方经济学教育环境中的学者来说，只需要付出一定的努力就可以，但是对于闻潜教授这样的学者来说，正是显示了他在不断突破自我方面的过人之处。不论是对闻潜教授本人，还是对广大从事研究工作的学者，"探索"这一精神都是推动研究发展的一剂良药。

"均势市场理论和消费启动理论的创始人"，《光明日报》（2008年6月28日刊）这样评价闻潜教授。闻潜教授在经济理论研究方面，主攻方向为宏观调控理论，适度调节——均势市场——消费启动，是一条完整的研究思路，也是他构建的宏观调控理论的核心。他紧密联系我国经济发展和改革开放实际，对复合经济、均势市场、管理均衡、启动机制、调控体系开展论述，在理论上具有开拓创新的意义。他长期对经济体制改革做跟踪研究，发表具有重要现实意义的论文近300篇，是消费启动理论的创始人，在学术界居显著领先地位。他还坚持独立思考，不断开拓进取，注意从各种经济学说中汲取有用成分，形成了系统的、比较完备的、具有中国特色的经济学理论和观点。早在20世纪80年代中期，他就有创意地提出"均势市场"观点，建立了"均势市场"理论。"社会主义市场是有计划的商品市场。然而有计划的商品市场究竟是一种什么样的市场，目前还存有异议。我以为，它既不是单纯由卖方统治的市场，也还不是由买方支配的市场，而是买卖双方在力量上处于相对平衡状态的市场。我认为，可称'均势市场'。"闻潜教授在1986年出版的《论均势市场》一文中如是说，并从市场核心、市场机制、市场组成要素等几个方面，同卖方市场和买方市场做了比较，详细阐述了"均势市场"这一有进取意义的概念。

闻潜教授很早就深刻意识到了中国经济发展的矛盾——现有的经济增长方式和运行方式之间的显著不平衡，也敏锐地察觉到，对于中国这样一个庞大的经济体来说，只有启动以本土消费为主导的内需才有可能推动其走向一个可持续的、相对平稳的运行轨道，并且一直在为此努力着，不断发声与呼吁。"消费启动的使命是扩大市场需求，发挥需求对供给、消费对生产的促进作用。着力以消费启动经济运行，是市场从疲软转向兴旺的必由之路。"闻潜教授在《着力以消费启动经济运行——论中国宏观调控的政策走向》一文中这样写道。中国现实的经济运行再次证实了他在理论上的洞察力，中国经济当前所面临的种种问题，其实都可以归结为一种原因，那就是长期以来过分依赖外需、过分依赖为支持外需所进行的过度投资，而忽视了本土消费的培育与启动。不过，经过艰难的转型，中国经济取得了让人欣慰的成果，也可以看到闻潜教授努力的回报。2007 年中国的消费超过投资，正在成为中国经济的第一推动力，而 2008 年消费对于经济增长的推动作用较之投资和出口更为明显。

"夫子不求名与利，后世漫传七二贤。"

闻潜教授在长期的教学科研工作中，以认真严谨的治学态度，教书育人的教学理念，培养了一大批已经在各个领域担纲骨干的优秀学生，并且深为同事及学生称道。

闻潜教授毕生在高校任教，指导了许多学生，他的教学方式，颇有有教无类、因材施教之风。学生们来自各个行业、各个地区，个性鲜明，各有所长，学生们曾私下开玩笑说，闻老师指导的博士生的最大的特点，就是每一个学生都很有特点。他的学生中有很多后来也从事了教学工作，或多或少有受到他本人教学风格的感染，尤其是这种对不同类型学生的包容，在客观上为学生提供了一个相互交流、相互学习和促进的平台。

"桃李不言，下自成蹊。"

2008 年 6 月 26 日，闻潜教授在北京因病逝世，享年 78 岁，闻潜教授的去世不论是对学校、对社会、还是对中国经济研究领域，都是一大损失，但他治学严谨的态度，学术研究中的探索精神，教书育人的理念，都深深影响着后来之人。正如臧克家所说，"有的人死了，他还活着。"死亡对于众生来说是平等的，有的人化作烟尘走了，一干二净，有的人燃烧成了星斗，仍然在夜空中亮着，指引着后来者的方向。

第四节　侯荣华

——坚持实干，不断创新，努力实现人才培养和科研工作双丰收

侯荣华，中央财经大学经济学院教授，博士生导师，辽宁省北镇市人。1934 年 3 月生，1954～1958 年在东北财经学院工业经济系工业经济专业学习，1956 年 5 月加入中国共产党。1958～1970 年先后在辽宁大学、辽宁财经学院计统系任教。1971～1980 年先后在辽宁省教育局和辽宁省计划委员会工作，曾任辽宁省计划委员会综合处副处长。1980 年 1 月调入中央财政金融学院任

教。先后被评为副教授、教授、博士生导师，先后担任计划教研室主任、经济管理系主任、党总支书记，曾任中央财经大学宏观经济管理研究所所长、经济管理系名誉主任。担任国家开放大学《西方经济学》主讲教授，北京银行博士后科研工作站指导教授，兼任中国宏观经济学会理事，中国宏观经济管理教育学会副会长和台湾发展研究院大陆研究所客座研究员等职。

侯荣华教授从事教育工作 60 年，忠诚于党的教育事业，坚持实干，不断创新，在博士培养、教材建设和科学研究工作中取得优异成绩，做出贡献。

一、从严要求，保证博士质量

侯荣华教授在博士生培养中，坚持立德树人，以正能量引导和要求学生关心国家大事、刻苦学习、研究改革和建设中的现实问题，为建设中国特色社会主义服务。在培养博士生各环节上，他对自己和学生都高标准严要求，保证了博士生质量不断提高，培养出一批品学兼优的博士。1994 年以来，他共培养 11 届经济学博士，共 57 人（其中台湾地区 5 人），博士后研究人员 9 人，合计 66 人。他们分别在教育科研机构、金融银行、政府机关和各类公司工作。

其中，从事教育和科研工作共 27 人，包括教授 15 人（博导 7 人）、副教授 7 人。表现突出者有：（1）担任高校校、院级领导共 10 人，如史建平教授和赵丽芬教授，任中央财经大学主管教学和研究生工作的副校长，为学校发展、改革和创新做出重大贡献；（2）科研成果突出，勇于创新，学术研究上做出贡献。如桁林，曾为中央财经大学博士后，中国社会科学院马列主义研究院研究部副主任、研究员、教授、博士生导师，主要从事中国特色社会主义发展史、马克思主义发展史研究，先后主持社科基金重点项目、社科院重大课题 10 多项，发表学术论文 100 多篇。其代表作有《克服中等收入陷阱的新常态》（社会科学研究，2016.03）、《中国凯恩斯主义》（2004）及《中国特色社会主义历史进程初探》（2017）等，特别是他主持的社科院重点课题成果——《中国特色社会主义发展史初探》，是中国特色社会主义发展史研究的最新成果，体现桁林对中国特色社会主义的基本理解和创新思维，具有很高的学术价值，已引起全国学术界的高度关注。

在金融银行部门工作共 21 人，其中，正副行长及一级部门总经理 11 人。表现突出者有：（1）杨书剑，高级经济师，勤恳扎实工作、业绩突出，职务提升快，20 年上两个台阶。第一个十年升为董秘（高管），多次被评为金牌董秘和功勋董秘，任董秘十年间为北京银行 IPO、非公开发行、优先股、资本债等形式融资 800 多亿元。第二个十年升为北京银行行长。（2）曹红辉，国内外知名的金融专家，研究员，博士生导师，现任国家开发银行研究院副局长、高级专家。曹红辉发表学术论文 100 多篇，出版学术专著 10 部；2008 年应邀参加温家宝总理召开的应对金融危机座谈会；曾参与制定"一带一路"规划，主持制定"一带一路"重大项目布局图等；长期担任世界银行、亚洲开发银行金融咨询顾问，联合国开发署咨询顾问，并担任对外经济贸易大学、天津大学等六所大学的兼职教授。曹红辉在国内外学术界影响较大。

政府公务员共 13 人，包括副部级 1 人，正局级 3 人，副局级 2 人。表现突出者有：（1）赵世洪，先后任国家发改委政研室处长，国务院研究室副司长、司长，河北省省政府党组成员、省长助理兼省国资委主任，廊坊市委书记，中华全国总工会党组成员、书记处书记，在各岗位上都取得突出成绩，做出重要贡献。（2）王军，研究员，毕业分配在中共中央政策研究室，任处长，后调入中国国际经济交流中心，任信息部部长。现任中国国际交流中心学术委员会委员，中原银行首席经济学家，国家发改委和国家开发银行咨询专家，中央广播电台特邀评论员等。他的科研能力具有爆发力，成果处于国内先进水平，对宏观经济理论与政策、金融改革与发展等问题，有创新见解，做出卓越贡献。作为主要参与者与执笔者，他向党中央建言设立亚洲基础设施投资银行获采纳施行。王军组织同志们共同完成中共中央和国务院交办重大现实问题项目 40 多个，出版专著 10 多部，在《人民日报》和《瞭望》等刊物上发表学术和政策建议论文 300 多篇，其中 6 项获省部级一二三等奖，在国内影响大。

侯荣华教授在博士生培养中，坚持立德树人、从严要求，有三点体会。（1）鼓励多读书，重视理论学习。这是提高博士生理论水平和思想水平的基础措施。为此，侯荣华教授在专业课中增加马克思主义和中国特色社会主义理论专题，要求博士生按时认真参加学校规定的课堂教学，本专业的必读书目至少要完成三分之二，杜绝一目十行、不求甚解的浅读书。（2）坚持博士论文的严要求。侯荣华教授明确博士学位论文学术水平定位应是学术专著，而不是教材，更不是调研报告或科普读物；论文题目要有重大现实意义和一定理论价值，选题要准确，范畴界定、内容边界要清晰；论文中必有明确的创新点，但不宜过多；论文中有数学模型和实证分析；对较好的学位论文可组织高规格答辩委员会，使答辩会成为专题学术研讨会。侯教授共组织过 3 次高规格答辩会，效果极好。（3）发挥导师的指导作用。导师应通过讲课及指导阅读为博士生写论文打下坚实的理论基础和知识准备；帮助、不能代替博士生确定论文题目、理论框架及写作提纲；严格审查博士论文的学术观点、结构体系及创新点；导师和博士生要平等地讨论学术问题，导师指导不确切或错误要及时改正；特别是在论文写作后期要帮助和启发学生发现问题，提高论文质量。

二、坚持改革，推动教材建设

侯荣华教授坚持改革，推动教材建设，取得优异成绩。1980 年以来，他组织编写高校教材 26 部，其中获财政部优秀教材二等奖 2 部，教育部统编教材 2 部，教育部国家级网络教育精品课 1 部，世界银行经济发展学院（EDI）培训教材 2 部，省部级任务 4 部。

1. 《计划经济学》教材改革。1986 年他和刘宗时教授编写《国民经济计划管理概论》，这本教材改变过去突出计划经济、按部门计划设章节的计划学，改为强调商品经济，按理论、预测、决策、编制和实施五部分结构阐述计划管理理论，在预测、决策和实施部分增加现代管理方法和实证分析，同时在实施部分强调市场机制作用。该教材 1986 年被国家教委评为高等学校文科试用教材，被许多高校使用，曾 4 次印刷，发行近 8 万册；1992 年被财政部评为全国财政系统优秀教材二等奖。

2. 侯荣华教授认为，"社会主义有计划的商品经济体制应该是计划和市场内在统一的体制"，国民经济管理不应只是计划管理，也不应是以计划管理为主的管理，应特别强调运用市场机制的作用。1989 年 9 月，侯教授根据此思路，按照管理客体、管理理论、管理内容和管理机制的结构，主编新的教材《宏观经济管理学》，由于以计划和市场内在统一为指导思想，内容更新，更接近实际，颇受学生好评。1992 年这本教材被财政部评为全国财政系统优秀教材二等奖。

3. 1989 年国家教委招标《国民经济管理学》统编教材，辽宁大学、吉林大学和中央财经大学中标，侯荣华教授任副主编。这本教材强调市场机制在经济运行中的基础作用，按总论篇、功能篇、运行篇和综合篇构建学科体系。在编写中，作者团队始终坚持理论与实践相结合，吸收国内外最新科研成果，运用系统论、控制论、信息论等理论和方法，并力争保证重点和学科体系的科学性。1993 年，作者团队根据教材在使用中发现的问题进行一次修改。该教材当时是全国唯一一本宏观经济管理统编教材，所以在全国影响很大。

4. 2003 年侯荣华教授承担国家开放大学财经管理类本科《西方经济学》编写任务。在高鸿业、黎诣远等教授指导下，侯荣华教授确定：教材的基本内容和分析深度和分析方法上要略低于高校本科教材；要突出开放大学自学特点，如体系周严、文字表达准确明白，各章各章有学习要求、本章小结和复习思考题，各章要有必要的"贴士"和少而精的专题资料。该教材自 2003 年 8 月出版以来进行过 4 次修订，9 次印刷，截止到 2018 年 5 月，共出版发行 95.4 万册；2005 年被中国大学出版社协会评为全国高校出版社优秀畅销书二等奖，2008 年被教育部评为网络教育国家精品课程，2016 年被国家开放大学评为精品在线开放课程。

5. 1996 年教育部"面向二十一世纪国民经济管理专业课程设置及教学内容改革"项目招标，辽宁大学和中央财经大学中标，张今声和侯荣华为项目负责人。经过深入调查研究，两位教授多次召开全国相关院校专家会议讨论，最后教育部批准研究成果：本科专业以国民经济管理取代国民经济计划与管理；开设四门专业课，即国民经济管理学、可持续发展学、区域经济学和管理方法；提出教学方法改革若干建议。这项成果被评为国家级教学成果二等奖。

在教材编写过程中，侯荣华教授等积累了一些宝贵的经验。（1）经济管理类教材应该是一定时期政治、经济、技术条件制约的相对稳定、系统性很强的经济管理科学理论和知识，必须根据一定时期政治条件、经济发展、技术进步和体制改革的深化而不断改革，包括删除错误和充实相对稳定的新理论、新机制和新方法等。教材长期不变是不对的，但教材必须保持一定稳定性，经济技术和改革中的每一变化，不能立即反映到教材中。（2）应该深入研究学科的研究对象、内容和特点。传统观点认为学科的内容是学科研究矛盾的特殊性决定的，不同学科研究不同矛盾，形成各学科的研究范畴和合理边界，从而使各学科包括特定研究内容而不重复。按此观点，侯荣华教授等人认为国民经济管理学的研究对象应为"社会生产和社会需要的矛盾及其变化规律和调控机制"，按此要求，国民经济管理学应包括管理客体、管理理论、需求管理、供给管理和管理机制等内容。（3）教材内容要有创新点。教材陈旧是教学质量不高的重要因素，教材必须反映经济发展和改革的最新成果。侯荣华等人提出，经济管理类教材内容创新应包括：对已有论点、结论的完善或否定；对已有局部分散的创新点综合成系统的、综合性科学结论；所提对策和机制有新意或操作性强，有利于发展和管理的目标实现；从全新角度或新分析方法研究问题，增强已有结论、观点的科学性；研究问题属国内首次或国外不多见等。教材中的创新观点不宜过多，要防止用谬误冒充创新。

三、突出创新，科研取得丰硕成果

侯荣华教授突出创新，坚持理论联系实际，坚持科研与博士生教育相结合，积极组织博士生参加科研，促进科研成果和人才培养双赢。1980 年以来，侯荣华教授承担科研课题 14 项①，其中社科基金子项目 1 项，财政部科研课题 2 项，教育部科研课题 2 项，与中央部委合作科研课题 5 项，其余 4 项为校级科研课题。侯教授发表学术论文 52 篇，出版学术专著 9 部，其中有 4 部获国家教委和北京市科研成果二等奖。

1. 对宏观经济运行和宏观调控进行跟踪研究，取得可喜成果。课题成果中，《宏观调控的成效与基本经验》、《软着陆成功与宏观调控》分别入选 1998 年《中国国情报告》和《中国改革发展文库》。《关于管理理论创新的思考》《怎样增强经济政策的科学性》分别发表在《人民日报》2001 年 12 月 22 日和 2003 年 12 月 26 日学术动态版。《加入 WTO 对我国宏观经济调控的影响与对策》、《对我国发展规划的宏观思考》分别发表在国家发改委主办的《宏观经济管理》2002 年第 6 期和 2005 年第 4 期。《乘数理论与宏观调控》（《经济研究参考资料》2000 年第 3 期）揭示了乘数的经济本质及宏观调控中的乘数效应。侯教授对宏观经济运行与调控的研究观点集中反映在专著《宏观经济政策调控力度与协调分析》中，该专著获北京市第六届哲学社会科学优秀成果二等奖。国家发改委王积业教授认为："这部著作选题角度新，内容丰富，结构合理，层次清晰，理论与实际结合，提出一些颇有新意的理论观点和政治主张，是优秀的科研成果，对完善和健全我国宏观经济管理有决策咨询价值。"

2. 对我国财政运行和财政政策问题有深入研究。《中国财政运行的实证分析》是他主持的与财政部合作的财政部"八五"科研课题最终成果，获全国

---

① 每项课题都有教师和博士生参加，是集体科研成果。

普通高校第二届人文社会科学研究成果二等奖。《对积极财政政策的理论思考》（《管理世界》2000 年第 6 期）对积极财政政策的实质、理论根据、作用力度进行了科学分析。《当前应坚持实行积极财政政策不动摇》（《瞭望》2000年 6 月 26 日）具体论述了继续实施积极财政政策的条件和进一步完善的对策，同时作为焦点话题发表评论《积极的财政政策路该怎么走》（《中国信息报》，2000 年 8 月 16 日）。他的这些观点和论述对当时实施积极财政政策有一定参考价值和推动作用。

3. 对我国宏观经济效益问题有深入研究并取得重要成果。《宏观经济效益理论与实证分析》是他主持的与建设部定额标准司合作研究课题的研究成果，获北京市第五届哲学社会科学优秀科研成果二等奖。该著作用系统论的观点对人力、物力、财力、科技投入和管理体制效益进行了理论论证和实证分析。《对经济效益问题的若干思考》（《经济研究参考资料》1998 年第 2 期）揭示了经济效益的本质和范畴界定，并设计了指标体系。《中国固定资产投资效益研究》是他与国家统计局投资司合作科研课题成果，获北京市第八届哲学社会科学优秀成果二等奖。这是我国首次对固定投资效益进行系统研究的专著。国家统计局领导认为此书是"第一本专门研究固定资产投资效益的专著"，填补了我国固定资产投资研究的空白，具有重要理论意义和现实意义。《固定资产投资效益及其滞后效应分析》（《数量经济与技术经济研究》2002 年第 3 期）在科学界定滞后效应的基础上，计算出 1980 到 2006 年固定资产投资效益系数。《中国财政支出效益研究》是他主持的财政部"九五"科研课题研究成果。我国著名财政学专家刘溶沧认为，"财政效益是世界性难题，至今未见有这方面权威性著作问世"，这部专著"既有一定的理论深度，又在定量分析上有新的建树"，"为迄今为止我国同类研究中的上乘之作"。

4. 侯荣华教授有三项政治性很强的科研成果：《党的十五大报告经济词语解释》《邓小平财经理论专题读本》和《整顿和规范市场经济秩序干部读本》。《党的十五大报告经济词语解释》是中国财政经济出版社申请，中央财经大学承办，新华社批准的重大项目。中国财政经济出版社社长杨天赐教授为主编，侯荣华教授为第一副主编。他们选择了十五大报告中 218 条广大读者普遍关心、意义重大的经济词语，并聘请了对各条词语熟悉的、有专长的 37 位教师和博士生分工编写，共计 28 万字。作者理论联系实际，用概括语言，对每一词语进行科学界定，并特别强调表达每个词语的科学内涵及创新亮点，多数词语，特别是重点条目，都经过多次广泛讨论而定稿。本书的出版能帮助读者理解党的十五大精神。

《邓小平财经理论专题读本》是财政部的重大科研项目，由部长项怀诚、副部长张佑才任正副主编。财政部部分司长、我校校领导及部分教授组成编委会，侯荣华和汤贡亮两位编委担任总纂。为保证质量，作者们重点研究邓小平财经理论的理论基础、基本特征和主要内容。他们坚信：解放思想、实事求是的思想路线，是邓小平财经理论的精髓；社会主义初级阶段理论，是邓小平财经理论的立本基础。据此理解，作者把邓小平财经理论按财政税收篇、金融物价篇、部门经济篇和综合经济篇分设19章，共31万字。该《专题读本》的出版不仅完成了财政部的一项政治任务，而且对财经系统的公务员、教师和科研人员学习邓小平理论有很大帮助。

侯荣华教授带领的作者团队突出创新，促进科研取得丰硕成果，形成三点体会。（1）选题及确定研究角度是关键。科研项目选题是保证项目成果水平的重要因素，他们承担的6项重大课题和8本专著，都是经济运行和经济体制改革的重大现实问题。研究角度和成果特点的确定直接影响研究质量。如《宏观经济政策调控力度与协调分析》课题，当时从多种方案中确定从调控力度和协调力度研究宏观经济政策，包括宏观经济政策调控力度分析、各项宏观经济政策本身的协调与配合、各项宏观经济政策之间的协调与配合确定等。正是选定的这一研究角度保证了专著的质量。（2）和业务部门合作进行科研有利于提高质量。三项和国家各部委合作的科研课题，科研成果都获大奖。《中国财政运行的实证分析》获国家教委优秀科研成果二等奖，《中国固定资产投资效益研究》和《宏观经济效益理论与实证分析》获北京市优秀科研成果二等奖。他们体会到和业务部门合作进行科研，选题来自实际，研究问题的观点、结论和优点具体、现实，业务部门研究人员经验丰富，研究所需资料全面系统等。不足点是花费时间多些，因为需要双方经常交流讨论。（3）培养博士生和科研工作相结合，有利于实现双赢。培养博士生最关键的问题是提高博士生的科研能力、写作能力和综合分析能力。组织博士生参加重大科研课题，从科研实践中加以培养和提高是极为重要的。其做法是，除让所有博士生承担部分撰写任务外，把科研能力和写作水平较高的博士安排为项目成果的主编或副主编，这样做的好处是能迅速提高博士生的科研能力和组织科研团队活动能力，使博士生们不仅承担本人写作部分，而且在研究重点、结构安排及创新观点上下功夫做贡献，最终有利于提高课题学术水平和博士生科研能力。

第五节　王柯敬

——硕果累累的"双肩挑"历程

王柯敬，1940 年 10 月生，烟台人，少时迁至江苏溧阳；1966 年毕业于中央财政金融学院会计专业，1979 年自新疆调回母校任教，先后任助教、讲师、副教授、教授，是国务院特殊津贴专家，博士生导师。他曾担任过我校经济管理系企业管理教研室主任和该系副主任。1985 年至 1992 年，他担任中央财政金融学院副院长，1992 年 9 月任院长。1996 年学校更名为中央财经大学，他任校长至 2003 年 6 月。他曾主持国家社科基金和财政部、保监会多项重点课题，完成多部专著，发表论文 50 余篇。

王柯敬是经济学院前身经济管理系的创建者之一，曾担任中央财政金融学院院长，也是中央财经大学更名后首位校长。从领导岗位上退下来后，他又回到经济学院专门从事学术研究与人才培养，对于我校的莘莘学子而言，柯敬教授不仅是一位恪尽职守的校长，还是一位和蔼友善的老师，更是一个积极参与我国经济体制改革研究的学者。

一、勇于担当，不遗余力

1966 年，王柯敬从中央财政金融学院会计系毕业，正在这时，"文化大革命"开始了，1968 年他被分配去了新疆，在自治区机械局工作（先在所属工厂，后到局机关）。其间，他担任过出纳、会计、财务科副科长，党委办公室副主任；接受工人阶级再教育，当过铸工、木工、刨工、铣工，烧过锅炉，挖过防空洞。直至 1979 年，他才从遥远的天山脚下回到京城，在母校担任了一名教师。1983 年，王柯敬担任了经济管理系副主任，1985 年调任中央财政金融学院副院长，1992 年担任院长。1996 年，中央财政金融学院更名为中央财经大学，他转任第一任校长。也正是这些旁人难有的经历，造成了王柯敬校长在位时的独特的领导风格——以人为本、坚守初心。追忆这段往事，柯敬校长满怀深情地说："我经历的这一时期，是中国历史的重大转折时期，由大乱之后走向大治。我曾受到一些磨难，失去一些宝贵时间（主要是学习时间），但同时也从中受益，了解了社会，能够面对现实克服困难。"

20世纪80年代，我校处于灾后重建阶段，硬件极差，生存于北京卷烟厂的缝隙之中。当时学校的老领导称之为"一部电话，一座楼"，学生在木板棚中上课。处于社会大变革时期，各种思潮纷至沓来，教学需要改革，学生工作难做，教师没有住房，没有办公室，学校甚至买不起上课所需的投影仪、扩音器。王柯敬回到母校后不久，在无准备的情况下，从教学工作到校领导工作，虽有前辈领导指点帮助，但主要还是"从战争中学习战争"。没有理论指导，有的是政治上的宏观要求。

20世纪90年代以后，学校情况才逐渐有些好转，学校领导逐步把精力用于学科建设上。柯敬校长在回忆的时候讲道："学校整个班子始终以学科建设为口心，培养各学科业务水平高、责任心强的骨干教师队伍。领导们始终认为，学校要有名师，教师中如20%有点名气，就能把相应学科支撑起来。当然要有科研强的，也有教学强的。要培养学科特色和优势，要面向社会办学。一所学校不大可能样样都好，特色是品牌，是核心竞争力。要提高学校的配套能力，学科面要尽量宽一些，但必须从实际出发。财管、法文，关联性强，理、外是重要支撑，不能盲目追求综合性。校长也应该要有业务专长，这有利于管理。同时校长还应该具有社会活动能力，与主管部门、相关政府部门、用人单位要保持联系。"

王柯敬在担任校长期间，教学上果断改革，勇于创新，管理上有条不紊，大胆突破，一批批高质量的财政、金融和会计方面的专业人才从我校飞往全国各地。中央财经大学由一所非重点普通院校发展成为全国重点院校，并升格为大学；新生入学考分名列同类院校前茅，毕业生普遍受到用人单位欢迎；大刀阔斧地进行校园改造，尤其是校门，由看似庄户人家的门户，改建成由大气的广场、草坪、楼群组成的开放式校门；在21世纪初的新一轮学校调整时，他据理力争，从而使学校避免了被兼并的危险，独立成建制，由财政部划到教育部，加快了腾飞。

恢复办学之初，我校是作为普通院校第二批（即现今的"二本"）招生。学校领导坚持狠抓教学质量，强调教师不但要重视学术水平的提高，还必须研究教学法，使学生便于接受，能融会贯通，在传授知识的基础上提高学生的智力和能力。学校管理部门要加强教学纪律，严格管理，采取措施引导教师认真教，学生努力学。由于我校的办学水平高，报考学生多，生源好，实际录取分数线高出"一本线"，甚至高于老牌名校，教育部门先把我校部分学科放在第一批录取，逐步全部放在第一批，实现了质的飞跃，由一般院校升格为重点院校。正如当时教育部领导所说：重点院校不是"御封"的，是自然形成的。在此过程中，我们中财人脚踏实地，付出了巨大的努力和艰辛！

与此同时，学校领导紧紧抓住机遇，持之以恒苦练内功。下功夫大力培养学科带头人。王广谦教授曾谈到，自己年仅 30 多岁，学校就评自己为教授，当时他拿着登记表翻来覆去不敢填。心目中的教授是那么神圣，是自己十分崇拜的鲁迅、朱自清……而"我"怎么可以呢？……从中不难看出当时身为校长的王柯敬教授，用人不拘一格。1994 年，学科建设也取得重要成果，我校国民经济学专业取得博士学位授予权，实现了零的突破。该专业的闻潜、侯荣华二位教授作为学科带头人做出了贡献，成为公认的旗帜性人物。而我校的传统优势学科财政、金融、会计则因学科带头人年龄问题而落选，实在可惜。经过不懈努力，新的学科带头人成长起来，这些专业评上国家、北京市的重点学科，获得博士点授权。以后，在此基础上实现了腾飞。柯敬校长后来回忆说："选拔干部、评定职称，不重年资，重才能。这些都为学校发展带来了活力。针对学校有的专业是弱项，我曾经千方百计地从外面招揽人才。"

2000 年对于当时的中财人来说，可谓是"九死一生"的一年。这一年，学校管理体制面临调整。当时，财政部、教育部的方案是将我校下放北京市，或并入教育部其他院校。当时北京地区有 6 所财经类院校（另外 5 所是外贸学院、金融学院、经贸学院、商学院、物资学院），无论是下放还是撤并，中财都没有发展空间，只能自生自灭。那一段时间，柯敬校长和中财班子成员，几乎是废寝忘食。先后发出 4 封"万言书"给教育部、教育部部长、财政部部长，以至国务院副总理，并频繁走访、汇报。中财人的努力最终感动了李岚清副总理，由他拍板定案，让我校成建制划归教育部。很难想象在当时如此危机的情况下，如果没有柯敬校长的果敢与不辞辛苦的努力、只为学校为学生谋取国家资源福利的决心，中财将何去何从？

二、坚持改革，授人以渔

王柯敬教授从 1979 年调回中央财政金融学院经济管理系后，先后任助教、讲师、副教授、教授（博士生导师）。在担任学校行政工作的期间，他也一直没有脱离教学工作，是名副其实的"双肩挑"，曾多次为本科生授课，为硕士研究生、博士研究生讲专业课，还曾在数年内担纲全校博士生的《经济学和管理学前沿》专题讲座。柯敬教授坚持不断改革教学内容和教学方法，努力做到不照本宣科，新鲜活泼，调动听课者积极思考。他讲课有明显的特色：一是坚持理论联系实际，关注现实问题，有的放矢。1980年他在中美合作培训中心学习半年，他把"案例教学"引进他的授课中，用来研究中国企业改革问题，收到良好效果。二是深入浅出，积极研究教学方法。他千方百计帮助学生加深理解，把在北京师范大学进修学到的高教教学法研究，应用到自己的教学中去，教材教法、考试命题等都有一定的章法，他还向教研室的同事介绍推广自认为有效的做法。三是坚持"授人以渔"的理念，授课以启发学生的思维为重点，学位论文选题不设限，由学生提出初步设想后，再帮助他们筛选、深挖。

从1992年起，王柯敬开始指导硕士研究生，先后有26名同学在他的指导下获得硕士学位。在闻潜教授、侯荣华教授的带领下，他从1996年开始指导博士研究生，到目前为止，他指导获得博士学位的研究生共38人。他们中的大部分人都在证券机构等金融部门工作，成绩卓著。从事教育科研工作的都已具有高级职称，不少人还取得重要研究成果，获得多种奖项。在政府部门工作的，也都获得好评。在指导博士研究生的同时，王柯敬教授还作为合作教师指导十余名博士后，现已有6名出站。

三、勇于探索，笔耕不辍

王柯敬教授在中财师生眼里，不仅仅是一个优秀的校长、有仁爱之心的老师，他还是一位严谨的学者。他在担任校长的时候，还兼任中国投资学会理事、北京投资学会副会长、北京经济学总会副会长等社会职务，广泛开展学术研究。

王柯敬教授长期从事资金运行与宏观调控，重点研究社会资金运行及现代企业制度下的资金运营的组织、调度、控制、效果等教学和科研工作，发表了丰富的著作：主编、副主编的书籍有《资产管理公司：运营状况和未来发展方向》《工业企业管理学》（全国财经类通用教材）、《迈入21世纪的中国经济》；

参加编写了《宏观控制论》《国民经济管理的理论和方法》《中国全社会资金监测与调控》等；著有《试论工业企业的经营机制》《银行债权转股权要量力而行》《推进股份制：中国国有商业银行改革的现实选择》（合著）等数十篇论文。

20 世纪 80 年代末，在对国有企业管理体制改革的深入研究的基础上，王柯敬教授主张以股份制改造国有企业。他提出："关于企业经营管理制度的发展前途问题，目前理论界正在展开深入的研究和讨论，尚无统一的看法。不过，从改革企业经营形式入手，实现企业股份化，有利于解决承包制的弊端。所以，企业股份制作为公有制的实现形式，是有其可行性的。"关于股份制的优越性，他当时是从以下几个方面展开论述的：第一，股东按股获取利益、分担风险，既负盈也负亏。企业董事会的构成，也随之实现了多元化。第二，股份制企业实体的出现，将消除企业对任何一家的依附，所存在的只是对企业盈亏的利害关系。企业的决策者、经营者将自觉地把自己的希望寄托于市场，全身心地投入商业竞争。第三，在企业股份化之后，国家投资由无偿投入转变为国有资产管理机构手中的股票，既保证了国有资产的不可侵犯性，又增加了机动灵活性。第四，在这样的体制下，企业既是投资的客体，也可以成为投资的主体。

1994 年底，在一次关于怎样解决"企业改革过程中银行债务问题"的理论讨论会上，王柯敬教授从分析企业不良债务的原因入手，提出"银行债权转换为股权，……只是承认客观存在的事实。别无选择"。此后，他对这一问题进行跟踪研究，承担了财政部的研究课题，并于公开发表了《关于债转股几个问题的思考》。该论文指出："国有企业的不良债务，从现代企业制度的视角观察，其实质是国有银行为投资主体——各级政府的资本金支出的垫支。实行债转股，是对这种以前预支的补偿，实行补偿的主体必然是原投资主体。当然，我国经济体制已经发生了根本性变化，……发挥市场机制的效力，投资主体就是可以转换可以分散的，资本的筹集渠道也呈现多元性。"文章还研究了不良债权的定价问题及相应政策选择的利弊，提出了金融资产管理公司的制度创新思路。

1998 年初，王柯敬教授又深入研究和论证了国有商业银行的股份制改造问题。他在一篇合著的论文《推进股份制：中国国有商业银行改革的现实选择》中提出："针对我国国有商业银行存在的问题与体制缺陷，借鉴国际经验，走股份制发展道路，是我国国有银行摆脱困境走向发展的现实选择。"对国有商业银行进行股份制改造的必要性，文章从四个方面展开了论证：从产权制度上适应商业化经营的要求；开辟资本金来源渠道，分散经营风险；有利于形成股份制企业的经营机制；促进产业资本与银行资本的融合。这篇文章还分析了国有商业银行股份制改造的难点和股份制改造的条件，并提出了国有商业银行股份制改造的思路。

从研究债转股时起，王柯敬教授开始关注银企关系问题，主张"设计并建立全能银行构架，全方位参与社会经济活动"。他发表的论文《走向混业经营——迎接入世后金融业面临的挑战》，又深入讨论了这一问题。他认为，我们必须在现行的商业银行法允许范围内，大力推动金融业务创新和体制创新，全面提高金融业的整体竞争力。为了应对挑战，首先要开发新的金融产品，提高金融服务的深度和广度，稳定和发展银行赖以生存的优质客户资源。经营中间业务，银行也由此作为重要当事人参与流通过程，渗透到社会经济生活中，这正是金融作为现代经济核心的重要体现。这篇论文还提出："金融业混业经营是国际潮流，大势所趋。由分业走向混业的条件是相对的，根据我国经济发展情况和监管能力，适时修订商业银行法是我国金融业的最终选择。"

2003年6月王柯敬从学校领导岗位退下来，回到经济学院专职从事教学科研工作以后，他就着手申报国家社科基金。2004年5月24日，以他为组长的国家社科基金重点课题《资产管理公司运营状况和未来发展方向问题》核准立项。历时两年，王柯敬带领课题组成员到甘肃、宁夏等地调研，并出访韩国取经，先后完成调查报告、论文十多篇，并于2006年初完成与课题同名的研究报告。这项社科基金重点课题研究，主要对1986到1997年这一阶段国有企业陷入困境、产生巨额不良债务的背景进行了独创性分析，认为既有经济转型的体制性原因，又有知识经济的冲击，在关键时刻二者在同一方向上的合力，使作用力被成倍放大。这一判断的现实意义是指出国有企业在不断进行改革的同时，必须坚持技术创新。研究报告对我国同时成立四家资产管理公司的体制动因进行了分析，并对资产管理公司运作方式、处理了不良债权企业和资产管理公司的发展前景作出判断和预测。

不论是担任校领导的勇于担当，还是作为教师的坚持改革，更有作为学者的勇于探索，种种不同的社会角色，他都努力担承，实现了他的坚守和努力。已然快80岁的王柯敬教授，现在还依旧在教授学生，关心国家经济体制改革，钟情于自己喜爱的经济学研究。对于中财的大学生，他的期望不可谓不深，他总是强调，要树立终身学习的观念，不断地学习，不断汲取新的知识，学习新的技能。增强综合思考的能力至关重要，知识永远在与时俱进，老教授都如此努力，我们岂能懈怠不前！

第六节　金哲松

——教师和学生的楷模

金哲松，男，1954 年出生，朝鲜族，中共党员，日本神户大学经济学博士，2005 年作为教育部高级访问学者在日本神户大学经济经营研究所进行为期半年的学术研究和交流。他曾获全国优秀教师、北京市优秀共产党、北京市优秀青年骨干教师等荣誉称号，2016 年享受国务院政府津贴。金哲松教授 1985 年来校工作，曾任经济管理系主任，经济系主任，经济学院党总支书记、院长，学校教务处处长兼本科教学评建办公室副主任等职务，现任经济学院教授，博士生导师。金哲松教授的主要研究方向为世界经济理论与政策，出版专著《中国对外贸易增长与经济发展》《国际贸易结构与流向》等多部，主编或参编教材《宏观经济管理学》等多部，在《财经科学》等刊物发表论文数十篇。其中《宏观经济管理学》一书获得财政部优秀科研成果二等奖，《西方宏观经济学》一书获得中国出版发行部门畅销书奖。金哲松教授作为优秀归国人员代表，曾三次参加中共中央办公厅举行的元宵晚会，受到党和国家领导人的亲切接见。

一、学成归国，贡献卓著

金哲松 1985 年从华中科技大学硕士研究生毕业，来到中央财经大学任教。1987 年和 1995 年他两度赴日本留学。当他 1999 年获得神户大学经济学博士学位时，很多亲朋好友劝他留在日本。他丝毫不为所动，毅然选择了回国，并且再次选择了教师岗位，选择了他曾经战斗过的中央财经大学。他说："教师工作确实平凡，也很辛苦，可我愿意选择它，祖国也的的确确需要它。"他是这样说的，也是这样做的。只要工作需要、学生需要，他从来不知疲倦，不计得失。

作为知名教授，金哲松不仅承担了大量博士、硕士研究生的教学任务，而且长期坚持在本科生教学第一线，给本科生讲授西方经济学、产业经济学等专业基础课，每年都超额完成教学工作量，有时超额达400多课时。他从来没有因为授课对象是本科生而放松上课要求，而是以学生为核心，从学生实际出发，坚持教学改革，不断探索新方式、新途径。以西方经济学的教学为例，作为中央财经大学理论经济学的学科带头人，加上多年的海外学习经历，他对于西方经济学的基础理论和发展现状应该说烂熟于心，况且这门课程他已经讲授了十数载。但是每学期开课前，他都要重新整理教案和讲义，亲自制作多媒体课件，将学术前沿新知识融入课堂之中。每次上课前，他都要认真备课。每个学期末，他都要对本学期的授课情况和学生的学习情况进行总结，以求在新的学期中能够取得更好的教学效果。他以自己的辛勤劳动，赢得了广大学生和老师的一致好评，教学评价成绩名列前茅，所讲授的本科课程被制作成录像资料，成为全校老师观摩和学习的示范课。他也因此被评为全国优秀教师和北京市优秀青年骨干教师。

作为中央财经大学第一位留学归国博士，金哲松教授于2000年受命筹建中央财经大学经济系。当时，全国几乎所有知名大学都建有经济系或经济学院，而"以经济和管理为主"的中央财经大学尚没有经济系。对此，当时的学校领导王柯敬、王广谦等都曾深表遗憾。中财在经济系成立之前，相关专业统称经济管理系（以下简称"经管系"），经管系当时仅仅只有一个本科专业，即国民经济学专业。1999年经济学专业本科开始招生，该专业一年级时还隶属于经济管理系，而当其升至二年级回到刚建成的经济系时，经济系的办公用房还依然没有着落。金哲松教授深知肩上的责任重大，就在办公用房没有着落和办公经费极度紧张的情况下，与经济系全体教师同甘苦、共患难。筹建人员亲自刮墙刷墙，经常在主教楼前的树荫下开会。学生们也赶来帮忙，当时经济系的办公室里安装的第一台空调就是由金哲松教授曾经的一位学生送来的。面对重重难关，金教授和参与筹建工作的师生们也都没有一句怨言，相反，大家积极性都很高，共同建设一个新的家园，内心充满热情与激情。在筹建过程中，最让金教授及其团队成员担心的是不知道怎样才能办好经济系，以及该确定怎样的办学理念。学校期望经济系可以在理论经济学方面为学校的建设做出贡献。因此筹建团队开始走访南开、复旦等已有发展较为成熟的经济系的大学，学习他们创办经济系的模式和方法。金教授多次出国访学的经验，也为经济系的发展积累了宝贵经验。对于经济系的发展，金哲松教授有他自己独到的见解与坚持。他常常说一句话——闷头干活是不行的，不适合当代这个环境，有时候干得好还要宣传得好。他还认为，不能只从别人那拿来东西，不动脑子就用，要创新，要跨越式发展并且走出常规。经济系在随后的发展中，逐渐形成了以学科建设和学科队伍建设为核心，站在国际理论经济学发展的前沿，瞄准国内外最高发展水平，以开阔的视野，前瞻的思想，大胆创新，勤奋创业的办学思路。仅用 3 年时间，中央财经大学经济系便从无到有、由弱变强。2003年学校开始批制建院，经济系因发展态势较好，破格成为第一批建院单位。经济系成长为经济学院，从只有两个本科专业发展到拥有 6 个博士点、8 个硕士点、3 个本科专业的强大学科群，不仅一跃成为中央财经大学博士点和硕士点最多的院系，实现了经济学院超常规、跨越式的大发展，而且创出了我国高校学科建设的奇迹，为祖国的教育事业和经济学理论的发展做出了贡就。

二、勤奋敬业，顽强拼搏

金哲松教授在国际贸易和产业经济学方面的研究，居于国内领先水平，得到学术界的广泛尊重。近几年来，他出版了专著《中国国际贸易结构及流向研究》《中国对外贸易增长与经济发展》（与李军合著），发表了《中国贸易发展与贸易流向结构的变化》《中国贸易结构与生产结构偏离的原因分析》等有重大影响的学术论文 20 余篇，主编或参编《现代管理学原理》《西方宏观经济学》《宏观经济管理学》等 8 部教材。他先后参加和主持了国家社科基金、国家商务部等省部级以上课题 4 项，以及国务院研究室、北京市商业银行、日本亚太国际研究等多家机构的研究课题。这些研究成果均得到了同行专家和主管部门的较高评价。

金教授著有《中国对外贸易增长与经济发展：改革开放三十周年回顾与展望》一书。自 1978 年以来，我国对经济管理体制，特别是对外贸易和外资体制进行了一系列卓有成效的改革，给我国的国民经济带来了翻天覆地的变化，创造了我国经济和对外贸易增长的奇迹。时值改革开放 30 周年之际，认真总结我国对外贸易发展的巨大成就和经验，分析现存问题生成的缘由及我国与发达国家的差距，提出解决问题和改进的对策、思路或方向，是很有必要的。鉴于此，《中国对外贸易增长与经济发展：改革开放三十周年回顾与展望》利用历史、理论和实证分析方法，回顾了我国对外贸易体制和外资体制的演变轨迹，整理和分析了在此进程中取得的成就和经验，并对如何在变化莫测的新国际环境中寻求对外贸易的稳步发展，提出了相应的对策思路。

金教授所著的《国际贸易结构及流向》一书，主要观点为：随着世界经济的全球化，各国之间的经济联系越来越广泛和频繁，各国经济的相互依赖性日益增强。对于发展中国家来说，积极参与国际贸易，并有效地利用这一世界经济全球化的有利条件和机会来促进本国经济发展，这是极为重要的。为做好这一点，首先要解决好在多大的程度上、以什么样的方式——即选择什么样的贸易结构形式，参与国际贸易并利用世界经济全球化的有利条件和机会的问题；解决好参与国际贸易以后，如何逐步实现由比较优势向竞争优势过渡的问题。这不仅仅是重大的现实选择问题，而且是一个理论上必须进一步探索并给予明确回答的问题。该著作是针对这些问题开展理论和实证研究的一项学术成果。金哲松教授抓住了发展中国家在其经济发展过程中面临的贸易结构形式的选择和结构成长问题，吸收了西方国际贸易理论的重要成果，对贸易结构形式的选择和结构成长问题进行了有益的理论探讨，并对中国的贸易结构成长和贸易流向问题进行了实证分析，得出了一些有见地的观点和结论。这部著作具有以下几方面的特色：第一，从一个新的视角——即从发展中国家的贸易现实出发，对国际贸易结构形式的选择及结构成长问题进行理论分析；第二，在理论分析的基础上，运用实证分析的研究方法，对中国和其他主要发达国家的贸易结构形式的选择和成长问题进行了较为深入的分析，使研究本身和所得结论具有很好的现实指导意义；第三，在贸易结构形式的选择和贸易结构成长问题进行理论和实证分析的基础上，对中国贸易流向问题开展了系统而深入的分析。

金哲松教授在科研方面的突出表现缘于他的勤奋。由于行政工作和教学任务繁忙，他只能在夜深人静时才开始从事科学研究。他很少有在凌晨2：00以前休息的时候。为了节省时间，夜宿办公室、吃方便面就成了他的生活习惯。由于工作繁忙，他的孩子高考前见他一面都成为一种奢侈。

初建系时，教学方面也遇到了不少困难。那段时间，全校的政治经济学、西方经济学、统计学、微观宏观课程全都仅由学院里20多位教师承担，课程繁重，老师们几乎满课。但以金教授为首的经济系老师们都以饱满的热情投入到教学中，不辞辛苦。其中两位身体不太好的老教师，也仍然坚持投入到经济系建设的热潮中，真可谓"衣带渐宽终不悔，为伊消得人憔悴"。

作为学科带头人，金哲松教授深知作为一个教学科研单位，要想取得科研成果的丰收，组建一支精干、过硬的学术科研队伍尤为关键。为此，在建系伊始，他就将实施人才战略作为全部工作的重中之重。2000 年全系教师具有博士学位的比例仅为 40%，金哲松教授为此备感焦虑。他一方面不拘一格大力引进人才，从北大、清华、南开等高校引进了大批博士毕业生，有来自北大的周战强和邹燕，来自清华的李相宏，来自华中农业大学的于爱芝，来自南开的兰日旭，来自人大的张宝军和郭守杰，来自华中科技大的郭家虎等人，还利用人才引进方式从河北经贸大学调来了戴宏伟教授。另一方面鼓励现有教师深造，那时以及后来考上博士的本院老师有：秦熠群（导师是王巾英），苏雪串（导师是闻潜），冯微（导师是张东刚），徐学慎（导师是闻潜），张宝军，李连友（导师是刘杨），高兴波（导师是潘省初）等；考上博士后的有于爱芝。仅在建系的头几年，在他的激励和鼓舞下，就有 6 位老师考取了博士学位研究生，3 位老师进入博士后流动站。这里面既包括已有教授职称、年近五十的老教授，也有拼搏多年最终考取的骨干青年教师。

在金哲松教授顽强拼搏的精神感召下，全院师生上下一心，合力奋斗。几年来学院的科研成果无论数量还是质量都突飞猛进，承担或完成的国家级、省部级的科研项目居全校各院系之首。

尽管取得了跨越式的发展，金哲松教授在学科建设与发展中仍保持着危机感和紧迫感。金教授将学科建设作为院系发展的龙头，采用"走出去"的战略，和外界多交流、多交朋友、多做宣传，尽力动员了可利用的社会资源为学科建设和发展服务。同时，金教授还强调领导班子成员必须具备无私奉献的精神，并且要有"眼睛朝下"的工作作风，能够关心同志、帮助同志、团结同志，营造出宽松而团结向上的团队氛围。

学院现在的会议室里挂着一幅学生赠送给金老师的画，画上是两头牛，后面有一个人赶着它们。而那个人就是指金哲松教授，那两头牛则预示着两个专业。对于金哲松教授而言，从经济系到经济学院，这些经历于他是非常珍贵的回忆。在当年经济学院成立的大会上，金哲松教授曾引用过毛主席的一句诗，时至今日还依然挂在学院：雄关漫道真如铁，而今迈步从头越。这句诗恰当地形容了那时道路艰辛，金教授带领的领导班子满怀勇气、战胜困难，把经济系建成建好的经历。

三、以生为本，全面育人

作为经济学院院长，金哲松教授在学生工作中，始终坚持"一切工作的出发点是学生"。他带领大家提供优质的服务，做到以学生为本，切实促进学生的全面发展。

建系之初，适逢学生义务献血。为了消除学生的恐惧心理，46 岁的金哲松教授带头献血。他自掏腰包，为学生购买补品，全系师生深受感动。而这实际上已经是他的第三次义务献血了。2000 级统计班徐丽丽同学身患重病，他又带头捐款，在他的带动下，全系师生共捐款万余元，给患病的学生提供了巨大支持。

2003 年，中央财经大学成为"非典"的重灾区。在那段灰色的日子，人们对中央财经大学可以说是退避三舍。就是在这种情况下，当时兼任党总支书记的金哲松教授带领班子成员，每天 24 小时值班，对学生进行劝导和教育工作。面对突发事件，他现场指挥，经济系学生无一例感染"非典"。经济系党总支因此被评为学校先进党总支。

为了给学生提供日常活动的场所，经济系在办公用房奇缺、各教研室无办公地点的情况下，毅然辟出一间办公室作为学生活动室。学生们备受鼓舞，各项活动开展得有声有色。2004 年，在以金哲松教授为首的院领导高度重视和有效指导下，年轻的中财经济学院获得第一届"东风雪铁龙赛纳杯"首都高校辩论赛冠军。此辩论赛有我校和北大、清华、人大、北师大、北交大、对外经贸大、首都经贸大 8 所首都高校的参赛，最初由北大发起并主办。清华大学的辩论队员在赛后不无感触地讲道：中财经济学院对于学生工作的重视令他们羡慕！

经济学院的专业偏重理论，这使得一些学生对就业前途产生了担心。面对这种情况，在金哲松教授的带领下，经济学院先后举办了两届大型的"校友论坛"活动，分别请 20 世纪 60 年代和 80 年代的校友回母校，与在校同学进行交流。校友们用自己的职业生涯经历，给学生们生动讲述了命运掌握在自己手中的道理。两次活动都取得了很好的效果，尤其是毕业班的同学，受到了莫大的鼓舞。

对于经济学院的学生，金教授孜孜不倦地给予引导和鼓励，帮助学生树立自信，让学生坚信自己的优势。他嘱咐学生练好专业基本功，奠定扎实的经济学基础。他还教育学生不要抱怨，要学会接受现实，认定目标，根据就业形势、人才需求，弥补自己的不足。他还告诉学生要坚持"人无我有，人有我优"，从而寻找机会，有心人只要努力耕耘，最终一定会得到回报。金教授还传递着这样一个观点，在他的心目中，最重要的一点永远是要学会做人，无论做什么之前都得先学会做人，无论是拼搏还是创新，最后都得落实到做人上。

在学生毕业后，金哲松教授经常利用各种机会与他们沟通、座谈，一方面帮助解决他们遇到的困难，另一方面从他们那里得到信息反馈，用来改进对在校生的管理和教育。

在长期深入细致的教育教学工作中，许多学生与金哲松教授结下了深厚的情谊。经管86班的学生黄强称呼金哲松教授为"老金"，他回忆道，当年老金还是经管系副主任的时候，稍有些意气风发却又谦逊低调，没有领导架子，深受同学们的喜爱，后来该班同学毕业后，办了几次周年聚会，都没有看到老金的身影。2008年，一位同窗去世，班上同学相约为其守灵，那晚老金出乎意料地参加了。2017年，他探讨新业务，请教于老金，老金很快带着团队来到他所在的城市展开调研，短短一个月内促成相关的研究中心成立。老金雷厉风行、倾力相助的作风，让校友对母校有了深深的信任和依赖。金哲松教授曾在86级毕业赠言时，送给一位经管系学生四个字——内方外圆。而事实上，在许多人眼中的"老金"一生都在诠释这四个字。

还有更多的学生离开学校后，时常回到母校，找金老师谈心。金哲松教授一方面鼓励校友们在各自的工作岗位上努力奋斗，为校争光；一方面也为校友们提供一些相互交流的平台，使校友们能够共享资源，加快进步。校友们也为学校设立了多项奖励基金，用于奖励学业、工作突出的在校学生和教师。

金哲松教授，作为中财经济学院发展的开拓先锋，以创新和拼搏的精神，锐意进取、砥砺前行，带领经济学院实现了飞跃发展。他常提及的学会做人、永不放弃、勤思考、多钻研等理念，都是留给后辈们的人生珍宝。经济学院在今后的发展中也将不忘金哲松教授他们创办学院的初心，精心夯实学院建设，争创一流的经济学院！

第七节　赵丽芬

——筚路蓝缕，自强不息

赵丽芬，女，汉族，1959 年生，中共党员，吉林大学经济学学士、硕士，中央财经大学经济学博士。她曾任中央财经大学副校长兼研究生院院长，现为中央财经大学经济学院教授，博士生导师，国务院政府特殊津贴专家，兼任中央财经大学教学委员会主任委员，第五届全国 MBA 教育指导委员会委员，中国宏观经济管理教育学会副会长，北京市经济学总会副会长。她曾荣获北京市青年骨干教师、北京市师德先进个人等光荣称号。

一、锐意拼搏献青春

赵丽芬教授于 1978 年进入吉林大学经济系政治经济学专业求学，1982 年获经济学学士学位，1985 年在吉林大学获得硕士学位后来到中财大前身——中央财政金融学院经济管理系任教。从讲师到教授再到博士生导师，她始终坚守在一线教师的岗位上，选择与学生最亲近的方式教书育人。赵教授儿时的梦想就是成为一名教师，这也是她多年来持之以恒的选择，以己之力培育祖国未来的精英，心怀对教师这份职业的热忱，赵教授无时无刻不在尽着一名教师的本分和职责。

作为一名教师，赵教授以最诚挚的心对待教育，无私奉献，她关爱学生、爱岗敬业、忠于职守、任劳任怨，全身心投入教学工作。她待人温柔亲切、谈吐优雅自然、和蔼可亲，又不失严谨，如春风化雨般滋润莘莘学子渴求知识的心灵。赵丽芬教授长年奋斗在教学前沿，承担着本硕博三个培养层次的教学工作，她积极改进教学作风，注意在学生面前树立好教师形象，善于听取各方意见，不断改革教学内容与方式方法，入校任教以来先后开设了市场营销学、管理学原理、西方经济学、可持续发展战略学、宏观经济管理模式国际比较、中国经济体制改革（专题）等课程。她扎实深厚的知识基础与循序善诱的引导式教学使这些课程受到学生的极大欢迎，备受好评，在中央财经大学的专业课程建设中发挥了极其重要的作用。她以负责任的态度、开拓的精神、踏实的作风获得了大家的一致赞许。

赵丽芬教授是中央财经大学培养的第一批博士生，也是中财的第一位女博士。学成之后，她用实际行动回报母校，对中央财经大学的学科建设和研究生教育做出了重大贡献。在当时，中央财经大学虽然是以与共和国同龄的"211"财经类院校著称，但学科建设水平仍有很大进步空间，硕士、博士授权点数量以及研究生规模也很不尽如人意。因此，无论是担任研究生部主任（研究生院常务副院长）期间，还是作为分管研究生教育、学科建设工作的副校长之后，赵丽芬教授都深感学校的学科建设"压力山大"，责任重大，于是，她在学校党政的正确领导下，坚持以学科建设为龙头，抓紧优化学科布局，引进"绩效管理"概念，鼓励学院科学制定学科发展规划，激发其加强学科建设的主动性、积极性。同时，她不断强化学科建设文化氛围，通过召开全校学科建设大会、发布学科发展报告等形式，系统回顾我校学科建设的发展历程，认真总结改革开放以来学科建设取得的成绩，通过比较分析，剖析我校学科建设存在的问题，提出学校未来学科发展的基本思路。她以坚持不懈的努力和稳扎稳打的工作作风，带领有关部门和学院攻坚克难，取得喜人成绩。我校顺利通过了部际协调办组织的"211工程"三期建设项目的总结验收；工商管理学一级学科和政治经济学二级学科被评为北京市重点支持学科，马克思主义中国化研究、世界经济、统计学等三个二级学科被评为北京市重点学科（其后统计学后调整为一级学科）；圆满完成国家增列硕士专业学位授权点申报工作，增补应用心理、软件工程两个硕士专业学位授权点，使我校硕士专业学位授权点达到13个，专业学位授权体系进一步扩展，结构更加合理和优化。她为我校应用经济学成为国家一级学科重点学科、获得工商管理和理论经济学一级学科博士学位授予权、获批国家优势学科平台等做出了重大贡献。在研究生教育方面，她领导研究生教育团队不断深化体制机制改革，大力加强研究生导师队伍建设，建立健全激励约束机制，更好地适应研究生教育改革和提高人才培养质量的需要；大力推进研究生教育国际化，广泛实施研究生学术交流支持计划，鼓励研究生参加国内外高水平学术交流活动；通过国家公派研究生出国留学项目和北京市中外联合培养项目等派出大量研究生赴国外攻读学位、联合培养和进行暑期课程学习；顺利完成AMBA认证和再认证。

赵丽芬教授作为副校长分管人事人才、教师发展工作期间，适应国家政策调整和学校事业发展的需要，不断深化人事人才体制机制改革，激发活力，创新海归人才引进机制，全面推行年薪制改革，逐步打破身份限制，使"创新平台"新聘人员与传统学院年薪制海归在合同管理、薪酬发放比例方面实现一致，加强绩效考核，积极探索事业编与非事业编、"创新平台"与传统学院用人模式的有效融合；深化专业技术职务评审制度改革，将副高级职称评审的初审权全面下放到学院，充分发挥学院在教师职务晋升中的作用和话语权。期间，她积极组织相关部门建立或修订《中央财经大学教职工日常考勤管理办法》《中央财经大学高层次人才引进管理办法》《中央财经大学龙马学者遴选办法》《中央财经大学教师分级分类管理办法》等文件，为学校进一步深化改革，奠定了必要基础。

二、开拓进取承经管

赵丽芬教授初到中央财经大学时，正是经济管理系成立的第二年。1985～2003年近20年间，她无怨无悔地奋斗在工作岗位上，与经济管理系的全体师生们一起用汗水和辛勤的工作打出了经济管理系响亮的品牌。1984年，中央财经大学经济管理系在学校基础教学部的基础上成立，当时系里设立了国民经济计划教研室、企业管理教研室、经济法教研室、统计教研室共四个教研室，课程开设以本科为主。之后，随着学校的发展和这些学科专业的成长壮大，这些教研室陆续从经管系分离了出去，成为独立的如经济系、法律系等，经济管理系就如孵化器一般，在它的基础上建立了商学院、经济学院、法学院、统计学院等其他学院。从1985年国民经济计划与管理专业招收本科生起，在发展中又增设了涉外企业管理、市场营销等专业，更令人欣喜的是1993年国民经济管理（现为国民经济学）获批了全校的第一个博士点，实现了学校博士授权点的"零的突破"。

在当时，国民经济计划与管理专业师资力量十分雄厚，老一辈的刘中石教授、闻潜教授、王柯敬教授、侯荣华教授等与赵教授他们一起努力建设着这个新生的专业，经济管理系也在这些优秀教授的鼎力支撑下发展得又快又好。赵丽芬教授始终忠诚于经济管理系的发展事业，热爱教育教学工作。在教授市场营销学与管理学原理课程时不断创新进取，在赴日本做公派学者时不断取其之长思我之短，与经管系的全体师生同舟共济，将教育发展之路引向未来。

赵丽芬教授从1995年后开始担任经管系的系主任与党总支书记，肩上又挑起了建设国民经济学科的重任，虽然这条道路前景不明，亦有失败的风险，但赵丽芬教授秉持把做好管理工作作为第一要务的理念，恪尽职守，不辞辛苦，不计个人得失，以敢于担当、勇于负责的精神，积极改进工作作风，带动全体师生为经济管理系的发展出力，使国民经济学科成为北京市重点学科，进而成为国家级重点学科。国民经济学之所以能够获得又好又快的发展，得益于学校的统一领导和大力支持，得益于全系教职工的辛勤付出，当然，也与赵丽芬教授及其带领下的领导班子的艰苦努力密不可分。

作为经济管理系系主任兼总支书记，赵丽芬教授继承和发扬经济管理系踏实低调的优良传统和工作作风，以学科建设为龙头，大力加强师资队伍建设，使经管系科研水平和各层次人才培养质量持续提高。

（一）学科建设成效显著

经管系通过分配制度改革，不断激发活力，增强学科实力，使作为学校第一个博士学位授权点的国民经济学科，在国内高校中学术地位日益提升：2002年获评北京市二级学科重点学科，2003年获得应用经济学一级学科博士学位授予权（涵盖国民经济学二级学科）；同年，经全国博士后管理办公室审核通过，获批设立应用经济学博士后科研流动站。

学科与专业建设密切相关。在学科建设中，赵丽芬教授在老主任侯荣华教授的引领下，高度重视与相关主管部门和兄弟高校积极沟通，密切合作，共同探讨和研究国民经济管理专业建设问题。1999年4月1～2日在教育部的指导下，"国民经济管理建设与改革研讨会"在我校召开。全国被批准保留该专业的7所高等院校的代表和我国著名经济学家房维中、乌家培、王永治、王积业以及财政部、国家发展计划委员会、全国政协经济委员会、宏观经济学会等有关单位的领导、专家、学者40人参加了研讨会。2001年，由张今声（辽宁大学）、侯荣华、李华（辽宁大学）、赵丽芬等共同研究的课题"面向21世纪国民经济管理专业教学内容与课程体系改革"，荣获国家级教学成果奖二等奖。

（二）师资队伍水平持续提升

教师队伍建设是加强学科建设、提高人才培养质量的重要抓手。为了全面提升教师队伍水平，赵丽芬教授一方面积极引进国内外高校应届毕业的优秀博士和硕士，充实师资力量，另一方面极力鼓励和支持现有教师在职攻读博士学位，使教师队伍的学历水平持续提升，学历结构和学缘结构持续优化，形成一支团结、务实、敬业的高水平师资队伍和老中青相结合的学术梯队。一大批优秀教师在校内外荣获各种荣誉，担任重要工作。期间，王柯敬教授成为政府特殊津贴专家；刘扬、赵丽芬、潘省初等教授取得国民经济学专业博士生指导教师资格；赵丽芬获得"北京市师德先进个人"称号。

（三）人才培养质量不断提高

人才培养是高等院校的重要使命和责任。赵丽芬及经济管理系广大教师始终坚持人才培养为本，重视专业教育与素质教育相结合，涌现出一批先进班集体和个人。经济管理系国际企业管理 97（1）班获评 1998～1999 年度北京市先进班集体，国际企业管理 96（1）吴奕同学获评 1998～1999 年度北京市三好学生。为迎接澳门回归，经管系国际企业管理 96 级学生田伟发起"千禧圆梦——摩托车万里行"活动，单人骑摩托车从北京到珠海，不辞辛苦，沿途途径高校学生踊跃签名，到达珠海后，在珠海教育学院圆满举行了"迎接澳门回归百所高校万名学子签名簿交接"仪式，为我校增光添彩，体现了当代大学生浓厚的家国情怀。

（四）科学研究取得可喜成绩

赵丽芬教授和经管系广大教师紧密结合我国改革开放的实际，积极开展科研工作，取得丰硕成果，全系科研整体水平不断提高。1999～2003 年间，王柯敬、闻潜、侯荣华等教授获得省部级以上课题立项十余项；全系教师出版专著与教材近 20 余部，其中，侯荣华、赵丽芬教授合著的《宏观经济政策调控力度及协调分析》荣获北京市第六届哲学社会科学优秀成果二等奖；侯荣华教授编著的《中国固定资产投资效益研究——理论、实证、案例》荣获北京市第八届哲学社会科学优秀成果二等奖；侯荣华主编的《西方宏观经济学》《西方微观经济学（修订本）》获评中国书刊发行业协会第十三批全国优秀畅销书。

（五）积极扩大境内外交流

1998 年 9 月应台湾朝阳科技大学曾腾光校长邀请，赵丽芬教授与我校李保仁教授、汤贡亮教授一行 3 人赴台湾进行访问，就筹办电子商务专业等达成了合作意向。2000 年 1 月，侯荣华教授随校党委副书记李玉书等 4 人访问台湾朝阳科技大学，进行学术交流并签署了合作协议。经管系每年还邀请德国英德杰公司负责人来为学生讲座，扩大学生的国际视野（该项目延伸至今，该公司已成为我校研究生境外实习基地）。

2000 年 5 月 29 日，经 2000 年 4 月 20 日党委常委会研究决定，我校成立经济系。原经管系的西方经济学、统计学等教研室的近 20 名教师和经济学、统计学两个本科专业的 120 名学生，一并划归经济系。

2003 年，由于中财实行学院制，国民经济学科整体划归经济系，成立经济学院，引来了崭新的发展模式。赵丽芬教授与侯荣华、闻潜、王柯敬、蒋选等教授正式成为经济学院的一员。

回望数年经管系的发展以及国民经济学科的发展，都离不开一代引路的老教授们与赵教授他们这一代承前启后的中财人。正是他们紧密结合学校实际，以创新驱动管理改革，抓好分管工作，有力支撑了中央财经大学整体水平实现质的飞跃。

三、潜心研学传经纶

在大学本科、硕士、博士阶段受到的系统的经济学教育，使赵丽芬教授更深层次地了解到了马克思主义经济学理论的实用价值，再加上学校历史文化的熏陶，使她的学术思考与分析经济社会问题的能力得到了质的飞跃，为之后其在经济学与管理学上的理论研究打下了坚实的基础。在学术研究方面，赵丽芬教授的主要研究方向为经济运行与宏观经济政策、可持续发展战略、管理理论与实务等。她积极参与各项研究活动，编书著作，发表论文，为学校和国家的经济学、管理学理论的发展做出了贡献。近年来，赵丽芬教授紧密结合我国改革开放的实际，紧紧围绕学术界、业界以及政府和社会关切的热点难点问题，特别是以政府与市场的关系、宏观调控与经济政策效应、城乡统筹发展以及国有企业改革等为主题，开展有针对性的应用性研究，试图为解决我国经济社会发展中的实际问题和政府决策提供参考。在《改革》《经济管理》《财政研究》等重要刊物上发表《我国财政货币政策作用关系实证研究》《影子银行、地方政府债务与经济增长》等多篇学术论文，出版了《财政资金与银行资金关系研究》《微观财政政策的国际比较》

《北京城乡统筹发展问题研究》等学术著作。此外，她还主持和参加了多项省部级以上课题研究。

赵教授的著作《北京城乡统筹发展问题研究》（中国财政经济出版社2009年版），对北京城乡统筹发展问题进行系统分析和深入研究，为促进北京城乡统筹发展和首都地区可持续发展，提供重要理论依据和智力支持。《财政资金与银行资金关系研究》（中国财政经济出版社1999年版），基于宏观经济管理的视角，交叉运用多学科知识与方法，立足于中国改革开放的实践，深刻剖析了我国经济体制改革实践中两类资金各自运行及其关系的变化。《微观财政政策的国际比较》（中国计划出版社1999年版），选择了一个微观的视角对财政政策展开研究，为政府制定经济政策提供参考。赵丽芬教授在学习和研究经济学时，她时刻抱着对科学的敬畏之心和严谨的态度，去深入研究和探索其规律，同时又紧密联系中国改革开放的实际，用所学的知识方法去发现问题，分析问题，解决问题，这向我们展示了学以致用的重要作用，获得一众师生的好评。

赵丽芬教授先后主编过多部教材，包括《管理学概论》《管理学教程》《管理理论与实务》《高级管理学》《管理学：全球化视野》《管理学：理论与实务》《市场管理学》《可持续发展战略学》等，其中《管理理论与实务》为北京市精品教材，《管理学概论》为国家"十一五"规划教材。赵丽芬教授作为副主编参与编写的"马克思主义理论研究和建设工程重点教材"《管理学》，已正式出版并投入使用。在教材编写工作中，她始终坚持教材服务于教学、服务于师生的理念，紧紧围绕我国高等院校深化教育教学改革，提高人才培养质量的需求，既借鉴国内外已有的研究成果，充分体现相关学科发展的前沿动态，又不断总结自己的日常教学经验，使相关知识、理论、方法与实际密切融合，增强教材的科学性、系统性、实用性和吸引力，让教材更便于教师和学生开展互动，显著提高教学效果和学习成效。值得一提的是赵教授紧扣当代社会经济热点，心系学生专业功底打造，心怀学校教育事业发展，工作33年以来坚守三尺讲台，这样丰富而又贴近学生实际的教学经历为书中知识架构的搭建和内容要点的取舍展示了强有力的现实操作，教材的每一次翻新，每一次深化，不仅仅是时代在字里行间与我们的对话，更是知识在代与代之间的传承。

四、谆谆教诲嘱后生

研究经济学需要广泛的知识和强大的经济学思维，赵丽芬教授认为："大学生应该在大学期间打好坚实的基础，这样才可能在以后的经济学理论研究中举一反三，提出适合经济社会发展的新方案。虽然学术研究更多的时候是枯燥而乏味的，但要享受工作学习生活，不断学习积累才能感到充实，多变的环境才能锻炼自己的能力，想要在学术的殿堂更进一层楼就要付出更多更艰苦的努力。"

赵教授认为，从学习的视角来看，当今流行依靠快速、广泛的碎片化方式获取知识，这种方法根本无法替代求知的根本方法和系统性学习和思考。在信息化社会，技术进步日新月异，但是互联网带来的更多的碎片化信息难以承担知识系统构建和夯实基础这样的重要任务，因此，需要静下心来去阅读，感受书页之间的摩擦，在阅读中去思考和琢磨，通过知识的系统梳理和积累，夯实根基，为未来的发展和创新积蓄足够能量。她借用了这样的一句话："在碎片化时代，不要碎片化生活"，强调在当今社会上追求功利的风气比较浓厚的背景下，大学生不要受这种风气的感染和影响，而应当志存高远，为经济学科的建设与发展做出实质性贡献。

赵丽芬教授在工作中，严格遵守党的各项纪律，讲政治，讲原则，不独断专行，严格遵守党的廉政纪律，为学校发展、为广大师生的利益服务。她坚持以高度负责的态度参与事关学校发展和广大教职工利益的重大问题研究与决策，个人利益服从集体利益。虽然在别人眼里赵教授像一位女强人，但是在赵教授看来，自己只是一个比较普通的女人，在外是一个比较受学生欢迎的女教师，在家是一个比较听话的女儿、一个孩子的不太称职的母亲、一位先生不太称职的妻子。赵教授在教育事业上付出了多数的时间和精力，分给家人的时间自然就少了许多。她认为自己的人生并没有什么高远的目标，只是在不同阶段、在不同岗位上，认认真真、勤勤恳恳地做了自己应该做的事情。在被学生问及是否有过令自己惋惜的事情时，赵教授十分坚定地说道自己做事必定全力以赴，不给自己留下任何遗憾，同时也提醒同学们，要有憧憬有梦想，要学到真本领，认真对待每一件事情，不懊悔过去，不恐惧将来，既要仰望星空，又要脚踏实地。赵丽芬教授常常将一句话作为寄语送给毕业的学生并与其共勉：

"勤勤恳恳做事，踏踏实实做人，积极上进，自强不息，无愧于社会，无愧于人生。"

第八节　黄少安

一、经邦济世家国厚，桃李满园遍五洲

黄少安，男，1962 年生于湖南省洞口县，经济学博士，教授，博士生导师，我国著名经济学家，教育部长江学者特聘教授，在产权理论和制度经济学领域颇有成就。黄少安于 2006 年至 2011 年担任中央财经大学经济学院院长，现任山东大学经济研究院（中心）院长，兼任国务院学位委员会理论经济学学科组专家和国家社科基金评审专家，是《制度经济学研究》杂志的创办者，也是中国产权理论、制度经济学和法经济学研究和学科建设的重要组织者和领导者之一，并于 1999 年入选国家人事部百千万人才工程第一、二层次，2000年入选教育部新世纪优秀人才，2001 年获全国高校优秀青年教师奖（教学和科研奖励计划），2004 年荣获孙冶方经济学奖，2006 年遴选为教育部"长江学者"，2017 年 12 月入选第三批国家"万人计划"哲学社会科学领军人才。

二、壮志少年学满志，蜚声学界贡献多

黄少安于 1984 年进入湖南省委党校理论班经济学专业，开始系统地接触经济学理论（早期主要为马克思主义政治经济学）。在读书期间，黄少安就表现出对经济学的浓厚兴趣。他积极思考现实中的重大经济问题，同时阅读大量经济学经典文献，做了大量读书笔记，通过将问题与理论相结合的方式，总结和提炼出一系列新的研究思路和研究理论。1986 年至 1990 年，黄少安在湖南邵阳市委党校从事经济学教学与研究；1990 年至 1991 年，他又转至湖南大学经济研究所从事经济学研究。尽管经过多年的学习和积累，黄少安对于经济学理论的掌握和对现实问题的研究已达到一定水平，但对自己学术上的较高要求让他再次做出一个重要决定，那就是攻读经济学博士学位。1991 年，黄少安顺利考取厦门大学经济学博士，1994 年博士毕业。四年的刻苦学习和钻研，

加上过去多年自己在学术上的积累，让黄少安的"产权经济学导论"博士论文获得了极高赞誉！博士毕业当年（1994年），黄少安破格晋升为教授，并于1996年创办了山东大学产权研究所。在此后的多年工作中，黄少安一直将主要研究领域放在制度经济学、产权理论和中国经济体制（含农村经济体制）改革和发展方面，曾先后获得孙冶方经济学奖和首届中国农村发展研究奖，以及其他多项国家级奖励。1999年，黄少安入选国家百千万人才工程第一、二层次；2000年入选教育部优秀跨世纪人才计划；2001年获全国高校优秀青年教师奖（教学和科研奖励计划）；2004年荣获孙冶方经济学奖；2006年遴选为教育部"长江学者"；2017年12月入选第三批国家"万人计划"哲学社会科学领军人才。

　　从20世纪80年代末到20世纪90年代初，黄少安在长达十余年的时间内始终将研究的聚焦点放在了对现代西方新制度经济学与马克思主义经济学进行比较研究方面，并于1993年完成了《产权经济学导论》一书（该书于1995年初出版）。《产权经济学导论》是我国最早对西方产权经济学基本理论问题进行系统研究并与马克思产权理论进行比较的专著，与同时期国内多数学者主要限于介绍西方产权理论不同，它是研究性的、批判性的、比较性的，在某些领域有重要的学术突破，因而一出版便受到学术界的广泛关注和高度评价，黄少安也因此成为我国最早研究产权理论和新制度经济学的最主要的代表性和开创性学者之一（其他有林毅夫、樊纲、张军、张曙光、盛洪等）。该著作一经问世，立刻引起国内学术界的广泛关注和高度评价，受到国内老、中、青三代的高度赞扬和评价，刘诗白、吴宣恭、夏兴园等老一辈著名学者和黄桂田、高明华等中青年学者纷纷发表书评，肯定这本书的学术价值，认为该书填补了国内产权领域研究的空白。著名经济学家刘诗白于1996年在《经济学家》期刊上发表论文评论该著作，认为该论著对产权进行了较为准确的定义，并且在评述、分析、综合、比较和批判的基础上，以理论实证分析为主，通过纵向和横向的比较分析方法，对产权经济学的一系列问题进行了研究，确立了自己的观点，对社会主义产权经济学的创立具有现实意义。同年，原厦门大学副校长吴宣恭先生也在《学术月刊》第10期上撰文对《产权经济学导论》一书给予了高度评价，他认为该著作弥补了我国长期以来对西方产权经济学理论进行系统分析和研究的空白，它的出版对提高西方现代产权经济学的认识，为社会主义建设和经济体制改革服务，具有重大的实践意义，对建立具有中国特色的社会主义产权经济学，也富有重要的理论价值。该书目前仍然是我国产权理论和制度经济学领域研究的最重要的文献之一，曾经荣获教育部第二届人文社科成果三等奖、山东省教委哲学社会科学优秀成果一等奖、山东大学社会科学成果一等奖等．文献引用率高达三千多次（该书于2004年由经济科学出版社再版）。

即使已经取得了一定的成功，即使自己的学术成就已经蜚声学界，黄少安依然没有停止理论研究的步伐。在这之后的十年间，他开始尝试将经济学与语言学相结合，并由此产生了一个新兴的交叉学科，也即语言经济学。语言经济学近年来在国内外都得到了快速发展。2017年4月由黄少安教授语言经济学团队撰写的《语言经济学导论》（以下简称《导论》）由商务印书馆出版，该书系统地阐述了语言经济学的基本理论问题及主要研究领域，重点分析了作为人力资本的语言及其投资、经济学视角下语言的产生与演变、语言产业和语言经济、语言政策和语言规划的经济学分析、应用与博弈、经济学语言的修辞以及中国的语言经济学研究状况等，是中国系统研究语言经济学基本理论问题的第一本专著，具有填补空白的意义。

除专著外，黄少安在高质量论文方面也颇有建树，在创建学术交流平台方面也卓有成效。自1990年以来，黄少安在《中国社会科学》和《经济研究》等国内顶级期刊上发表学术论文几十余篇，其中多篇代表性成果具有重要的科学价值和社会经济意义。与此同时，他一直致力于推动中国产权理论和制度经济学领域的学术发展，为全国的制度经济学研究者们创建了两个经常性的学术交流平台——"中国制度经济学论坛"，以及《制度经济学研究》杂志（该杂志为季刊，由黄少安担任主编，并按照国际惯例实行完全的匿名审稿制度，坚持学术标准）。此外，黄少安还是我国"法经济学"和"语言经济学"两个交叉学科研究和人才培养的开拓者、组织者、领导者，他分别于2003年和2009年领导发起了"中国法经济学论坛"和"中国语言经济学论坛"，并在《中国社会科学》和《经济研究》发表法经济学论文多篇，加上《语言经济学导论》，他的学术成果对我国立法司法改革和国家语言战略和规划的制定具有重要意义（增加了语言经济的内容）。

三、创建优秀学术团队，打造优势理论学科

从第一部个人学术专著《产权经济学导论》，到最近刚着手研究的新课题《土地产权、土地流转与土地征收补偿制度》，黄少安的目光始终锁定中国当

代社会的现实问题；从破格晋升教授，到获选教育部长江学者特聘教授，他始终恪守勤奋踏实的质朴学风和独立自由的学者立场。在他身上，能明显地感受到湖南人沉毅的性格，也会被他实干家的作风折服。这种坚定的学术意志和朴实的实干作风，让黄少安在担任中央财经大学经济学院院长期间，为这个学院乃至学校创建了一批批优秀的学术团队，打造了在国内极具优势的理论经济学一级学科。

"节约、互利、均衡"是黄少安在担任中央财经大学经济学院院长期间提出的教、学、研精标准。在此期间，学院一直秉承"崇尚经济科学，培养优秀人才，服务社会进步"的办院宗旨，沿着"兼容并蓄，学术自由，国际标准，关注本土"的办院思路培养人才、打造优质学术团队、提升学科发展。他总爱说："科研投入，重点是要看产出。只有投入没有产出的话就是糟蹋资源。"而比起对他个人学术成就的寡言少语，黄少安更乐于滔滔不绝地向别人夸赞自己培养出的学术团队。《中国社会科学》和《经济研究》是我国经济学领域的两本顶尖杂志，黄少安及其团队中的教师在 2006 年至 2011 年间共计发表论文19 篇，其中《中国社会科学》发表论文 1 篇、《经济研究》论文 18 篇。他们还在国外 SSCI 期刊发表论文 33 篇，其他国内外学术期刊论文 750 余篇，出版专著 54 部、教材 15 部，主持承担国家自科、社科和教育部项目 46 项、省部级等其他项目 200 余项，获得省部级奖励 25 项。他总是告诉师生们："一个人走可以走得很快，但却走不了太远，团队步伐也许会慢一些，但会走得更远。一个人的价值只有融入集体才会真正实现。"正是在这样的团队精神指引下，中央财经大学经济学院在理论经济学和应用经济学学科建设方面取得了极大的成功，在学术团队的培养和建设方面也取得了较好的成绩。中央财经大学校长助理李涛、经济学院院长陈斌开、科研处副处长张舰、教务处副处长张苏、国际经济与贸易学院副院长王立勇、经济学院副院长史宇鹏、经济学院党委副书记郭冬梅、教育部新世纪优秀人才王海港、国家"万人计划"青年拔尖人才严成樑等都是在黄少安担任中央财经大学经济学院院长期间引进的优秀人才。

尽管在黄少安眼里，成绩是香甜的果实，但人才和学风才是保持一支学术团队学术生命力的关键。"从选拔人才开始，我们聘用和引进的都是真正喜欢做研究、又有能力做研究的人才。"黄少安坚定地说，"更重要的是我们的学风很正，大家都踏踏实实进行科学研究，抄袭之类的歪风在我这儿绝对行不通。"黄少安在自己所带领的学术团队里推行踏实肯干、质朴勤奋的学风可谓始终如一。在学术评价中，他总是坚持学术标准和学风标准，尽力做到把最优秀的，尤其是年轻而优秀的人才选出来，予以支持和资助。他说："对那些勤勤恳恳的年轻学者取得的成就，我们就应该多表扬、多宣传、多鼓励，让他们获得成就感，这样可以激励他们更好地从事科研工作。"

2006 年至 2011 年的五年间，黄少安在中央财经大学组建了包括"千人计划"专家、长江学者、国家社会科学领军人才、中组部青年拔尖人才在内的多个优秀理论经济学创新学术团队，在短时间内为中央财经大学建成了较为完备的理论经济学一级学科。2006 年，经济学院将政治经济学建设成为北京市重点学科，为学校获得应用经济学一级学科国家重点学科作出了较大努力，为提高学校"211"工程建设水平贡献了力量；2007 年，经济学院承担的国民经济学、区域经济学、产业经济学、劳动经济学四个学科有效的配合学校完成了应用经济学一级国家重点学科的申报和建设工作；2010 年，经过多年的努力和建设，黄少安团队为中央财经大学建成理论经济学一级学科博士点，把我校理论经济学的学科建设向前推进一大步，在全国享有极高的声誉。

四、辛勤园丁三十载，桃李满园尽飘香

每个人在人生道路上的选择都是与他的心性紧密相连的，黄少安也不例外。在他博士毕业时，优异的成绩原本让他可以有更多的职业选择，但他毅然选择了在大学工作，做一名人民教师。而这恰恰是源于他自己对教师这份职业的热爱，也源于家庭祖辈都是书香学府的影响（黄少安的祖父就曾经是私塾先生，父母亲分别是中学和小学老师，兄弟姊妹六个有四位是大学教师）。

黄少安曾说："做一名教师是我内心由衷的选择，我如果去经商或者为官，也许不会做得差，但我选择教师这个职业，相信可以用我的智慧、学识和人格品行，影响一代代的学生，学生里会有众多成功的商人，会有众多好的官员。这就是我感到非常欣慰的事，这样我的人生价值不是加倍地放大了吗！我做的正是最符合经济学原理的事。"和黄少安接触过的人都会发现，爱才是他的一大特点。对于年轻学子和学术新秀，他总是充满耐心又不乏幽默。他的学生这样说过，"黄老师喜欢运动，常在球场上和学生们打成一片。他常常鼓励我们要多参加体育锻炼，告诉我们良好的身体是人生的基础，是在其他方面有所成就的本钱"，"同学们都觉得黄老师气场特别强，我们喜欢和他聊天，他为人

正直温和，而且风趣幽默，很健谈，与他聊天是一件很有意思的事情"，"聊天时他会给我们相关的指导，也会直接教给我们一些观察现实和做研究的方法。常常是他的三两句话就使我们获益匪浅，甚至直接成了我们论文的思路来源"，"黄老师认为经济学的科学精神是节约、互利、均衡，要求要有'四气'——底气、霸气、灵气和正气"，"要心存对科学的敬畏，保持坚持严谨的学风。这些话一直鞭策着我"。

和同学们交流时，黄少安时常谈起自己在年轻时对读书的浓厚兴趣，借此鼓励学生在打好经济学理论基础的同时，也要多涉猎其他书籍。泛舟书海的同时，学生也要主要多观察社会现实，多思考，只有这样才能培养起学习经济学中最重要的东西——敏感的经济直觉。黄老师曾经的学生，现任山东大学威海校区副校长的黄凯南教授说："黄老师是一个能把生活与学术联系在一起的人，他做学术不单看理论数据，更重视深入调研，所以经常能解决一些别人解决不了的问题。"功夫不负有心人，黄少安已培养出了一批又一批优秀的学生。他们当中，有的在国内外顶尖大学工作，有的在美国联邦储备银行工作，还有许多优秀的企业家和公务员，他们在祖国的各行各业中表现优异，在世界知名院校的科研工作中斩获头角。

经邦济世家国厚、桃李满园遍五洲。在过去三十余年的研究和从教生涯中，黄少安始终在学术研究领域秉承着心怀祖国、心系国之发展的家国情怀；始终在学科建设、团队建设方面秉承着锐意拼搏、砥砺前行的奉献精神；始终在人才培养方面秉承着一位人民教师不忘初心，牢记使命的坚定信念。尽管我们无法用更多的言语去描绘他感动了谁，但我们每位学子、每位同事、每位学术合作伙伴、每位业界同仁都深深地在内心深处为他竖起了大拇指，为他所做出的学术贡献深表敬佩。他陪伴着我们成长，激励着我们前行。他是我们的良师，也是我们的益友，他是中央财经大学经济学院发展历程上终将不忘的一页。

第九节　杨运杰

一、功不唐捐，玉汝于成

杨运杰，男，1966年生，经济学博士，现为中央财经大学经济学院教授、博士生导师，中央财经大学教学委员会副主任委员、学术委员会委员、教育部经济学专业教学指导委员会副主任委员。他曾先后担任中央财经大学研究生部副主任、常务副主任、经济学院院长、研究生院常务副院长、教务处处长、教育部经济学专业教学指导委员会秘书长等职务，曾荣获 2002 年北京"两课"带头人培养人选、2008 年北京市新世纪社科理论人才百人工程人选、2008 年北京师德先进个人、2009 年北京市宣传文化系统"四个一批"人才、2010 年教育部新世纪优秀人才支持计划人选等称号。

师者，传道，授业，解惑，道之所存，师之所存。

友者，可抒意气，可寄愁心，同道为朋，岁久情真。

"良师益友"四个字，听来寻常，行之不易。在中央财经大学经济学院，就有这样一位好老师——杨运杰教授。

二、春风化雨，润物无声

作为中央财经大学经济学院教授、博士生导师，杨运杰教授在人才培养上一贯秉承教书与育人相结合、教学与科研相结合的原则，正确处理教学与管理之间的关系。杨教授既强调在经济学理论研究有价值的前沿课题，也强调突出问题意识，力争把研究做得更深入、更加科学。在 28 年的教学工作中，杨运杰教授共培养了 65 位硕士，10 位博士，并指导了多名博士后和访问学者。与此同时，杨运杰教授也先后多年为本科生讲授《政治经济学》，为全日制研究生和专业学位研究生讲授《市场经济模式比较》《社会主义市场经济理论与实践》《经济理论与政策》等课程，教学效果显著。

杨运杰教授拥有着扎实的教学功底和一丝不苟的教学态度。"要给学生一杯水，首先必须有一桶水。在知识爆炸的今天，作为教师不仅要给学生水，更要给学生新鲜水"是他常常挂在嘴边的话。杨老师特别注重专业知识的学习、更新和提高，关注学术前沿，以科技促学习和知识创新，这一切都为教学打下了扎实的基础。同学们也时常为杨老师渊博的知识而折服。自 2000 年来到中央财经大学工作，杨运杰教授一直奋斗在学校工作的第一线，即使在 2003～2016 年"双肩挑"工作期间也不例外，由于工作量比较大，杨运杰教授不得不经常晚上或者假期加班加点备课以保证教学质量，然而他却说虽然劳累，但是这些工作能使他更好地研究学生培养规律，能让自己在实际教学工作中有的放矢，能促进自己教学水平的提高，再多的付出都是值得的。

不仅如此，杨运杰教授在教学中坚持问题导向的方法，获得了师生们的一致好评。无论教学内容已经如何熟悉，杨老师每次上课前都会认真准备，力求把最前沿的知识教给学生。从教案、课件、板书到自己讲的每一句话，杨老师都会反反复复地细细斟酌。面对不同的学生，哪怕是相同的知识点，杨老师都会采用不同方法来因材施教。多年来，杨运杰教授在不同的课堂上、面对不同的学生时的教学方法虽然灵活，但是有一点从未改变，那就是杨运杰教授一直孜孜不倦地践行自己的教书育人理念，一丝不苟地为国家培养人才，杨运杰教授经常强调，自己作为一个引路人，要主动引导学生主动去思考问题，而不是一味地被动采用填鸭式的教学方法，那样不仅效果不好，更不是正确的治学态度。他把从自己博士导师那里学到的育人方法用来教育同学们对待知识应该做到"不唯书、不唯上、不唯风、不唯实"，学习理论知识应该做到"严谨的态度、严格的要求、严谨的学风、严密的思考"，这些"三不"和"四严"教会同学们既要学会学问，更要学会做人。

与此同时，杨运杰教授在教学科研和教学改革实践中也颇有建树。杨运杰教授积极参加教改项目，主持了北京市教委教学改革共建项目《经济学拔尖创新人才培优计划研究与实践》，积极探索经济学拔尖创新人才培养的规律和经验；同时他还经常与经济学院政治经济学教研室的老师们共同探索财经类政治经济学的教改内容。杨运杰教授将理论同中国的改革发展实际相结合，收到了良好的教学效果。

三、紧跟前沿，潜心学术

"观于海者难为水，游于圣人之门者难为言。流水之为物也，不盈科不行；君子之志于道也，不成章不达。"杨运杰教授时常激励同学们在学术道路上要秉承不骄不躁的作风，同时他在多年的教学和科研实践中践行着这一原则。杨运杰教授坚持严谨的治学态度和以问题为导向的研究方法，将社会经济实践与理论相结合，在学术研究上取得了丰硕的成果。杨运杰教授的科研方向主要涉及三个方面：一是社会主义基本经济理论的研究；二是企业经济与资本市场理论方面的研究；三是关于中国经济改革与发展问题的研究。从事科研以来，杨运杰教授在社会主义基本经济理论研究方面，发表了《如何从理论和实践上坚持和完善公有制为主体》《论我国市场经济中的国有资产管理》，参与著述了《西方社会主义经济理论述评》（中国人民大学出版社 1991 年版）、《混合所有制论》（中国审计出版社 2000 年），主持了北京市教委共建课题《北京市国有经济控制力研究》（2008 年），为我们认识社会主义基本经济理论建设提供了很大的帮助。

在企业经济与资本市场理论方面的研究上，杨运杰教授首先是对 20 世纪末我国第一次大规模的债转股进行了深入全面的分析，指出了债转股的目标取向，澄清了债转股的"免费午餐说"。其次探讨了资本市场发展中一系列重要问题，包括如何正确利用外国机构投资者（《管理现代化》1999 年 3 月）、我国资本市场发展的几大关系（《宏观经济管理》1998 年 7 月）、我国上市公司股权融资偏好原因分析（《理论学刊》2002 年 6 月）以及我国股指期货风险管理研究（《宏观经济管理》2007 年 6 月）等，尤其是对我国股市持续、稳定发展制度基础的分析（《山东财政学院学报》2003 年 7 月）与后来我国的股权分置改革不谋而合。再次是对企业融资模式、融资结构、公司治理等的探讨，杨教授分别探讨了国有企业和知识型企业中关于融资结构、企业治理和企业效率的问题。主要文献有：《国有企业融资结构与企业效率研究》（中国经济出版社 2007 年版）、《知识型企业最优融资契约研究》（《经济管理》2007 年 12 月）、《知识型企业资本结构研究》（中国经济出版社 2006 年）、《论知识型企业的性质》（《财经问题研究》2007 年 8 月）、《市场传闻研究综述》（《经济学动态》2011 年 10 月）、《日本中小企业融资模式对我国中小企业融资的启示》（《理论视野》2007 年 6 月）、北京市社科基金课题《北京高新技术企业资本结构和投资绩效实证研究》（2006 年）。

关于中国经济改革与发展问题的研究。杨运杰教授首先对改革模式进行了研究，他认为中国的改革模式已经超出了西方主流经济学的解释范围，在改革过程中形成了立足于已有社会环境、制度和物质等资源变量从而求得制度成长与经济增长最优解的中国特色嫁接式改革模式，这主要体现在《中国改革模式新解：鸟笼结构的嫁接式改革模式》（《国家行政学院学报》2007 年 5 月）、《中国改革模式转型：从"鸟笼结构"向"丛林结构"》（《经济研究参考》2007 年第 31 期）等文献中；其次，他对中国改革和发展中一些重要问题也有重点关注和研究，这方面的文献包括《我国东部沿海地区二次产业结构升级研究》（国家社科基金 2011 年立项）、《长江三角洲地区的民工荒和技工荒》

（《经济管理》2006 年第 19 期）、《工业化理论研究新进展》（《经济学动态》2010 年 3 月）、《P – Star 模型与通货膨胀压力测量》（《经济理论与经济管理》2007 年 6 月）、《产业群落视角下的中国区域经济发展五大趋势》（《经济要参》第 36 期）等。

四、栉风沐雨，筑梦经院

杨运杰教授于 2012 年 1 月至 2014 年 9 月期间担任经济学院院长，在这段看似平静的任期里杨教授却肩负着极其重要的责任，杨教授上任初期正值经济学院宏福校区事件发生不久，虽然组织处理告一段落，但后续大量的学生稳定和培养工作急需开展。但是由于这一事件的影响，经济学院一方面在财务上存在困难，另一方面老师们情绪也有些波动。杨运杰教授上任之后，以扎实稳重的工作作风，一手抓统一思想，一手抓教学科研和学科建设工作，很快使学院工作步入正轨，并打造了新的局面。

（一）杨教授着重统一思想工作，同时积极改善办公条件和环境，强化激励约束机制，激发老师教学科研积极性。为了尽快打消师生们的负面情绪，杨教授一方面帮助老师们在思想上认识到目前困难是暂时的，每位老师都做好本职工作就是对学院发展最大的帮助，另一方面杨教授指导学院应该对教师最大限度地提供资助和激励，形成我要做事、我愿做事的良好学院氛围。为此，学院在当时紧张的办公用房条件下，尽最大可能增加老师固定的办公空间，改善学院南路和沙河校区的电脑桌椅办公设施和环境。同时本着科研与教学同等重要、教师与教辅同等重要的原则，杨运杰教授还制定和完善了对老师们的激励和约束机制，从制度上激发和保证老师的工作积极性。

（二）杨运杰教授以申报理论经济学国家重点学科为导向，提高科研水平，进一步加强学科建设。杨运杰教授认为在稳妥处理上述当务之急工作的同时，应把工作重心更多地放在人才培养和教学、科研、学科建设这些中心工作上。在杨运杰教授任院长的近三年时间中，学院发表在 AA 级及以上的国内外论文达 36 篇，获得国家社科基金、国家自然科学基金、教育部和北京市基金项目 30 项，教师中入选"青年拔尖人才支持计划"1 位，入选"新世纪优秀人才支持计划"7 位，"北京市师德先进个人"称号获得者 2 人，1 位教师在第八届北京青年教师教学基本功比赛（高校）中获文史类 A 组二等奖。"经济学拔尖创新人才培优计划研究与实践"获北京市教改课题立项，学院"民生发展与中国经济学理论协同创新中心"列入学校协调创新中心支持计划，学院一批著作和研究报告荣获北京市第十三届哲学社会科学二等奖。

（三）杨运杰教授牵头启动"经济学家梦工厂"教育项目，改善选拔和培养机制，提高人才培养水平。依托北京市教改课题"经济学拔尖创新人才培优计划研究与实践"，杨运杰教授开拓创新启动了"经济学家梦工场"项目，通过面授答疑、讲座辅导、专题讨论、科研助理公开招募、本科导师制、分层分渠道培养等形式，加强学院人才培养工作，这一项目现已成为经济学院提高本科人才培养的特色项目，受到《中国教育报》（2015、1、3）头版专门报道。在 2013 年，中央财经大学经济学院本科生的国内外深造率首次超过 50%。同时在杨教授的努力下，经济学院恢复了中断数年的同日本冈山大学、韩国江源大学的本科生交流活动。在任期间，杨运杰教授组织制订了全新的《经济学院研究生培养方案》，首次将科研能力提升作为研究生培养的重点；制定《研究生助教制度》《研究生讲座和讨论班制度》，实施硕士研究生各专业合并招生方案的选拔制度；建设完善各专业博士生文献库，实行《经济学院研究生科研创新课题资助制度》。

（四）杨运杰教授积极加强师资队伍建设，促进年轻干部成长。任院长期间，杨运杰教授经常说：作为院长负有搭班子、带队伍的职责。虽然经济学院已经拥有了比较优秀的师资队伍，但学科之间的发展并不平衡。因此，杨运杰教授做了两项重要工作，一是注重政治经济学人才的引进，引入了两名优秀的博士毕业生。二是加强国外高水平大学人才的引进，在杨教授职期间经济学院共引进 6 位优秀海外博士毕业生。这些教师现在已成为学院教学科研中坚力量的重要组成部分。同时杨教授还在学院领导班子中注重支持青年教师的成长，鼓励他们不断突破自己，当时与杨运杰教授搭班子的学院副院长李涛，后成为学院党委书记、院长，现已成长为校长助理，时任副院长的陈斌开现也成为经济学院院长。看到他们的成长，杨教授打心眼里为他们高兴。

（五）杨教授积极组织学院合规创收，不断开源节流，尽快恢复学院发展的财力基础。学院发展没有财力支撑是无法想象的。为了尽快恢复学院发展的财力基础，经济学院发挥自己的学科优势，利用国家许可的办学方式，广开门路、广觅资源，在学校创收分成政策的支持下，开办硕士研究生课程进修班和各种中高级研修班，扩大办学规模，既服务社会，培养人才，又扩大影响，增加收入，保证了学院教学科研日常工作的正常开展。到 2014 年 9 月杨运杰教授离任时，经济学院已有了可观的财力积累，为经济学院的后续工作发展打下了很好的物质基础。

（六）杨教授建立和开展学院校友工作。2013 年 3 月 30 日，中央财经大学北京校友会经济学院分会成立，并倡议成立了经济学院校友基金，结束了学院没有校友会的历史。学院聘请 14 名校友担任本科生校外导师，校友为本科生设立奖助学金，有力支持了本科生培养工作。

杨运杰教授，作为经济学院的传承者和发扬者，他始终践行教书与育人相结合的教学理念，成为教师们的楷模。他还是一个勇于创新，敢于担当，破冰前行的"带头人"，使得处于发展困境的经济学院重新焕发出新的活力。这种理念和创新精神都是我们经济学院宝贵的财富，也是学院今后发展的源动力。

第十节　李涛

一、潜心铸学包容蓄，韬光养晦领发展

李涛，男，1977 年生，现任中央财经大学校长助理、教授、博士生导师，"万人计划"哲学社会科学领军人才、中宣部文化名家暨"四个一批"人才、百千万人才工程人选、"万人计划"青年拔尖人才、教育部新世纪优秀人才、国务院政府特殊津贴获得者。其主要研究方向为经济观念与行为、家庭金融等，在《经济研究》《世界经济》《金融研究》Journal of Regional Science（SSCI）等国内外著名期刊发表相关研究方向论文多篇，多次荣获省部级科研成果奖励。主要社会职务为《经济研究》编委、《世界经济》编委、北京外国经济学说研究会副会长、中国世界经济学会（第十届）常务理事等。现主要负责中央财经大学国际交流合作和港澳台工作、协助负责本科教学工作、负责信息化和教学技术服务工作。

二、踏踏实实做学术，认认真真搞研究

1994 年，李涛以优异成绩考入中国人民大学经济学院，攻读经济学学士

学位。1998 年，在顺利取得本科学位后，李涛进入香港科技大学商学院深造，并于 2003 年 7 月获经济学博士学位。在读博期间，李涛即已表现出对学术的热爱和较好的学术造诣。为进一步拓展自己的学术视野，2004 年 10 月至 2007 年 9 月，李涛前往伦敦大学亚非学院（SOAS）担任中国经济与管理博士后访问研究员。

多年的刻苦学习与名校良好的学术氛围，让李涛养成了踏踏实实做学术、认认真真搞研究的实干精神。回国后，李涛将自己的主要研究方向集中在中国居民的心态、预期、投资与消费，中国企业的治理、投资与绩效，以及中国政府的财政竞争、金融发展与经济增长等领域，并取得了一系列重要创新成果。他已在 Journal of Regional Science、Social Indicators Research、China Economic Review 等国际 SSCI 期刊发表论文 6 篇，其他英文期刊发表论文 3 篇；2002 年以来，仅在《经济研究》正刊就发表了论文 17 篇（16 篇为独立或第一作者；2012 年之后发表 6 篇），在《管理世界》《世界经济》《金融研究》等杂志发表论文 31 篇，同时还获得了多项省部级科研成果奖励，提出的政策建议也多次得到北京市领导的重视和采纳，并在实践中得到转化应用。

李涛的主要学术贡献、重要创新成果及其价值和意义可概括为以下四个方面：

第一，在中国居民的心态、预期、投资与消费研究领域：（1）首次系统研究了影响中国居民经济行为与决策的社会、文化、心态因素，包括人格特征、认知能力、社会网络、社会互动、信任、参与惯性、风险态度等，并得到了与基于西方国家的传统文献不同的发现，拓展了文化、心理与经济相关领域的研究，推动了文化经济学和心理经济学在国内的研究。如发表在《经济研究》2017 年第 3 期的《聪明人更愿意创业吗？——来自中国的经验发现》，分析了中国人的认知能力对其创业选择的影响，发现以认知能力衡量的聪明人愿意在管制程度更低的行业创业，而回避在管制程度更高的行业创业。发表在《经济研究》2015 年第 6 期的《人格特征与股票投资》，采用心理经济学的视角分析了中国人的人格特征对其投资行为的影响，发现中国人开放性维度下的价值人格特征对股票投资有显著的积极影响。近年来，共在《经济研究》上发表相关论文 8 篇，在 China Economic Review、Frontiers of Economics in China、《金融研究》《国际金融研究》《经济学动态》等期刊发表相关论文 6 篇。（2）深入研究了影响中国居民信任度、幸福感的重要因素以及信任度和幸福感分别对通胀预期和实际通胀的影响，在信任和幸福感这两个新兴研究领域作出了重要贡献，发现中国居民对政府的信任度在不同经济形势下对其通胀预期有着异质性影响，同时中国特色的大小产权住房对居民幸福感也有着异质性的影响，而且采用幸福感方程测度了中国通胀的福利成本，发现通货膨胀率上升 0.1 个百分点给居民带来的福利损失约为 73.0 ~ 164.1 元，在 Social Indicators Research 发表论文 1 篇、《经济研究》发表论文 3 篇。（3）重点研究了中国居民消费的财富效应和消费不平等的测度和影响因素，克服了以往研究存在的遗漏变量缺陷，首次发现仅有经营性资产对于中国居民消费具有财富效应，住房资产的财富效应并不存在，而中国居民消费不平等的成因较为复杂，在《经济研究》发表论文 1 篇，其他核心刊物发表论文 2 篇。基于以上在中国居民的心态、预期、投资与消费领域的研究，李涛主持了 2012 年度国家社科基金重大项目"扩大文化消费问题研究"、2011 年中组部首批青年拔尖人才支持计划项目"中国居民家庭投资理论与实践研究"、2010 年度教育部"新世纪优秀人才支持计划"项目、2010 年完成了国家自然科学基金青年项目"基于社会互动的投资者参与理论"、2012 年霍英东教育基金会第十三届高等院校青年教师基金基础性研究课题"金融排斥视角下的中国居民家庭金融研究"和 2013 年中央财经大学社会调研与数据库项目"中国城市家庭金融调查数据库"等。其发表在《经济研究》2010 年第 7 期的《中国城市居民的金融受排斥状况研究》一文获得了 2013 年中共北京市委、北京市人民政府颁发的北京市第十二届哲学社会科学优秀成果一等奖。其发表在《经济研究》2011 年第 9 期的《住房与幸福：幸福经济学视角下的中国城镇居民住房问题研究》获得 2015 年教育部第七届高等学校科学研究优秀成果奖（论文三等奖）。

第二，在中国企业的治理、投资与绩效研究领域：（1）首次深入研究了在业绩不同的中国上市公司，国有股权对于公司业绩的异质性影响。发现虽然国有股权对公司业绩影响的净效果在所有上市公司中都为负，但在业绩最差的上市公司里负面作用最为突出。相关论文发表在 China Economic Review 上。之前的两篇相关论文分别发表在 2002 年和 2005 年的《经济研究》上。（2）重点研究了中国上市公司的董事会特征对其投资的羊群行为的影响，发现了董事会的一系列特征会显著影响其投资的羊群行为，而这种投资的羊群行为是与公司业绩显著正相关的。相关论文发表在 European Journal of Finance 上。（3）系统研究了中国上市公司的董事会秘书制度对信息披露质量的影响，发现董秘持股会降低信息披露质量，而其他董秘特征对信息披露质量没有显著影响，董秘制度实施还有待完善。相关论文发表在《金融研究》之后，英文版被 Proceedings of the 5th International Symposium for Corporate Governance（Book2）（ISTP 检索）全文收录。（4）重点研究了中国国有企业的社会责任投资、社会目标与效率问题，发现中国国有企业的社会目标是其社会责任投资的主要驱动力，而随着国企改革的推进，这种影响在不断弱化。相关论文发表在 Scottish Journal of Political Economy 上。（5）重点研究了增值税转型对企业行为和绩效的影响，发现增值税转型促进了企业的固定资产投资，提高了企业的资本劳动比和劳动生产率，但主要是通过资本替代劳动而不是技术创新的方式，而且增值税转型还显著减少了就业。相关研究发表在《管理世界》之后，英文版被 Frontiers of Economics in China 全文翻译收录。基于以上在中国企业的治理、投资与绩效领域的研究，李涛连续获得了两个北京市哲学社会科学规划重大项目的资助。

第三，在中国政府的财政竞争、金融发展与经济增长研究领域：（1）首次采用空间计量经济学的实证方法系统研究了中国地方政府在税收收入和财政支出两方面是否存在竞争以及收入和支出竞争对经济增长的影响，发现在税收收入方面，各省区的增值税、企业所得税、财产税的税负水平表现出显著的空间策略互补特征，而各省区的营业税、个人所得税的税负水平却表现出显著的空间策略替代特征；在财政支出方面，各省区人均实际本级财政支出总量和行政管理费支出表现出显著的空间策略替代特征，而各省区人均实际基本建设、教育、科学、医疗卫生、预算外等支出都表现出显著的空间策略互补特征。税收和支出竞争对于本地经济增长的影响比较复杂，呈现出因税种和支出类型而异的不同显著影响。相关论文 2 篇发表在《管理世界》上，2 篇发表在《世界经济》上（1 篇发表于 2008 年）。（2）重点研究了纳入技术扩散、要素流动与结构变迁等因素的中国区域经济增长问题，发现 1980~2005 年间，考虑了技术扩散、要素流动和结构变迁后，中国各省区的经济增长呈现出高度的空间相关性，而不是过去文献所强调的俱乐部收敛特征，从而修正了相关的研究结论。相关论文发表在 Journal of Regional Science 上。（3）重点研究了普惠金融与经济增长、金融发展与碳排放的关系。就普惠金融对经济增长的影响而言，发现投资资金来自银行的企业比率这一金融中介融资指标对于世界各经济体的增长有着稳健且显著的负面影响，而其他普惠金融指标并没有稳健且显著的影响。进一步地，在初始人均 GDP 水平更高、国民平均受教育年限更长、法治水平更高或中小企业规模更大的经济体中，个人在银行账户或储蓄卡、电子支付或银行账户购物以及借记卡等方面的使用率等个人金融服务方面的普惠金融指标对于经济增长的负面影响显著更大。就金融发展对碳排放的影响而言，发现中国以信贷规模衡量的金融发展水平对我国二氧化碳强度存在着倒 U 型影响。相关 2 篇论文都发表在《金融研究》上，前一篇论文还是当期杂志的篇首文。基于以上在中国政府的财政竞争、金融发展与经济增长领域的研究，李涛与中国人民大学周业安教授合著出版了《地方政府竞争和经济增长——基于我国省级面板数据的空间计量经济学研究》（中国人民大学出版社出版），并主持完成了中央财经大学首批青年科研创新团队支持项目"经济体制改革与包容性增长"，出版了《中国包容性发展研究报告（2010）》（经济科学出版社出版）。

在经济学理论研究的成果转化方面，李涛主持的北京市哲学社会科学规划重大项目"北京依靠创新转变经济发展方式的思路与对策研究"（已结项，评估结果为优），对北京市部分科技型中小企业的融资情况进行了实地调研，带领课题组向北京市哲学社会科学规划办公室提交了研究报告《关于在中关村国家自主创新示范区内建立政策性"中关村银行"的具体操作建议》，并被采纳为题为"关于在中关村国家自主创新示范区内建立政策性'中关村银行'的建议"的《成果要报》（北京社科规划项目成果要报第 32 期，2012 年 10 月15 日印发），分别在 2012 年 10 月 24 日获得原北京市委副书记、市长王安顺同志批示，在 2012 年 10 月 27 日获得原北京市常务副市长李士祥同志批示。随后，2012 年 12 月 31 日中共北京市委北京市人民政府发布的《中共北京市委、北京市人民政府关于贯彻落实〈国务院关于同意调整中关村国家自主创新示范区空间规模和布局的批复〉的实施意见》中明确提出"研究推动设立中关村银行"，目前中关村银行的筹备工作正在有序推动，即将成立。这表明《关于在中关村国家自主创新示范区内建立政策性"中关村银行"的建议》中提出的建立"中关村银行"的政策建议已经被政府部门吸收采纳。此成果荣获北京市第十三届哲学社会科学优秀成果奖二等奖。

李涛教授的相关代表性科研成果及主要观点和贡献包括：

1. "孤独与消费——来自中国老年人保健消费的经验发现"，《经济研究》2018 年第 1 期。该文使用中国健康与养老追踪调查数据实证回答了以上问题。考虑了内生性可能的稳健性回归结果显示，老年人的孤独感对其保健消费有着显著且稳健的正向影响，越是感到孤独的老年人，他们的保健支出的绝对水平和相对比重都会越高。产生这种影响的一个重要作用机制是社会互动，在消费保健产品和服务的过程中，老年人通过与销售人员和其他老年人进行交流，有效缓解了孤独感。论文的政策含义在于，有关决策部门应充分认识到老年人目前广泛存在的孤独感是其保健消费的重要推手，而孤独感本身又是老年人提升精神健康水平所要尽力解决的问题。因此，相关政策既要考虑到短期内中国老年人的孤独感问题会继续为针对其保健消费市场提供支撑，也要考虑到未来中国老年人心理健康水平不断提升而导致的孤独感下降将对保健消费市场带来的负面冲击，在此基础上努力实现保健消费市场主要基于健康需求而非情感需求或认知误导的可持续成长。

2. "聪明人更愿意创业吗？——来自中国的经验发现"，《经济研究》2017 年第 3 期。该文利用"中国家庭追踪调查（CFPS）"数据实证分析了个人的认知能力对其创业的影响。考虑了内生性问题的回归结果显示，总体而言，不论是否区分具体的创业类型，个人的综合认知能力对其是否创业不存在显著影响；表明中国的聪明人并没有更愿意创业。但这种影响会因行业管制水平不同而异：在管制水平较高的行业中，个人更高的综合认知能力会显著降低其创业概率；在管制水平较低的行业中却完全相反。因此，在管制水平较低的行业中，中国的聪明人更愿意创业；而在管制水平较高的行业中正好相反。论文进一步实证考察了字词能力、数学能力和记忆力等三个具体维度的认知能力对创业的影响，发现仅有数学能力能够显著促进创业。论文从认知能力和管制视角对创业及其影响因素的研究，不但有助于深化对创业影响因素的理解，更有助于推进科学合理的创业政策的制定与完善。论文的政策涵义在于，政府应当更加积极有效地推进简政放权，减少各行各业中不必要和不合理的行政干预，这样才能将中国人的聪明才智更好地吸引到"大众创业"的伟大实践之中。

3. "人格特征与股票投资"，《经济研究》2015 年第 6 期。该文实证分析了户主人格特征对家庭股票投资的影响。采用文献中通行的"大五"人格分类标准，同时将着眼点深入到"大五"维度之下 14 个细分维度的人格特征变量，基于 2010 年和 2012 年的中国家庭追踪调查（CFPS）截面数据的回归结果显示：在户主所有的 14 个细分人格特征变量中，仅有开放性维度下的价值人格特征对家庭股票投资具有稳健且显著的积极影响。户主的价值观越开放，家庭股票投资越积极，即投资股票的可能性越高，股票投资额越大，而且股票在全部金融资产中的比重越高。这种积极作用既不受股票投资反向影响价值人格特征的内生性问题的干扰，也不体现由于数据限制导致分析中无法控制的风险态度对于股票投资的影响。论文的政策含义在于，中国股票市场的持续稳健发展需要建立在普通投资者广泛参与的基础上，而他们的股票投资决策会受到人格特征的显著影响，特别是价值这一人格特征的影响。相关部门在制定涉及居民投资股票的政策时，应该充分考虑价值等人格特征的作用，注意短期和长期政策的差异性。短期来看，居民的人格特征是相对稳定的，因此，相关政策要注意与开放的价值观等人格特征的契合。长期来看，居民的人格特征是可能变化的，因此，相关政策要注意培育和强化开放的价值观等人格特征。

4. "家庭固定资产、财富效应与居民消费：来自中国城镇家庭的经验证据"，《经济研究》2014年第3期。该文基于翔实的微观家户数据，本文首次区分和比较了家庭生产性固定资产和非生产性住房资产对居民消费的影响，细致考察了家庭资产对居民消费的"资产效应"和"财富效应"，并在此基础上探讨了不同类型资产对居民消费的异质性影响及其作用机制。研究发现，家庭住房资产主要呈现出消费品属性，只存在微弱的"资产效应"，且不存在"财富效应"。这个结论对于拥有大产权房和二套房的家庭同样成立。因此，住房价格上涨无助于提高我国居民消费。相反，家庭生产性固定资产具有明显的"资产效应"和"财富效应"，同时，其"财富效应"主要体现在自我雇佣的家庭中，主要作用机制是降低了家庭预防性储蓄动机并缓解了家庭流动性约束。论文的政策含义在于，要充分发挥生产性固定资产和金融资产的财富效应，提升居民消费，我们可以从两个方面入手。一方面，我们需要鼓励自主创业和自我雇佣的就业形态，并引导资金进入这些"生产性"部门，在提高这些家庭收入的同时刺激中国居民消费。另一方面有必要积极推进以利率市场化为主的金融市场改革让普通居民可以通过金融市场分享经济发展的成果，进而提升居民消费。

5. "住房与幸福：幸福经济学视角下的中国城镇居民住房问题"，《经济研究》2011年第9期。该文以居民幸福感为民生指标，系统研究了家庭自有住房状况对居民幸福感的影响。首先，从理论上研究了住房影响居民幸福感的两种新机制——流动性约束和预防性储蓄；其次，基于中国跨省区城镇居民调查数据，论文对这两种机制进行了实证分析并获得了如下重要发现：（1）不同产权类型的自有住房对居民幸福感的影响存在显著差异，拥有大产权住房和更多的大产权住房能够显著提高居民幸福感，但拥有小产权住房以及小产权住房的数量对居民幸福感没有显著影响；（2）平均而言，大产权住房给首次置业和二（或多）次置业这两个居民群体带来的幸福感提升幅度并没有显著差异。但是，进一步研究发现，对于预防性储蓄动机更强和更可能受到流动性约束的家庭，二（或多）套大产权住房为其带来的幸福感提升幅度与首套房没有显著差异，而预防性储蓄动机较弱和受流动性约束可能性更低的家庭，大产权住房数量对居民幸福感提升的边际作用递减。论文的政策含义在于，中国城镇居民的住房状况对其幸福感有着显著积极的影响，的确是关乎民生的重大社会问题，因此，政府对城镇居民住房问题的重视是值得肯定的。但是，就解决城镇居民住房问题的手段而言，尽管政府鼓励采用包括买房和租房手段在内的多层次的住房制度，但是从提升居民幸福感的最终目标出发，让人们拥有产权完备且合法的大产权住房才是最佳解决方案，而购买小产权住房或租房只能是各种条件限制下的次优选择。因此，如何通过改善市场供需来推动中国城镇居民家庭拥有大产权住房是关注民生的政府住房政策需要优先考虑的；更加完善的政府住房政策应该尽量减少对购买首套房和二（或多）套房的居民采取差别性住房政策，同时把重点放在增加居民家庭可负担的大产权住房的市场供给上。

6. "中国城市居民的金融受排斥状况研究"，《经济研究》2010 年第 7 期。该文基于 2007 年中国 15 城市居民投资行为调查数据，研究发现家庭资产的增加和社会互动程度的提高都可以降低居民受到金融排斥的可能性，而居民在储蓄方面没有被排斥也可以降低他们在基金、保险、贷款等方面受到排斥的可能性。不同金融服务的排斥状况也有着其他不同的影响因素。论文的政策含义在于：维护和增进中国居民的福利需要解决他们的金融排斥问题，这需要有关机构采取措施来增加居民的家庭资产积累、改善居民在获得金融服务时的社会结构以及保证居民有一定的储蓄存款。

三、兢兢业业树人才，良师益友伴成长

在多年的教学生涯中，李涛始终坚持因材施教、教学相长、启发互动、授人以渔的理念，注重培养学生对经济学的直觉、兴趣和批评性思维，积极发现每个学生的闪光点，并且努力帮助他们在学习过程中放大自己的闪光点。李涛既把教学作为传授给学生经济学领域的基本概念、原理和方法的一个"师对

生"的过程，也把教学作为学生与自己共同讨论、交流、辨析和研究相关经济学领域的前沿进展和争议问题的一个"生对师"的过程，在教学过程中针对学生内敛害羞的心态，鼓励引导大家积极提问、合作研讨和互相辩论。

在本科生课堂，李涛特别注意引导大家对经济学的兴趣，树立经济学的分析框架，掌握经济学的规范和实证研究方法，将经济学理论结合社会实际问题进行讨论分析，培养他们形成科学的分析问题的视角和方法，并多次指导他们积极参加大学生科研创新研究项目。

在研究生课堂，李涛着力引导大家了解经济学的前沿进展和争议焦点，同时注意让大家明晰相关经济学理论的基本假设和适用性，并且力争让大家基于中国实际来发展中国的经济学理论。特别是，鼓励硕士研究生和博士研究生对现有的文献进行批判式思考，努力立足理论文献和现实实践来对已有的研究进行拓展，形成新的有学术价值和实践价值的研究。

为了更好地在教学过程中发挥互联网的作用，李涛主持了学校的微观经济学在线开放课程。在担任经济学院院长期间，李涛还主持了学院的"经济学家梦工场"这一人才培养创新模式，着力提升和加强中央财经大学经济学人才培养的厚度、广度、高度、深度、韧度和强度。相关活动在 2015 年 1 月 3 日的《中国教育报》头版进行了报道，并在《大学生》杂志进行了跟踪报道，扩大了相关教学理念和实践的社会影响。

从 2003 年任教以来，李涛一直工作在教学一线，即便有行政工作的要求，精力有所分散，也始终热爱教学工作。教学过程是一个需要不断投入、不断摸索和不断自我调整的过程，同时也是一个充满了欢乐和梦想的过程。李涛从教 15 年来，每年的教学评估成绩都是优秀，每年均超额完成本科教学工作量，参加工作以来共指导 24 名硕士生、13 名博士生和 2 名博士后。硕士生毕业后大多在国内外高校读书深造，4 名博士毕业生和当前在站的两名博士后也都在从事科研教学工作。

四、凝聚建设促服务，包容和谐领发展

李涛于 2014 年 9 月至 2018 年 1 月担任中央财经大学经济学院院长职务，全面负责全院行政工作。在此期间，经济学院作为学校理论经济学的牵头单位，主要承担了经济学和国民经济学本科专业以及理论经济学和部分应用经济

学学科的人才培养、科学研究、社会服务、文化传承和创新、国际合作和交流方面的工作。

李涛在担任经济学院院长职务期间，始终以建设"理想远大、使命崇高、团结奋斗、包容和谐的学术共同体"为目标，秉承"凝聚、建设、服务、发展"的理念，以党的十八大、十九大重要精神为指引，以"双一流"学科建设为工作重心，以建设国内一流、世界知名的经济学院为目标，以深化教学科研改革为主线，以拔尖创新人才培养模式改革为重点，扎实推进学院各项工作。带领学院积极贯彻学校内涵式发展方针，将现代化、本土化与国际化相结合，进一步提高了学院人才培养和科学研究水平。

人才培养方面，他持续推进经济学拔尖创新人才培养模式改革，发挥经济学院人才培养的正外部性和支撑服务性。不断深化教育教学改革，推进"经济学卓越人才培养计划"，打造"经济学家梦工场"人才培养品牌，成功举办了第一届和第二届"未来经济学家论坛"、第一届"龙马"经济学夏令营、"研究生学术论坛"等多项学生学术活动，通过探索新的招生录取模式和新的学生学术交流模式，进一步提高生源引进质量和学生培养质量。与此同时，学院积极组织教师参与教学改革，激发教师教学积极性，多位老师申报的课程获得教育部和学校优质课程立项资助。

学科建设方面，他始终带领学院以"双一流"学科建设为重点，不断梳理学科资源，完善学科制度，积极探索学科点优势发展模式，明确学科点分布，建立学科建设责任人制度。根据学院实际和建设需要，在建设好理论经济学和应用经济学两个一级学科的基础上，重点建设政治经济学、微观经济学、宏观经济学、经济史与经济思想史、人口资源与环境经济学（人口方向）、人口资源与环境经济学（环境方向）、世界经济、国民经济学、区域经济学、产业经济学、劳动经济学、数量经济学、行为经济学、农业经济学等14个研究方向，进一步明确各研究方向的主要突破点，凝练优势学科，培育特色鲜明的学科团队，规范院设科研机构的管理，孕育特色研究方向，探索实施二级学科点下设立特色研究机构，推动学院特色研究方向的形成和巩固。

国际交流方面。李涛在担任经济学院院长期间，不断深化与国际知名院校的交流与合作，提升学院国际化水平。在学术交流层面，学院搭建了以研讨班（seminar）、讨论班（workshop）、学术会议（conference）为主体的"三位一体"学术交流平台。依据学院自身学科发展、研究方向定位等情况，开展了

"经济学名家讲座系列"、"经济学中青年学者讲座系列"、"经济学院院内双周学术论坛"、"龙马经济学双周学术论坛"等四类讲座，分梯度分层次、有针对性地开展各类学术探讨，增加教师讨论的空间和灵活度，同时也丰富学生的科研视野。与此同时，学院加大学术领军人才、学术带头人的培育和引进力度，引进多位海外知名院校的经济学教授作为学院高级讲席教授或兼职教授，引进海外知名院校毕业的优秀海归人才到学院承担教学科研任务，努力探索分层次交流计划、教师访学计划、学生国际化授课项目，满足师生差异化的国际需求。

学院内控和管理方面。在担任经济学院院长的三年多时间里，李涛一直致力于改进和完善学院治理模式，建立健全民主监督机制，营造和谐院风。学院始终将建立健全管理制度、规范工作流程作为狠抓落实的重要任务，不断加强内部机构建设，加强班子对学院工作的统筹规划和顶层设计，切实把服务师生作为一切工作的出发点。同时，着力推动学院管理工作的科学化、制度化、规范化建设，落实"三重一大"重要精神，落实党政联席会议议事制度，不断完善学院治理结构。

凝聚建设抓服务，包容和谐领发展。李涛在担任经济学院院长的三年多时间里，始终着眼于学院发展的大局，以人才培养、学科建设、对外交流为领航标，带领学院团队取得了丰硕的成果，为中财建设和学院发展做出了重要的贡献。

结语与展望

　　本书围绕学科建设对中央财经大学经济学院历史进行了初步整理，为学院未来学科建设提供基础。需要指出的是，学科建设并非孤立的存在，大学的根本任务是人才培养，是立德树人，学科建设只有和人才培养相互融合，才能更加全面体现学科建设的价值。经济学院始终坚持以经济学拔尖创新人才培养为中心，以顶天立地的科学研究为引领，以服务国家和社会为己任，以传承和弘扬先进文化为使命，加强党的建设，提高学院治理能力和水平，建设"理想远大、使命崇高、团结奋斗、包容和谐"的学院文化。经济学院未来发展将围绕人才培养、科学研究、服务社会、文化传承全面展开，力争早日建成国内一流、国际知名的经济学院。

　　人才培养方面。经济学院培养具有良好科学素质和人文涵养，正确的人生观、价值观、世界观，扎实的经济学理论基础，开阔的国际视野和浓厚的本土意识，具备批判性思维能力和创新精神的拔尖创新人才。为实现学院人才培养目标，学院将从两方面大力推进人才培养改革。首先，在教育教学方面，突破学科界限，实行"学科交叉、文理交融"，从厚基础、宽口径的培养目标出发，推行学科交叉、文理交融培养；强化经济学基础教育、加强通识教育，全面提升学生的科研能力、人文素养，培养造就基础宽厚、综合素质高、富有创新能力的卓越人才。其次，实现学科建设、科学研究和人才培养的全面融合，提升学生科研能力、批判性思维能力和创新能力；加强专业教师和学生之间的学术交流与合作，鼓励学生参与教师的科研课题，参加国内外高水平学术会议，广泛进行学术交流与合作，提升学生创新能力。

　　学科建设和科学研究方面。根据学院实际和建设需要，经济学院学科建设必须走"分工明确、重点突出、特色鲜明"的道路。第一，分工明确。经济学院教师各有所长，充分调动每位教师的积极性，在人才培养、科学研究、社会服务与智库建设、国际交流四方面形成分工合作，各施所长、各得其所。第二，重点突出。经济学院学科点较多，必须重点突出，鼓励学科交叉融合，发挥协同效应，形成"大学科点"。国民经济学、宏观经济学、世界经济紧密相关，产业经济学与区域经济学互为交叉，这些学科需充分整合，形成协同优势。经济学院将重点建设政治经济学、经济史和经济思想史、西方经济学、国民与宏观经济学、产业与区域经济学、劳动与发展经济学等"大学科点"。第三，特色鲜明。经济学院学科积累时间相对较短，需要在特色领域形成突破。政治经济学学科点的主导方向是国有企业改革和发展；经济史和经济思想史学科点的主要研究方向是中外经济比较和金融史；西方经济学学科点的重点研究方向是文化与经济；国民与宏观经济学的研究重点是产业升级与经济发展。

服务社会方面。经济学院学科建设强调本土问题导向，以服务国家重大战略需求为己任学院将以研究机构为载体，推动智库建设，推动学院特色研究方向的形成和巩固，全面提升社会服务能力。学院设有城市与区域发展研究中心、中外经济比较研究中心、经济史研究中心、农村经济发展研究中心、绿色经济与区域转型研究中心、区块链研究中心等 15 个研究机构，这些机构将全面开展与国家战略规划相关的应用研究，包括中长期经济增长、宏观经济风险预警与防范、产业转型与升级、一带一路、互联网经济、节能环保、经济发展空间格局和农业现代化等专题，通过定期研讨、定期发布、定期出版，奠定中财经济学院的研究特色方向。

国际交流合作方面。以高水平国际交流合作项目建设为重点，进一步提高对外交流与国际合作的层次，加快学院国际化步伐。探索建立分层次交流计划，推进与国内外名校间的学生交流、老师访学项目，满足师生差异化的国际化需求。稳步推进与日本冈山大学、韩国江原大学的三方合作，探讨共同发展经验。加快与欧美高校国际化交流步伐，尝试与美国康奈尔大学、威斯康星大学建立全方位合作交流。加强国际交流与合作委员会建设，发挥全院教师在学院国际化中的积极作用，鼓励老师"走出去""引进来"，广泛参与国际交流合作，以个人的国际化发展助推学院国际化发展。进一步扩大对外学术交流，完善国际学术会议和国际研讨会等学术制度。依托东亚经济论坛，深化中日韩三国教师的学术交流机制。争取举办符合学院学科建设目标的具有更大影响力的国际学术会议，促使学院发展同国际全面接轨。

文化传承方面。学院以迎接建校 70 周年为契机，深化院情院史以及学院精神的研究与传播，加强规范制度建设，培育优良教风学风，讲好经院故事，传承文化基因，弘扬经院精神，增强学院师生和校友的认同感和归属感，促进文化认同和文化自信。

"雄关漫道真如铁，而今迈步从头越"，经济学院师生将继续秉承"崇尚经济科学、培养优秀人才、服务社会进步"的办学宗旨，以建设"理想远大、使命崇高、团结奋斗、包容和谐的学术共同体"为目标，以学科建设为龙头，以深化教学科研改革为主线，以拔尖创新人才培养为中心，把提高质量贯穿到学院的人才培养、科学研究、社会服务、文化传承创新的各项工作之中，为早日建成国内一流、世界知名的经济学院而努力奋斗。

附录
经济学院大事记（1949～2019 年）

中央财经学院时期

1952 年 8 月 29 日，陈岱孙主持召开筹备委员会第二次会议，讨论决议的主要事项：关于系科专业及学制，初步确定：设置财政、国内贸易、对外贸易、统计、会计、企业财务管理等 6 个专业；设置财政、贸易、统计、会计、企业管理 5 个系，各专业修业年限为 3 至 4 年。

1952 年 10 月，在全国院系调整工作中，经中央人民政府批准，由北京大学、清华大学、燕京大学、辅仁大学的经济系与中央财政学院合并，成立中央财经学院，直属高教部领导。

中央财经干部学校时期

1953 年 6 月 18 日，财政干校拟制《中央财政干部学校编制（草案）》，在机构设置中，教务处下设包含马列主义教研室、统计教研室和企业财务管理教研室在内的 10 个机构，由教务长领导。

1954 年 10 月 4 日，财政部〔(54) 财人干字第 87 号〕批复财政干校：同意你校所提组织机构设置与人员编制数（149 人）。随文所附组织机构表中的机构设置包括马列主义教研室（下设马列主义教研组、中国革命史教研组、政治经济学教研组）、其他科级教研室或组（包括统计、会计、财政、税务、保险等），设置教务长分管教学和教研室工作。

1955 年，财政干校组织机构：校长办公室、教学行政单位、直属教研室（包括政治经济学教研组、统计教研室）。其中，教学行政单位和直属教研室由教务长领导。

1956 年 10 月 23 日，财政部〔(56) 财人干字第 197 号〕批复财政干校：同意政治经济学教研组改为政治经济学教研室，张光三任副主任。

1956 年 11 月 23 日，校长办公室召开第三次扩大办公会议，研究政治课考试问题，决定政治经济学采用写学习心得的方式进行课程学习考察。

财政干校时期

1956～1957 年组织机构设置：校长办公室，教学行政单位，教学单位（包括政治经济学、统计等 9 个教研室或组）。教务长领导教学及教学行政单位。

1958 年（整风整改后）组织机构设置：校务处、组织处、教务处、各教学单位（包括社会主义教育办公室、财政教研室、统计教研室、会计教研室、保险教研室、基建教研组）。校长领导学校全面工作，副校长协助校长工作并兼任秘书长，领导组织处和校务处，教务长协助校长领导各教研室和教务处，学员各班为校长直接领导。

中央人民银行总行干部学校时期

1955 年 1 月 8 日，总行干校第一期学员 207 人结业，举行了有行长、司局长参加的结业典礼。本期培训班开设政治经济学等 7 门课程。

1956 年 10 月 22 日，总行干校校务会议对今后会议制度做出如下规定：校务会议决定成立科学研究委员会，其任务主要是帮助、推动与指向科学进军工作，委员由郑伯彬、宁嘉风、刘光第等 10 人组成。

中央财经金融干部学校时期

1959 年 1 月 8 日，根据财政部党委指示，学校党委本着紧缩机构、精减人员的精神，研究制定了《中央财政金融干部学校人员编制表》并报财政部。机构设有 3 个党政处室，4 个教研室（财政、金融、会统、政治理论）。

1959 年 6 月 24 日，财金干校党委依据精简机构的精神，将学校成立时的机构做了精简，取消了会计统计教研室。机构设置为 3 个党政处室，3 个教研室，其中包括政治理论教研室，主任由高文明担任。

中央财政金融学院、中央财经大学时期

1960 年 2 月 1 日，财金干校、学院印制了《组织机构人员编制方案》，设置 5 个行政处室、3 个系、8 个直属教研室，其中包括政治经济学和国民经济计划教研室。

1960 年 3 月 5 日，财政部〔（60）财人字第 22 号〕通知：任命张光三为学校政治经济学教研室副主任。

1960 年 3 月，我院（校）教职工共计 170 人。机构设置：5 个党政处室，4 个教研室，其中包括政治教研室。

1961 年 1 月 27 日，学校党委决定成立国民经济教研室。

1961 年 6 月 6 日，财政部〔（61）财人字第 19 号〕复函我院：同意财金学院设立国民经济教研室。任命武冠英为国民经济教研室主任。

1963 年 4 月 1 日，学校上报财政部 1963 年组织机构人员编制表，其中，编制人员 260 人，机构设置：5 个党政处室、2 个教研室（政治理论、普通课）。

1978 年 5 月 25 日，学校向财政部报送《中央财政金融学院组织机构人员编制（草案）》〔（78）财院字第 2 号〕。其中，机构设置：教学系统设有政治理论教研室、会计统计系等 6 个单位。

1979 年 6 月 11 日，财政部〔（79）财政字第 13 号〕批复：经部党组会议讨论决定，同意学校机构做如下调整：增计划统计教研室，为院直属处级单位。

1984 年 7 月 5 日，财政部〔（84）财人字第 100 号〕批复学校，教学、科研机构设置：财政系、基建经济系、金融系、会计系、经济管理系、经济信息系、马列主义教研室、基础课教学部、经济管理培训中心、财政经济研究所、图书馆。其中，基建经济系、经济管理系为新增机构，原经济管理公共课教学部撤销。

1985 年 9 月 28 日～10 月 15 日，由校党委副书记、院长陈菊铨同志率领，侯荣华参加的"中央财政金融学院赴世界银行经济发展学院考察团"一行 4 人赴美对世界银行经济发展学院进行了访问。这次访问，除了对双方培训合作项目发展计划进行实体讨论外，还顺访了美国 5 所著名学府，会见了 20 多位知名学者以及诺贝尔奖获得者、耶鲁大学经济系托奔教授，共同探讨了学术交流事宜，为今后学校教师进修、校际交流开辟了新途径。

1986 年 7 月 28 日，国务院学位委员会下达第三批博士和硕士学位授权学科、专业名单，国民经济计划和管理专业获得硕士学位授予权。

1987 年 5 月 5 日，齐兰的《对企业工资的构成及其量的比例的探讨》一文获全国第二届财经院校研究生经济理论讨论会优秀论文奖。

1987 年 11 月，刘光第的论文《计划经济的货币化是我国经济体制改革主线》荣获北京市哲学社会科学和政策研究优秀成果二等奖。

1987 年，刘光第的专著《谈"钱"》获广西社会科学优秀成果二等奖。

1988 年 6 月 17 日，由财政部院校图书资料中心和中国图书进出口总公司、北京图书馆联合举办的"第三届外国及港口地区财经图书展览"在北京图书馆举行开幕式，此次书展展出 3000 余种图书，包括英、日、俄文及港台地区中文版图书，内容涉及农业经济等学科，书展于 6 月 23 日闭幕。

1989 年 6 月 30 日，财政部教育司〔（89）财教司字第 106 号〕批复，同意学校 1988 级国民经济管理专业改为该专业下设的国际企业管理专门化。

1989 年 12 月 12 日，北京市高等教育局大学处组织 1988~1989 教学年度北京市财经政法院校政治经济学课程评估领导小组派 5 名专家对我校政治经济学课程进行评估。12 月 15 日，评估领导小组给出评估结果：我校政治经济学课程符合评估指标体系 B 级要求，为合格课程。

1990 年 4 月 23 日~5 月 6 日，美国乔治·华盛顿大学教授肯德里克先生和夫人应邀来我院进行短期讲学，主要为我院研究所举办的"国民经济核算讲习班"作"西方国民收入核算体系"为主要内容的讲座。肯德里克先生是国际知名的国民收入核算方面的专家，曾获诺贝尔奖提名。

1990 年 5 月 15~18 日，第五届全国财经院校研究生经济理论研讨会在西安召开。本届研讨会共收到学术论文 152 篇，研讨会筹委会从中选出 54 篇论文作者，作为参加本届研讨会的人选，我院 1988 级研究生唐健提交的论文《完善承包责任制的对策思考》荣获优秀论文奖（注：本届研讨会只设优秀论文奖）。

1990 年 8 月 2 日，龙志美作为副主编的《政治经济学》一书，经全国高等财经院校政治经济学研究会专家评审委员会评选，常务理事会讨论通过，被评为优秀科研成果奖。

1990 年 10 月 11~17 日，学校举行首届青年教师教学观摩评比活动，成立了以副院长钱中涛为主任，王柯敬、徐山辉为副主任，刘宗时等 9 人为成员的评比委员会。经过紧张角逐，蒋选获得二等奖。

1990 年 12 月 22 日，国家教委〔教人司字（90）379 号〕通知，经有关专家评议和国家教委资助优秀青年教师基金领导小组审核，经济管理系教师张燕生获得国家教委资助优秀青年教师基金 1.5 万元。

1991 年 7 月 24 日，李焕岭的论文《关于财政困难的政治经济学思考》，经全国高等财经院校政治经济学研究会专家评审委员会评选，常务理事会讨论通过，荣获优秀论文二等奖。

1991 年 9 月，施丹被评为北京市优秀青年教师。

1991 年 12 月，国企 89 班获北京市学生联合会颁发的首都高校"优良学风班"荣誉称号。

1992年1月，刘光第主编的教材《论中国宏观经济价值管理》在北京市第二届哲学社会科学优秀成果评奖活动中荣获二等奖。

1992年1月，国企89班被北京市学生联合会评为"优良学风班"，并授予锦旗。

1992年4月17日，财政部〔（92）财教字第18号〕印发第二届全国财政系统大、中专优秀教材评奖结果，刘宗时主编的《国民经济计划管理概论》，侯荣华主编的《宏观经济管理学》和孙开镕主编的《"资本论"与社会主义商品经济》荣获二等奖。

1992年7月30日，经全国高等财经院校政治经济学研究会专家评审委员会评选，常务理事会讨论通过，龙志美的《从坚持马克思主义剩余价值理论——评"共创论"和"共享论"》被评为一等奖；李焕岭的《论国家与企业分配体制的改革》被评为二等奖。

1992年8月25日，北京市高等教育局（京高教师字〔1992〕第010号）通知：经市高等学校（青年）学科带头人、优秀青年骨干教师评选委员会评议并经北京市高等教育局审定，批准我校金哲松为优秀青年骨干教师。

1992年11月1~8日，日本国东京都筑波大学社会工学系厚见博教授来我校进行短期讲学。讲学期间，厚见博教授为我校税务系、经管系师生做了题为"经济发展与租税问题""关于投资计划"的学术报告。

1992年12月，国企89班胡晗获"北京市优秀学生干部"荣誉称号；经管1991级班集体获"北京市先进班集体"荣誉称号。

1992年，张燕生的《新中国经济的变迁和分析》获孙冶方经济科学著作奖。

1993年12月17日，国务院学位委员会（学位〔1993〕39号）通知，第五批博士、硕士学位授权学科、专业点和博士生指导教师名单。国民经济计划与管理专业获得博士学位授予单位（为我校第一个博士学位授权专业）。

1993年6月6日，经管1991级团支部被共青团北京市委员会评为首都高校"先锋杯"优秀团支部。

1993年9月9日，北京市优秀教学成果奖评选揭晓，我校马列部贺强主持的《（政治经济学）教学改革成果》获二等奖。

1993年10月9~22日，我校教授讲学团赴江苏徐州、连云港、南京、苏州以及上海等地讲学。刘光第作为讲学团成员讲述社会主义市场经济和宏观调控等问题。

1993年12月17日，国务院学位委员会办公室（学位办〔1993〕60号）《关于下达第五批博士生指导教师名单的通知》，闻潜、侯荣华成为我校国民经济计划与管理专业的博士生指导教师，这是我校首批博士生导师。

1993年12月19日，财政部〔（93）财教字第44号〕通知：对"七五期间在财政教育工作中做出突出成绩的全国财政系统教育先进单位和先进个人予以表彰。经济管理系被财政部授予"全国财政教育先进单位"称号。

1993年12月，经管1991班荣获"北京市先进班集体"称号。这是我校当时唯一同时荣获"首都高校'先锋杯'优秀团支部"和"北京市先进班集体"两个市级称号的集体。

1994年7月19日，财政部人事教育司〔（94）财人干字第66号〕通知，7月13日国家教委（教人〔1994〕74号）授予我校副教授任职资格评审权，国民经济计划与管理为可审定的学科。

1994年1月14日，据财政部〔（94）财人字第2号〕通知，人事部〔人专发（1994）1号〕批准刘光第享受1993年政府特殊津贴。

1994年7月8日，北京高等教育局（京高教师〔1994〕008号）批准我校教师蒋选等5人为北京市高等学校优秀青年骨干教师。

1994年10月31日，我校在专家宾馆报告厅举行首届博士生开学典礼。我校党政领导、各系主任、教授和全体研究生参加了开学典礼。中国社会科学院、中国人民大学、北京大学、国家计委、财政部和《中国信息报》等各界专家学者到会祝贺。今年是我校国民经济计划与管理博士生首次招生，共招生4人。

1994年11月，在北京市第三届哲学社会科学优秀成果评选中，刘光第的论文《关于发展股票市场的几个问题》荣获一等奖。

1994年12月，齐兰的专著《我国现阶段基本工资问题研究》获北京市高等教育局颁发的北京市高等学校第三届哲学社会科学中青年优秀成果奖。

1995年4月5日，财政部（财人字〔1995〕34号）通知，根据人事部〔人专发〔1995〕25号〕通知，我校闻潜被批准享受1994年政府特殊津贴。

1995年5月18日，全国范围内第一家由企业发起、政府支持、高校承办的三位一体式研究机构——北京股份制企业研究会成立大会暨第一届理事会在我校召开。国家体改委副主任乌杰到会并讲话，刘光第教授被聘为研究会高级顾问。

1995 年 11 月，国企 93（1）班朱佳被北京市教育工委、北京市高等教育局、共青团北京市委、北京市学生联合会评为 1994~1995 年度北京高等院校市级三好学生。

1996 年 2 月 13 日，财政部（财人字〔1996〕9 号）批复，同意王柯敬新增为博士生指导教师，从 1996 年开始招收培养博士生。

1996 年 3 月 22 日，财政部（财人字〔1996〕25 号）通知：根据人事部人发（1996）22 号文件通知，国务院批准侯荣华享受 1995 年政府特殊津贴。

1996 年 3 月，在财政部举办的第三届全国财政系统大、中专院校优秀教材评奖会上，孙开镛的《"资本论"与社会主义市场经济》、龙志美和李焕岭的《政治经济学原理》荣获二等奖。

1996 年 5 月 17 日，国家社科规划基金资助课题立项，我校中标 3 项，其中，闻潜的《论中国宏观调控方法及其转化》获批重点项目。

1996 年，涌金集团董事长，经管 86 级校友魏东先生捐赠 200 万元本金，在中财设立"涌金奖励基金"和"涌金特别奖励基金"。

1996 年 9 月 13 日，台湾暨南国际大学经济研究所所长许振明教授率团一行 9 人来我校，就海峡两岸财税金融等问题进行学术交流。侯荣华等参加了学术交流。

1996 年 12 月 12 日，财政部下达"九五"科研规划（院校部分）课题，王柯敬、侯荣华、闻潜等 12 人立项。

1996 年 12 月，国企 93（2）班宋继峰同学被共青团北京市委评为 1995~1996 学年"北京市三好学生"；国企 93（1）班蔡志航被评为"北京市优秀学生干部"。

1997 年 3 月 10 日，我校召开团员代表会议，选举校团委书记孟志军、我系团总支书记包英娟为共青团北京市第 10 次代表大会代表并于 5 月 4 日至 6 日参加了共青团北京市第十次代表大会。

1997 年 10 月，王柯敬等 3 位同志共同完成了国家计委、财政部、国家统计局、中国人民银行共同立项的课题《宏观资金配置研究》的子课题《资金调控体系与宏观经济政策的协调配合问题研究》。该课题围绕建立社会主义市场经济体制下的资金调控体系，对产业政策、财政政策、货币政策等方面的协调与配合进行理论分析，并提出政策性建议。

1997 年 11 月 14 日，我校举行首届博士生毕业典礼，吴晓根、杨书剑、刘扬、赵丽芬获得博士学位。

1997 年 11 月 20 日，国企 95 班卢莉同学荣获 1996～1997 学年"北京市三好学生"荣誉称号。

1997 年 12 月，我系侯荣华等 6 位教师共同完成了国家计委、财政部、国家统计局、中国人民银行 4 部委共同立项的课题《宏观资金配置研究》的子课题《"九五"至 2010 年全社会资金配置政策研究》。该课题对企业、居民、财政、银行、国外部门的资金流量进行了分析，并提出了政策性建议。

1998 年 2 月，"九五"期间我校重点百本系列教材的第一本《西方微观经济学》由中国计划出版社出版，该书由侯荣华、张铁刚主编。我校百本重点系列教材分为经济、管理、综合三大类，将在"九五"期间连续出版。

1998 年 7 月，经北京市教育委员会批准，赵丽芬荣获"北京市优秀青年骨干教师"称号。

1998 年 8 月，经教育部有关部门评选，侯荣华与康学军共同主编的专著《中国财政运行实证分析》，在全国普通高等学校第二届人文社会科学研究成果评选中荣获经济学二等奖。

1998 年 9 月 28 日～10 月 3 日，应台湾朝阳科技大学曾腾光校长的邀请，我校李保仁教授、汤贡亮教授、赵丽芬博士一行 3 人赴台湾进行访问。

1998 年 12 月，侯荣华主编的《中国财政运行实证分析》一书荣获教育部全国普通高校哲学社会科学优秀成果二等奖。北京市第五届哲学社会科学优秀成果奖评奖结果揭晓，刘光第等的著作《中国经济体制转轨时期的货币政策研究》获优秀成果一等奖，侯荣华等的著作《宏观经济效益理论与实证分析》获优秀成果二等奖。

1998 年，宏观经济学教研室被财政部、人事部授予"全国财政系统先进集体"称号。

1999 年 1 月 4 日，共青团北京市委授予我校国企 95（1）班孟长安、国企 96（2）班程文华等 10 名同学荣获 1997～1998 学年"北京市三好学生"荣誉称号。经管 95 陈炅同学荣获 1997～1998 学年"北京市优秀学生干部"荣誉称号。

1999 年 1 月，闻潜、刘扬主持的国家社科基金"九五"重点研究项目中的专著《宏观调控方式的国际比较研究》由中国财政经济出版社出版。

1999 年 2 月 9 日，根据教育部《普通高等学校本科专业设置规定》，经部属院校专业设置评议委员会评议通过，并报经教育部备案，我校增设经济学本科专业。

1999 年 4 月 1～2 日，在教育部的指导下，"国民经济管理建设与改革研讨会"在我校召开。全国被批准保留该专业的 7 所高等院校的代表和我国著名经济学家房维中、乌家培、王永治、王积业以及财政部、国家发展计划委员会、全国政协经济委员会、宏观经济学会等有关单位的领导、专家、学者 40 人参加了研讨会。

1999 年 9 月 8 日，财政部下发《关于下达财政部部属院校"九五"科研规划第二批课题的通知》，王柯敬的课题获批财政部部属院校"九五"科研规划课题。

2000 年 1 月 5 日，国际企业管理 96（1）班吴奕同学荣获 1998～1999 年度"北京市三好学生"荣誉称号。国际企业管理 97（1）班荣获 1998～1999 年度"北京市先进班集体"荣誉称号。

2000 年 5 月 29 日，经 2000 年 4 月 20 日党委常委会研究决定，我校成立经济系。经济系有教师 23 人，学生 120 人，下设西方经济学、政治经济学、统计学、经济史 4 个教研室，有经济学和统计学 2 个本科专业。

2000 年 7 月 12 日，根据《中华人民共和国财政部关于批准 1999 年享受政府特殊津贴人员的通知》，王柯敬被批准为 1999 年享受政府特殊津贴人员。

2000 年 12 月 26 日，北京市学位委员会下发京学位办〔2000〕25 号文件，下达北京地区第八次审批增列硕士点名单，统计学、政治经济学获得硕士学位授予权。

2000 年 12 月，中共北京市委、北京市人民政府公布《北京市第六届哲学社会科学优秀成果奖评奖结果》，侯荣华的专著《宏观经济政策调控力度及协调分析》获经济类二等奖。

2000 年，蒋选的《我国产业结构政策研究》获得国家社会科学基金 2000 年资助项目，资助金额 6 万元。王晓玲的《国家高技术应用部门发展项目"统计分析系统软件开发"》获得国家发展计划委员会 2000 年度资助项目，总经费 30 万元，其中教育部拨款 14 万元，我校配套资金 16 万元。

2001 年 4 月 23 日，校发〔2001〕46 号文件：经校学位评定委员会 2001 年 3 月 27 日会议评审，并在规定争议期内在校内征询意见，刘扬、赵丽芬、潘省初等 3 位同志取得国民经济学专业博士生指导教师资格，任职资格自 2001 年 3 月 27 日计算。

2001 年 5 月 21 日，2001 年度国家社会科学基金项目评审结果揭晓，齐兰主持的《垄断资本全球化问题理论探讨》获得重点项目支持。

2001 年 9 月，赵丽芬获得"北京市师德先进个人"称号。

2002 年 5 月 17 日，北京市教育委员会（京教研〔2002〕12 号）公布了普通高等学校北京市重点学科，国民经济学二级学科成为北京市重点学科。

2002 年 7 月 10 日，李连友主持的《新时期高等统计教育改革理论和实践研究》入选全国高等教育科学"十五"规划重点课题。

2002 年 12 月，北京市第七届哲学社会科学优秀成果奖评奖结果公布，博士后孙洪升撰写的专著《唐宋茶叶经济》荣获经济学一等奖。

2003 年 9 月 8 日，国务院学位委员会下发学位〔2003〕57 号文件，下达第九批博士学位授权学科、专业名单，我校获得应用经济学一级学科博士学位授予权，获得政治经济学博士学位授予权。

2003 年 10 月 23 日，根据人事部、全国博士后管委会《关于新设 434 个博士后科研流动站的通知》，经全国博士后管理办公室审核通过，我校被批准设立应用经济学博士后科研流动站。

2003 年 3 月 11 日，99 级经济学班刘云菲同学荣获 2001～2002 年度"北京市三好学生"荣誉称号。

2003 年 8 月 26 日，经 2003 年 8 月 6 日我校党委常委会议研究决定，在经济系的基础上成立经济学院，并将原经济管理系的国民经济学专业和国民经济管理专业调整到经济学院。

2003 年 9 月，北京市学位委员会下发《关于第九次硕士学位授权审核结果的通知》，经济史、西方经济学获得硕士学位授予权。

2003 年 11 月 5 日，经济学院成立大会在教学楼学术报告厅举行。校党、政领导，各院、系、部、处领导及师生共 500 余人出席了大会，大会由李俊生副校长主持。

2003 年，蒋选的《我国中长期失业问题研究——以产业结构变动为主线》和周战强的《行为金融理论》获得北京市社会科学理论著作出版基金资助。

2004 年 9 月 2 日，根据《教育部关于表彰全国优秀教师和全国优秀教育工作者的决定》，金哲松获得"全国优秀教师"称号。

2004年1月6日，校发〔2004〕3号文件：根据教育部《关于授予中央财经大学教授评审权的批复》，教育部授予我校理论经济学、应用经济学等4个学科教授评审权。

2004年3月17日，我校首批高校教师在职攻读硕士学位学员开学。本批学员共13人，分布在国民经济学、财政学、金融学、会计学4个专业。我校于2003年获得高校教师在职攻读硕士学位培养资格。

2004年4月17日，我院学生获得第一届"东风雪铁龙赛纳杯"首都高校辩论赛冠军。此辩论赛有我校和北大、清华、人大、北师大、北交大、对外经贸大、首都经贸大8所首都高校的参赛，最初由北大发起并主办。

2004年4月29日，我校召开2004年重点学科建设工作会议。会议听取了研究生部主任赵丽芬作的题为《重点学科建设是推动学校协调稳定可持续发展的原动力》的主题发言，同时听取了学校国家重点学科金融学，北京市重点学科国民经济学、财政学、会计学，校级重点学科经济法学，新兴学科社会经济学以及MBA专业学位授权点的现状、未来发展规划及学科建设具体措施的专题汇报。我校党政领导、教代会执委、各院系负责人与教师代表、有关职能部门负责人共130余人参加了会议。

2004年5月，我校获3项国家社科基金项目资助：王柯敬主持的课题"资产管理公司运营状况和未来发展方向问题研究"获得重点项目资助。

2004年6月8日，校发〔2004〕151号文件：校学位评定委员会2004年5月18日全体会议审议通过32位教授取得博士研究生指导教师资格。名单如下：（1）校内教师：政治经济学，齐兰、张东刚、张铁刚；国民经济学，孙国辉、崔新健、蒋选。（2）校外聘请教师：政治经济学，李炳炎。

2004年6月22日，我校成立应用经济学博士后科研流动站学术委员会，负责博士后招收、培养和考核等工作。具体名单如下：主任王国华，成员史建平、赵丽芬、王雍君、孙宝文、潘省初、张铁刚。

2004年6月，金哲松获"北京市优秀共产党员"称号。

2004年上半年，苏雪串的著作《中国城市化》获得北京市社会科学理论著作出版资助。

2004年10月8日，全国2004年一级学科评估结果揭晓，我校应用经济学一级学科名列整体水平第10位。此次评估是由高等学校与科研院所学位与研究生教育评估所组织的。

2004 年 12 月 9 日，北京市第八届哲学社会科学优秀成果奖颁奖大会在北京市委第三会议室召开。姜维壮教授、侯荣华教授、王国华教授和贺强教授代表我校出席了颁奖大会。我校共计 5 项成果获奖（一等奖 1 项，二等奖 4 项），其中侯荣华教授的专著《中国固定资产投资效益研究》获二等奖。

2005 年 3 月 11 日，2001 经济学班孙艳萍、2002 国民经济管理班丁波同学荣获 2003～2004 学年"北京市三好学生"荣誉称号。

2005 年 6 月 2 日，刘滨被评为"北京高校优秀德育工作者"。

2005 年 6 月 10 日，我校首届"芙蓉学子　榜样中财"评选活动颁奖晚会在学校礼堂举行。本次活动共评选出 9 个奖项，我院卢文浩同学荣获多才多艺奖。

2005 年 6 月 10 日，在第三届"挑战杯"首都大学生课外学术科技作品竞赛中，我校学生共有 8 篇论文获奖（特等奖 1 篇、一等奖 1 篇，二等奖 2 篇，三等奖 4 篇），其中，2002 级国民经济管理专业研究生戴旻乐撰写的论文《增长率的决定——论技术进步与实际要素增长率的关系》荣获特等奖，并被推荐参评第九届"挑战杯"全国大学生课外学术科技作品竞赛。同年 11 月，该论文荣获第九届"挑战杯"飞利浦全国大学生课外学术科技作品竞赛三等奖。

2005 年 8 月 6 日，根据教育部人事司《关于做好 2004 年度政府特殊津贴发放工作的通知》，赵丽芬获国务院批准享受 2004 年度政府特殊津贴。

2005 年 9 月 26 日，在我校申报北京市高等教育教学成果奖评选的 20 个项目中，赵丽芬、苗月新、张淑君、邱明、曲扬等完成的"《管理学》课程改革整体方案设计"获北京市二等奖。

2005 年 10 月 22 日，我院承办的全国高校社会主义经济理论与实践研讨会第十九次大会在北京香山饭店开幕。教育部袁贵仁副部长、中国人民大学宋涛教授、中宣部理论局路建平局长、中国人民大学卫兴华教授、教育部社科中心田心铭主任、北京大学胡代光教授、教育部社政司徐维凡副司长、武汉大学谭崇台教授、南开大学谷书堂教授，我校党委书记邱东教授、副校长李俊生教授、王国华教授等学者以及来自全国几十所高校政治经济学领域的 100 多名代表出席了开幕式。

2005 年 12 月 10～11 日，第五届中国经济学年会在厦门大学举行，我院金哲松、徐华应邀出席了大会。金哲松应邀担任产业组织分会场的主席和评论人。徐华的论文《现代日本雇佣制度异质性的根源——社会文化理念与制度的异质性》被评为优秀论文。

2005 年 12 月，教育部 2005 年人文社科研究一般项目评审结果揭晓，我校共有 6 项课题获资助立项，其中包括冯薇主持的《产业集聚、循环经济与区域经济发展》。

2006 年 1 月 13 日，2002 经济班高嵩巍同学荣获 2004~2005 学年"北京市三好学生"荣誉称号。

2006 年 1 月 25 日，国务院学位委员会下发学位〔2006〕3 号文件，下达第十批博士和硕士学位授权学科、专业名单，我校获得理论经济学一级学科硕士学位授予权。

2006 年 4 月 18 日，刘扬主持的北京市哲学社会科学"十五"规划重点研究项目《北京市居民收入分配状况实证研究和理论分析》荣获北京市第八届优秀统计科研成果二等奖，石刚参与的课题《北京经济走势监测预警系统》荣获优秀统计软件奖。

2006 年 5 月 11 日，为适应学校事业快速健康发展的需要，在调研和论证的基础上，对学校现有机构及职能调整包括教学科研单位机构的调整，其中有在统计系的基础上成立统计学院。

2006 年 5 月 30 日，王亚菲主持的《全球背景下的服务贸易统计方法研究》获 2006 年度国家社会科学基金青年项目立项。

2006 年 5 月，教育部下达 2006 年外籍教师聘请计划，刘扬主持的"居民收入分配的国际比较研究"被列为教育部重点引智项目。在该项目的资金支持下，我校可以聘请外国专家到我校从事相关课题的合作研究。

2006 年 10 月，北京市哲学社会科学"十一五"规划项目评审工作已经结束，杨运杰的《北京市高新技术企业资本结构和投资绩效实证研究》获得资助。

2006 年 11 月 7~9 日，我院在中苑宾馆举行了"中日韩 2006 宏观经济管理研讨会"。会议开幕式由秦熠群副院长主持。我校副校长李俊生教授、日本驻中国大使馆公使加藤弘之先生、日本冈山国立大学经济学部长夏本悟教授、韩国江原道大学校经济大学副院长权钟旭教授先后致辞。会后三方就互派访问学者等进一步的交流与合作达成初步意向。

2006 年 12 月 9 日，由我校中国发展和改革研究院主办、香港阳光卫视和《经济导刊》杂志社协办的"中国改革开放 28 周年理论研讨会暨中央财经大学中国发展和改革研究院成立大会"在我校专家宾馆报告厅举行。世界生产力科学院院士、中国社科院教授、中组部直接联系的知识分子、国务院特殊津贴享受者邹东涛教授受聘担任中国发展和改革研究院院长。开幕式由王国华副校长主持，党委书记邱东、校长王广谦、党委副书记倪海东等出席了开幕式。新华社、中新社、中国国际广播电台、《人民日报》《光明日报》《经济日报》、香港《文汇报》、香港《大公报》等四十多家新闻媒体记者到会参与报道。

2007 年 8 月 20 日，教育部（教研函〔2007〕4 号）公布了第三次国家重点学科评审结果，我校获得应用经济学一级学科国家重点学科、会计学二级学科国家重点学科。

2007 年 1 月 8 日，我校校长助理史建平、侯荣华、金融学院李健、人事处处长杨晓波应邀出席了北京银行博士后科研工作站揭牌仪式，并代表学校与北京银行签署了联合招收和培养博士后的合作协议。

2007 年 2 月 9 日，我校与黄少安签订《长江学者特聘教授聘任合同》，黄少安是我校发展史上获聘的第一位长江学者特聘教授，同时也是继陈建成、胡永泰教授之后我校获聘的第三位长江学者。

2007 年 3 月 26 日，秦熠群副院长出访日本冈山大学，与该校经济学部正式签署了两院教师互访的补充协定，并就今后的合作事宜进行了会谈。

2007 年 4 月 11 日，校发〔2007〕81 号文件：经 2006 年 12 月 8 日学校第六届学位评定委员会第六次全体会议审议，决定增列黄少安、邹东涛等 39 位教师为我校第六批博士研究生导师。

2007 年 6 月 28 日，加拿大布鲁克大学商学院院长马丁·库思教授率领代表团访问我校，与我校商谈建立教育项目的合作意向。我院蒋选、戴宏伟、刘文革与马丁教授及相关人员进行了会谈，并签署了合作意向书。根据双方的合作意向，布鲁克大学商学院与我校可以在互派留学生、教师互访、学术交流等领域进行广泛合作。布鲁克大学商学院将不定期派学者、华人经济学家来我校授课、举办讲座。

2007 年 7 月 27～28 日，2007 年中国高校市场学研究会年会在哈尔滨商业大学举行，齐兰参加了会议并当选为常务理事。

2007 年 8 月 14 日，经国家人事部和全国博士后管理委员会批准，我校理论经济学和工商管理两个一级学科获准设立博士后科研流动站。

2007 年 10 月 15 日，北京市教育委员会公布了 2007 年北京高等教育精品教材建设立项项目的评审结果，我校有 16 本教材榜上有名，其中包括赵丽芬主编的《管理论与实务》。

2007年10月26~28日，包括我院卢文浩在内的9名我校博士研究生在纽约州立大学布法罗分院终身教授、我校社会发展学院院长张杰的带领下，参加了由美国俄亥俄大学承办的"美国华人人文社科教授协会第十三届年会"。9名学生向大会提交了论文，并分别在会议上就自己的研究成果作了学术报告，回答了与会专家的提问。

2007年11月10~11日，由全国高等学校教学研究中心、全国高等学校教学研究会、教育部高等学校经济学类学科专业教学指导委员会等主办，我校承办的"首届中国经济管理基础课程教学高层论坛"在北京友谊宾馆举行。来自教育行业主管部门的领导和教学研究机构的负责人、全国200余所高校的经济管理学科专家学者400余人参加了论坛。教育部副部长李卫红出席开幕式并讲话。国家统计局局长谢伏瞻、中国人民银行副行长吴晓灵、教育部高等学校经济学类学科专业教学指导委员会主任委员逄锦聚、教育部高等学校工商管理类学科专业教学指导委员会主任委员席酉民分别做了大会演讲和主题报告。

2007年11月25日，我院与加拿大布鲁克大学商学院签订合作意向备忘录。双方就学生交流的详细情况、实施细则等进行了商定。

2007年11月29日，第四届"中财杯"辩论赛暨本科生学术文化节闭幕式在主教学楼学术报告厅举行。本届辩论赛由我院与统计学院联合承办。全校共18个学院组织辩论队参加了比赛。我院代表队获得亚军，我院一辩詹媛同学获得决赛最佳辩手荣誉称号。

2007年12月14~17日，本科生王喆同学与财政学院教师王俊博士应邀一起出席了在深圳和香港两地同时召开的"第七届中国经济学年会"。王喆同学为本届中国经济学年会参会人员中唯一的1名本科生。

2007年12月12日，涌金集团捐资助学仪式举行，集团计划从2008年开始，将奖励基金本金从200万元增加到1000万元，并增加了"留学激励计划"，设立专项基金用于资助中财学子赴世界著名大学继续深造。

2007年，我院博士生导师邹东涛主编的《社会主义市场经济学》获第五届全国先进生产力理论与实践成果奖著作奖特等奖。该奖项由中国生产力学会每两年评选一次。

2008年3月，我院博士生导师、中国发展和改革研究院院长邹东涛申报的课题《贯彻落实科学发展观与完善社会主义市场经济体制》获全国哲学社会科学规划领导小组批准，立项为2007年度重点项目。

2008 年 4 月 10 日，中共北京市委宣传部通知（京宣发〔2008〕13 号），我院教授、博士生导师、研究生部副主任杨运杰被确定为 2008 年度北京市新世纪社科理论人才百人工程（第二批）培养对象。

2008 年 4 月 23 日，北京市教委下发京教研〔2008〕4 号文件，公布北京市重点学科名单，我院政治经济学被评为二级学科北京市重点学科。此外，我院原北京市重点学科——国民经济学建设项目验收结果也于同期公布，被评定为优秀。

2008 年 4 月，2008 年度教育部直属高校聘请外籍教师重点项目评审工作结束，我院韩金华主持的《非公有制经济劳资和谐关系研究》课题获批准。

2008 年 5 月，我院党总支副书记刘滨荣获北京高校"优秀党务工作者"称号。

2008 年 6 月 11 日，2008 年国家社会科学基金项目评审工作结束，我院王立勇的《宏观经济政策效应非线性与宏观调控有效性研究》课题获得立项。

2008 年 9 月 1 日，我院教授、博士生导师、研究生部副主任杨运杰获得"2008 年北京市师德先进个人"荣誉称号。

2008 年 9 月 8 日，国家自然科学基金 2008 年度项目评审工作结束，我院于爱芝的青年基金项目《货币政策冲击与农产品价格超调研究——理论模型与中国的经验分析》获得资助立项。

2008 年 9 月，经北京市社会科学理论著作出版基金管理小组审定批准，我院张维闵申报的《过渡经济：历史、理论与现实》等 3 部书稿获得 2008 年上半年北京市社会科学理论著作出版资助。

2008 年 11 月 18 日，我院 05 国民经济管理班曾庆宝同学荣获 2006～2007 学年"北京市三好学生"荣誉称号。

2008 年 11 月 30 日，所有制改革与经济发展研讨会暨《中国所有制改革 30 年（1978～2008）》首发式在中苑宾馆举行。此次首发式由我校中国发展和改革研究院与中国社会科学院社会科学文献出版社联合主办。原全国人民代表大会常委会蒋正华副委员长到会发表讲话。全国政协委员、中共中央政策研究室副主任郑新立，中华全国工商业联合会副主席谢经荣等专家学者出席会议并发表了演讲。随后，中国发展和改革研究院联合社会科学文献出版社举行了《中国所有制改革 30 年（1978～2008）》一书的首发仪式。该书为我院博士生导师、中国发展和改革研究院院长邹东涛教授与欧阳日辉副教授合著。

2009 年 1 月 23 日，我院刘文革入选教育部公布的 2008 年度"新世纪优秀人才支持计划"。

2009 年 5 月 25 日，经学校研究决定，在原应用经济学博士后科研流动站学术委员会的基础上，成立中央财经大学博士后科研流动站学术委员会。学术委员会下设应用经济学、理论经济学和工商管理 3 个学科组，分别负责相应学科的博士后招收、培养和考核等工作。我院教授、博士生导师赵丽芬当选学术委员会副主任，教授、博士生导师齐兰、张铁刚、黄少安当选学术委员会委员。

2009 年 5 月 27 日，中央财经大学·北京指南针科技发展股份有限公司捐资助学和金融仿真实验室共建协议签字仪式在我校行政楼 405 会议室举行。北京指南针科技发展有限公司董事长王之杰，中国企业发展研究中心主任、北京指南针科技发展股份有限公司董事、我校校友吕世杰（经管 86），我校党委副书记侯慧君、副校长梁勇等出席了签约仪式。签约仪式由教育发展基金办公室副主任安秀梅主持。梁勇副校长先后与吕世杰校友和王之杰董事长签署了《捐资助学协议书》和《实验室建设意向书》。

2009 年 6 月 3 日，中共北京市委宣传部、中共北京市委组织部联合下发了《关于印发北京市宣传文化系统"四个一批"人才名单的通知》，我院教授、博士生导师杨运杰和刘文革入选北京市宣传文化系统"四个一批"人才（第一批）。

2009 年 7 月 17 日，2009 年度北京市教育科学规划项目评审结果公布，我院张苏的《我国高等学校教学质量研究：基于 Probit 模型的问卷调查》获得重点项目立项。

2009 年 8 月，2009 年上半年的北京市社会科学理论著作出版资助工作已结束。经北京市社会科学理论著作出版基金管理小组审定批准，我院苏雪串的《世界城市的理论与实践及其对北京的启示》、王立勇的《财政政策效应：理论研究与经验分析》获得资助。

2010 年 3 月，教育部公布了"新世纪优秀人才支持计划"2009 年度入选人员名单，我院戴宏伟、王立勇、杨运杰三位教师名列其中。

2010 年 4 月 30 日，霍英东教育基金会第十二届高等院校青年教师奖获奖名单公布，我院张苏获得三等奖。

2010 年 5 月 17 日，我院教授、博士生导生、科研处处长戴宏伟入选 2010～2011 中美富布赖特项目。

2010 年 9 月 7 日，北京市庆祝教师节暨北京市教育系统师德标兵表彰会在北京会议中心召开，我院张苏荣获 2010 年北京市师德先进个人称号。

2010 年 11 月，北京市第十一届哲学社会科学优秀成果奖评选结果揭晓。我院林光彬专著《私有化理论的局限》、严成樑论文《财政支出、税收与长期经济增长》2 项优秀成果获得二等奖。

2011 年 3 月，国务院学位委员会下发了《关于下达 2010 年审核增列的博士和硕士学位授权一级学科名单的通知》，经国务院学位委员会第二十八次会议审议批准，我院理论经济学获得博士学位授权一级学科。

2011 年 5 月，教育部公布了"新世纪优秀人才支持计划"2010 年度入选人员名单，我院李涛名列其中。

2011 年 5 月，我校科研处收到中国人民大学人文社会科学学术成果评价研究中心的贺信，祝贺我校在"2010 年度《复印报刊资料》转载学术论文指数排名"中喜获佳绩，我校转载量位列第 25 名，综合指数位列第 25 名，尤其是我校经济学学科排名具有明显优势，转载量位列第 6 名，综合指数位列第 6 名。

2011 年 6 月，2011 年度国家社科基金项目评审工作结束，我校共计 20 项课题获得立项，其中一般项目 10 项，青年项目 10 项。获准立项的课题分布在应用经济学、理论经济学、管理学、法学、国际问题研究、人口学、社会学、体育学、统计学、新闻学、哲学和政治学 12 个学科。

2011 年 7 月 6 日，北京市哲学科学规划办公室公布 14 项重大项目立项，其中中标重大项目 11 项，特别委托重大项目 3 项。我院李涛主持的《北京市依靠创新转变经济发展方式的思路与对策研究》获得中标重大项目立项。

2011 年 12 月，据全国哲学社会科学规划办公室最新评审结果数据显示，我院兰日旭主持的课题"中国近代银行制度变迁及其绩效研究"获得 2011 年第三批国家社科基金后期资助项目。

2012 年 3 月，霍英东教育基金会第十三届高等院校青年教师基金和青年教师奖评审结果揭晓，我院李涛申报的课题"金融排斥视角下的中国居民家庭金融研究"获青年教师基金基础性研究课题资助。

2012 年 3 月，2012 年度教育部人文社会科学研究一般项目评审结果公布，我校共计 28 项课题立项，其中，按项目类别为规划基金项目 7 项，青年基金项目 20 项，科研诚信与学风建设专项 1 项；按学科门类为管理学 10 项，经济学 8 项，法学 3 项，教育学 2 项，马克思主义理论 2 项，社会学 1 项，新闻学与传播学 1 项，交叉学科 1 项。

2012 年 4 月，据全国哲学社会科学规划办公室最新评审结果数据显示，2012 年度国家社科基金第一批重大项目（文化类）招标评审结果揭晓，我院李涛主持的课题"扩大文化消费问题研究"获得资助立项。

2012 年 5 月 20 日，由北京大学主办的"百年雄辩，经彩青年——新时代中国青年经济论坛暨首都高校经管学院辩论赛"落下帷幕。我院辩论队获得冠军。

2012 年 5 月 25 日，北京市教育委员会下发《关于公布北京市重点学科调整及增补名单的通知》，公布了 2012 年调整及增补的北京市重点学科名单。我院"世界经济"增补为二级学科北京市重点学科。

2012 年 5 月，2012 年度国家社科基金项目评审工作结束，我校共计 19 项课题获得立项，其中重点项目 2 项，一般项目 6 项，青年项目 11 项。获准立项的课题分布在马列·科社、理论经济学、统计学、政治学、法学、社会学、人口学、国际问题研究、宗教学、新闻学、管理学 11 个学科。

2012 年 6 月 16 日，第五届"黄达—蒙代尔经济学奖"在中国人民大学世纪馆举行颁奖仪式，我院青年教师赵文哲博士的论文《财政分权和辖区竞争视角下的价格水平和通货膨胀问题研究》获得"黄达—蒙代尔经济学奖"。

2012 年 8 月，中组部公布首届"青年拔尖人才支持计划"，我院李涛入选。

2012 年 10 月 29 日，我院李涛提出的"通过建立政策性'中关村银行'来改善科技型中小企业融资状况，完善北京市科技金融体系，推动中关村国家自主创新示范区建设"的建议获北京市委副书记、代市长王安顺批示。

2012 年 12 月，教育部公布 2012 年"新世纪优秀人才支持计划"入选名单，我院陈斌开、王海港入选该计划。

2012 年，学院教师出访 8 人次，出访美国、日本、印度等国家和我国香港、台湾地区，进行学术交流；接待国/境外来访 6 人次，包括来自美国、日本等国家和地区的专家学者；签署合作协议 1 项，与日本冈山大学在暑期学生互派交流等方面取得了突出进展；学生出国（境）交流学习 27 人次，包括日本、荷兰、美国、加拿大、英国、奥地利等国家和地区，其中 2012 年国家留学基金资助出国留学 17 人次；教师参加国内学术交流活动 10 人次。

2013 年 1 月 29 日，教育部学位与研究生教育发展中心发布全国第三轮学科评估结果，我校应用经济学一级学科以整体水平 85 分的成绩与北京大学并列全国第 2 名。与 2009 年第二轮学科评估相比，我校本次参评的其他一级学科评估成绩也普遍提高，其中，理论经济学在参评的 55 所高校中排名第 21。

2013 年 3 月 14 日，北京市举行第十二届哲学社会科学优秀成果奖颁奖典礼，我校 5 项优秀成果获奖。其中，我院李涛撰写的论文《中国城市居民的金融受排斥状况研究》获得一等奖。

2013 年 3 月 22 日，教育部下发《关于颁发第六届高等学校科学研究优秀成果奖（人文社会科学）的决定》，林光彬撰写的著作《私有化理论的局限》（经济科学出版社 2008 年出版）荣获三等奖。

2013 年 3 月 30 日，中央财经大学北京校友会分会经济学院专业分会成立大会在学术会堂 402 报告厅举行。我校校友总会会长、博士生导师王柯敬，校党委副书记、校友总会常务副会长梁勇，副校长史建平，校友总会秘书长安秀梅等领导，与返校校友、师生代表共 200 余人参加了大会。大会由党总支书记、副院长李涛主持。

2013 年 4 月 9 日，教育部下发《关于成立 2013～2017 年教育部高等学校教学指导委员会的通知》，我校 13 名教师获聘 2013～2017 年教育部高等学校教学指导委员会委员。其中：王广谦获聘经济学类专业教学指导委员会主任委员，杨运杰获聘经济学类专业教学指导委员会秘书长。经济学类专业教学指导委员会秘书处设在我院。

2013 年 4 月 25 日，北京市委宣传部、市社科联、市社科规划办下发《关于确定 2012 年度北京市中青年社科理论人才"百人工程"新增培养人选的通知》，我院李涛入选。

2013 年 6 月 28 日，中国人民大学人文社会科学学术成果评价研究中心和中国人民大学书报资料中心向我校发展规划处发来贺信，祝贺我校在 2012 年度"复印报刊资料"转载学术论文指数排名中喜获佳绩。在高等院校总排名中，我校位列转载量排名第 28 名，综合指数排名第 34 名，居于引领地位。在高等院校经济学分学科转载排名中，我校表现突出，名列前茅。

2013 年 6 月，2013 年度国家社科基金项目评审工作结束，我校共计 19 项课题获得立项，其中，按项目类别为重点项目 1 项，一般项目 10 项，青年项目 8 项；按学科分类为应用经济 4 项，法学 3 项，马列·科社 2 项，理论经济 2 项，社会学 2 项，中国文学 2 项，政治学 1 项，民族问题研究 1 项，新闻学与传播学 1 项，体育学 1 项。

2013年7月18日，2013～2017年教育部高等学校经济学类专业教学指导委员会成立大会在我校学术会堂604会议室举行。教育部高教司副司长刘贵芹、财经政法与管理教育处处长吴燕，经济学类专业教学指导委员会顾问洪银兴、逄锦聚，经济学类专业教学指导委员会全体委员及秘书长，我校党委书记胡树祥，我校教务处、研究生院、发展规划处的管理人员，学院的专业教师等近60人出席了会议。

2013年7月，中央机构编制委员会办公室特聘我院博士生导师、中国发展和改革研究院院长邹东涛教授为国务院职能转变评估专家组成员。

2013年8月，2013年度国家自然科学基金项目评审工作结束，我校共计30项课题获得资助立项，其中面上项目7项，青年科学基金项目23项，资助金额为861.3万元。

2013年9月4日，教育部公布了"新世纪优秀人才支持计划"2013年度人员名单，我院张苏入选。

2013年11月1日，由我院主办的"东亚经济面临机遇与挑战"国际学术研讨会在学术会堂606会议室举行。我校副校长李俊生，韩国江原大学、日本冈山大学的4名学者以及来自我校的40余名师生参加了会议。会议由院长杨运杰主持。

2013年11月，2013年度北京市哲学社会科学规划增补项目完成评审立项工作，我校共计4项课题获得增补立项，其中一般项目3项，青年项目1项，资助金额为18万元。

2013年12月1日，由我校主办的首届"家庭消费促进经济发展"学术研讨会在学术会堂606会议室举行。来自北京大学、清华大学、中国人民大学和上海财经大学等10所重点院校的近20位专家学者，以及我校30余名师生参加了会议。

2013年12月，国务院学位委员会、教育部、人力资源和社会保障部联合印发《关于全国工程等专业学位研究生教育指导委员会换届及更名的通知》，公布了全国工商管理等专业学位研究生教育指导委员会新一届委员名单，我院教授、博士生导师、学校副校长赵丽芬被聘为第五届全国工商管理专业学位研究生教育指导委员会委员。

2013年，学院教师出访5人次，前往美国、日本等国家和地区进行学术交流；接待国/境外来访15人次，包括来自日本、加拿大、韩国等国家和地区的专家学者；举办国际学术会议 1 次，参加国际会议 2 人次，提交论文 2 篇；学生出国（境）交流学习 27 人次，包括日本、荷兰、美国、加拿大、英国、奥地利等国家和地区，其中 2012 年国家留学基金资助出国留学 17 人次；教师参加国内学术交流活动 40 人次。

2014 年 3 月，霍英东教育基金会第十四届高等院校青年教师基金和青年教师奖评审结果揭晓，我院陈斌开申报的课题"地方政府、资源错配与中国多重失衡"获青年教师基金基础性研究课题资助。

2014 年 4 月 14 日，教育部高等学校经济学类、财政学类、金融学类和经济与贸易类专业教学指导委员会联席会议在我校召开，教育部高教司副司长刘贵芹、高教司财法处处长吴燕，经济学类、财政学类、金融学类、经济与贸易类专业教学指导委员会主任委员、副主任委员、秘书长等 33 人出席了会议，我校部分相关人员列席了会议。会议由经济学类专业教指委主任委员、我校校长王广谦主持。

2014 年 4 月 26 ~ 27 日，由我院主办的"产业升级促进经济发展"学术研讨会在学术会堂举行。来自香港中文大学、香港岭南大学、北京大学、清华大学、中国人民大学、北京师范大学、复旦大学等全国十多所重点院校的近 30 位专家学者出席会议，学院的部分师生也参加了会议。

2014 年 4 月，我院刘轶芳参与的商学院崔新健教授科研团队完成的《郑州市城市创新体系评价研究》成果获得 2013 年河南省科学技术进步二等奖。

2014 年 5 月，2012 级国民经济管理专业荣获首都"先锋杯"优秀团支部评选第一。

2014 年 6 月，在学术会议资助计划的支持下，张琼博士参加了 2014 年 6 月 6 日至 10 日在约旦死海（Dead Sea，Jordan）的 King Hussein Bin Talal 会议中心召开的"The Seventeenth International World Congress"（第十七届国际经济学研讨会）。

2014 年 6 月，6 月 21 日下午，2014 届毕业生毕业典礼暨学位授予仪式在学术会堂 402 报告厅隆重举行。2014 年共有 48 名本科生、73 名硕士研究生、15 名博士研究生如期完成学业、顺利获得学位，另有 1 名本科生韩旭明在顺利完成本专业学习的同时还获得了第二学位。

2014 年 6 月 23 日，本科生罗文博同学与我院教师刘轶芳、校外学者刘新汶的合作论文《我国农村贫困分解及组群研究》发表于 A 类期刊《系统工程理论与实践》。

2014 年 6 月 25 日，我校博士生导师兰日旭所著的《中国近代银行制度变迁及其绩效研究》一书，获得了由中国金融杂志社、中国（广州）国际金融交易·博览会组委会办公室、广州市政府金融办公室主办的 2014 年金融图书"金羊奖"。

2014 年 6 月，2014 年度国家社科基金项目评审工作已经结束，经过专家严格评审，我院戴宏伟教授的《基于京津冀协同的首都城市群发展研究》和王海港教授的《居民收入流动性规范判断研究》获得资助立项。

2014 年 7 月，北京市社会科学基金项目按照单位选送、资格审查、通讯评审和会议评审等规定程序，顺利完成评审立项工作，我院赵文哲教授的《北京市人口转变与经济发展方式转型关系研究》获得资助立项。

2014 年 7 月 1 日，我院陈斌开教授的论文《从机会均等到结果平等：中国收入分配现状与出路》获"优秀论文奖"。

2014 年 7 月 10 日，本科生陈琳同学、谭安邦同学与陈斌开教授的合作论文《理解中国消费不足：基于文献的评述》发表于 AA 类期刊《世界经济》。

2014 年 8 月，国家自然科学基金项目评审工作结束，经过专家严格评审，我院于爱芝教授的《鲜活农产品价格波动：非对称传递，福利效应与政策选择》获得资助立项。

2014 年 9 月 16 日，校第五届党委第 87 次常委会议研决定，聘任杨运杰为研究生院常务副院长，免去院长职务，聘任李涛同志为院长。

2014 年 10 月 18 日，由中央财经大学主办，《世界经济》编辑部、《世界经济文汇》编辑部、《南方经济》编辑部、《经济社会体制比较》编辑部等多家单位协办的 2014 年中国青年经济学家联谊会（YES）在中央财经大学学院南路校区召开。

2014 年 11 月 5 日，我院陈斌开教授的《转型发展新阶段中国经济增长动力研究》获得国家社会科学基金资助立项。

2014 年 11 月 5 日，李涛院长在 2014 年度科研协同创新工作会上对我院协同创新中心"经济转型的民生发展与中国经济学理论协同创新中心"的进展情况进行了汇报，年度检查中成绩良好，获得了 30 万元的接续资助。

2014 年 11 月 18 日，2015 年度北京市自然科学基金项目评审我校共计 7 项课题获得立项，同比上年增长 2.5 倍。李新荣的《关于消费者信用消费的效用和异质性分析——以信用卡数据为例》获得青年项目。

2014 年 11 月 20 日，我院严成樑教授的论文《社会资本、创新与长期经济增长》获"第二届刘诗白经济学奖"。

2014 年 12 月 23 日，我院蒋选教授被评为 2014 年北京市师德先进标兵。

2014 年 12 月 29 日，我院李涛教授撰写的研究报告《关于在中关村国家自主创新示范区内建立政策性"中关村银行"的建议》、兰日旭教授撰写的著作《中国近代银行制度变迁及其绩效研究》荣获北京市第十三届哲学社会科学优秀成果奖二等奖。

2014 年，我院教师作为第一作者或通讯作者，在全国各级各类专业刊物上发表学术论文 62 篇，其中：在 A 类及以上刊物上发表论文 27 篇；在 CSSCI 上发表论文 7 篇；被 EI 收录 2 篇，被 SCI 收录 8 篇，被 SSCI 收录 1 篇。学院教师出版学术专著 5 部，编译著 1 部，主编或参编教材 1 部。获批科研课题 16 项，其中：纵向课题 10 项，横向课题 6 项。纵向课题中，国家社会科学基金项目 3 项，国家自然科学基金项目 2 项，教育部项目 1 项，北京市哲学社会科学重大课题 1 项，北京市规划项目 2 项，北京市自然科学基金项目 1 项。

2014 年，我院成立教学委员会，加强教学团队建设，组建了"政治经济学""宏观经济学""微观经济学""数量经济学""制度经济学和经济史"五个教学团队，其中"政治经济学"和"宏观经济学"获学校首批优秀教学团队立项。学院共有七项课程接收了学校的检查和验收，分别是：2007 年校级精品课程《微观经济学》和《宏观经济学》、2010 年的第二批校级精品课程《政治经济学》和《产业经济学》、2013 年的精品资源共享课《政治经济学》《西方经济学》和校级全英语授课品牌课程《微观经济学》。

2014 年，我院教师出访 4 人次，前往美国、约旦等国家和地区进行学术交流；接待国/境外来访 24 人次，包括来自美国、加拿大、新加坡、日本、韩国等国家和地区的专家学者；参加国际会议 4 人次，提交论文 4 篇；学生出国（境）交流学习 26 人次，包括美国、加拿大、英国、澳大利亚等国家和地区，2013 年国家留学基金委资助建设高水平大学研究生出国留学项目 1 人次。12 月到澳大利亚留学；教师参加国内学术交流活动 5 人次。提交论文 3 篇。

2015 年 1 月 3 日，《中国教育报》在头版头条以"中央财大有个'经济学家梦工场'"为题，对德育示范基地"经济学家梦工场"项目进行了专题报道。人民网、中国日报网、中国社会科学网、中国教育招生网、上海教育新闻网、中国台湾网、腾讯网、网易等媒体进行了转载报道。

2015 年 1 月 4 日，我院陈斌开教授入选第七批"北京市优秀青年人才"项目。

2015 年 1 月，我院于 2015 年寒假首次开启"深入基层，实景中国"大型调研活动。该调研活动是学院教育体制改革试点项目的重要内容，是以基层问题为研究对象的大型社会实践和社会调查研究项目，旨在通过专业的社会调查获得我国基层问题的数据资料，形成调查研究报告，为老师和同学们开展科研工作提供必要的数据支撑。

2015 年 1 月 7 日，由中央财经大学中国互联网经济研究院和我院联合主办的"2014 中国互联网经济发展论坛暨《互联网经济：中国经济发展的新形态》发布会"于 1 月 7 日下午在中央财经大学举行。中央财经大学副校长李俊生致辞。中央财经大学中国互联网经济研究院院长孙宝文教授介绍研究院发展情况；院长李涛教授阐述《互联网经济：中国经济发展的新形态》一书的主要创新。电子商务交易技术国家工程实验室主任、清华大学柴跃廷教授，国务院发展研究中心产业经济部部长赵昌文研究员，中央财经大学中国发展和改革研究院院长邹东涛教授，中国社会科学院社科评价中心副主任荆林波，对外经贸大学陈进教授，中国国际电子商务研究中心研究院副院长李鸣涛，亿邦动力网 CEO 郑敏出席论坛并就互联网经济对中国经济发展的影响和趋势，从不同角度进行了精彩演讲。

2015 年 1 月 14 日，中共北京市委、北京市人民政府表彰了第七批"北京市优秀青年人才"。我院陈斌开教授荣获该荣誉称号。

2015 年 3 月 15 日，我院同等学力人员硕士学位授予仪式在学院南路校区学术会堂 202 隆重举行。院长兼党总支书记李涛、副院长李彬、党总支副书记刘滨、院长助理史宇鹏、学院办公室主任祝伟、研究生干事赵若思等与同等学力学员共同参加了此次活动，93 名同等学历学员被授予硕士学位。至此，2014 年我院同等学历申硕工作圆满结束。

2015 年 3 月 18 日，人力资源和社会保障部公布了 2014 年国家百千万人才工程入选人员名单，我院李涛教授入选，并被授予"有突出贡献中青年专家"荣誉称号。

2015 年 3 月 25 日，中富投资集团与中央财经大学战略合作暨"中富教育奖励基金"设立签约仪式在我校会议室举行。中富投资集团董事长、我校 88

级经管周飞校友，我院院长兼党总支书记李涛及院班子成员，中富投资集团财务部经理李晶，首任经济学院院长金哲松老师，学院校友工作委员会主任徐学慎、委员兰日旭，学院校友会副秘书长、学院办公室主任祝伟等参加了签约仪式。京经管系主任、周飞校友的老师、我校副校长赵丽芬教授作为特邀嘉宾参加了签约仪式，仪式由学院党总支副书记雷洪峰主持。中富投资集团董事长周飞与院长李涛代表双方在战略合作框架协议上签字并互换文本，中富投资集团还和我校教育基金会签订了捐赠协议。自 2015 年至 2024 年，每年捐赠 10 万元人民币，共计 100 万元，设立"中富教育奖励基金"。签约仪式后，赵丽芬副校长和周飞董事长共同为"中富投资战略研究中心"揭牌。

2015 年 3 月 30 日，江苏万通教育科技发展有限公司（简称万通公司）与中央财经大学教育基金会签订捐赠协议。万通公司向我校教育基金会捐赠人民币壹万元设立"万通教育奖励基金"，定向用于资助和奖励中央财经大学师生。3 月 31 日，万通公司已将捐赠款汇入教育基金会账户。

2015 年 4 月 10 日，本科生刘彦兵与我院李彬副教授、史宇鹏教授的合作论文《外部风险与社会信任：来自信任博弈实验的证据》，本科生金箫同学、欧阳涤非同学与陈斌开教授的合作论文《住房价格、资源错配与中国工业企业生产率》发表于 AA 类期刊《世界经济》。

2015 年 4 月 17 日，"互联网经济与电子商务热点问题的经济理论探索"学术研讨会暨"中国信息经济学会基础理论专业委员会 2015 年学术研讨会"在学术会堂 603 顺利召开，会议由中国信息经济学会主办，我院与互联网经济研究院联合承办。信息经济学会名誉理事长、国家信息中心专家委员会名誉主任乌家培教授，信息经济学会名誉理事长、中国人民大学陈禹教授，信息经济学会理事长、中山大学谢康教授，我校互联网经济研究院院长孙宝文教授，我院院长兼党总支书记李涛教授等来自全国各大高校的 40 余位专家学者以及多名企事业单位负责人参与了此次会议。会议由副院长陈斌开教授主持。

2015 年 4 月 29 日，国家社科基金重大招标项目《转型发展新阶段中国经济增长动力研究》开题论证会在学院南路校区学术会堂 606 举行，项目主持人、我院陈斌开教授汇报了项目研究思路，以佟家栋等组成的专家组对项目进行了研讨论证。会议由科研处副处长邢华主持，我校副校长李俊生、互联网经济研究院院长孙宝文、经济学院院长兼党总支书记李涛等出席了论证会。

2015 年 4 月 16 日，我院召开学术委员会会议，会议主要讨论成立学院科研机构相关事项，经过学术委员会投票，全票通过成立以下 9 个院设科研机构（中心、研究所）：经济决策与计量分析研究中心、中外经济比较研究中心、就业与性别发展研究中心、中国经济增长与转型研究中心、城市经济与区域发展研究中心、行为与实验经济学研究中心、经济活力数据调研中心、法经济学研究所、世界经济研究中心。

2015 年 5 月 6 日，首都高校"平安校园"创建检查验收工作组一行 16 人对我校的"平安校园"创建工作进行了为期一天的集中检查验收。我院与金融学院、会计学院作为代表，迎接了"平安校园"创建检查验收专家组的走访。

2015 年 5 月 16 日，由中央财经大学、电子工业出版社、中国互联网经济研究院、中国先锋金融集团和中国信达·金保中心联合主办，中财博士校友分会（筹）、中财金融青年会承办，中央财经大学北京校友会协办的互联网经济与金融理论和实践研讨会暨《"中国式"互联网金融：理论、模式与趋势之辨》新书发布仪式在中央财经大学学术会堂隆重召开。来自中央财经大学、中国互联网经济研究院、电子工业出版社、人民银行金融信息化研究所、保监会、国务院发展研究中心、中国金融学会、京东集团、易宝支付、网信金融、星火钱包、平安银行、信达财产保险股份有限公司、云南日日昌信息技术股份有限公司等单位的 70 余位嘉宾参加了此次会议。

2015 年 6 月 10 日，中富青年领袖大赛颁奖典礼在沙河校区学院 7 号楼 115 报告厅顺利举行。88 级国经管校友、中富投资集团董事长周飞、财务部经理李晶出席。院长兼党总支书记李涛、中富投资战略研究中心主任金哲松、党总支副书记刘滨、校友工作委员会主任徐学慎以及学院师生共计一百余人参加了本次颁奖典礼。典礼由党总支副书记雷洪峰主持。中富青年领袖大赛面向全校学生开展，由团总支承办，4 月初启动，6 月底结束，历时 60 余天。首届中富青年领袖大赛的赛事活动详尽，亮点突出，SUPER ORATOR（超级演说家）、SUPER SHOPPING MAN（采购达人）、"SUPER ECONER"案例分析三大赛事受到广泛关注，吸引了全校 200 余名学生参加。本次大赛共有 8 支团队参赛，实行积分赛制，其中 1 支团队获得特等奖、2 支团队获得一等奖、3 支团队获得二等奖，2 支团队获得参与奖，6 人获得优秀个人。

2015 年 6 月 15 日，中央财经大学 2013～2015 年度先进基层党组织、优秀共产党员、优秀党务工作者、党建特色和创新项目表彰名单公布，我院党总支获评"先进基层党组织"，成长分享专项活动获评"党建特色和创新项目"，

2014 级研究生第二党支部赵晓辉获评"优秀共产党员"。

2015 年 6 月 20 日，由我院与中国社会科学院经济研究所《经济研究》编辑部联合主办的首届文化与经济论坛（2015）在我校学术会堂 604 顺利召开。中国社会科学院经济研究所副所长兼院科研局副局长张平研究员，《经济研究》杂志社社长、副主编、编辑部主任王诚研究员，《经济研究》杂志社副社长张永山研究员，《经济研究》杂志社王利娜编审受邀出席了此次论坛。来自中央财经大学、新加坡南洋理工大学、北京大学、中山大学、上海财经大学等海内外高校的 20 余位专家学者参与了此次论坛并做了专题汇报。论坛由我院院长兼党总支书记李涛教授主持。

2015 年 6 月 26 日，中央财经大学 2015 届毕业生毕业典礼暨学位授予仪式在学术会堂 402 举行。全体教师，2015 届本、硕、博全体 153 名毕业生及其亲友参加了毕业典礼。

2015 年 6 月，我院 2014 级博士研究生张文韬同学的文章《人格特征与股票投资》（第二作者，导师为第一作者），发表在国家 AA 级核心期刊《经济研究》。

2015 年 8 月，国家自然科学基金项目评审工作结束，经过专家严格评审，我院樊茂清副教授的《能源价格波动、信息化投资和技术进步对我国低碳经济增长的影响——基于 IGEM 与微观模拟联结模型的研究》与张川川副教授的《生育水平、性别选择和女性发展：性别观念的视角》获得立项资助。

2015 年 9 月 7 日，2015 级本科生迎新工作展开，我院喜迎 2015 级 109 名新生，其中女生 69 人，男生 40 人，来自全国 28 个省市。

2015 年 10 月，德国杜伊斯堡埃森大学的 Erwin Amann 教授作为"中财讲席教授"，受邀请进行了为期五周的教学和科研工作。Amann 教授是博弈论领域的专家，在机制设计、产业组织理论、演化博弈论和微观经济学等方面有众多研究成果。

2015 年 10 月，教育部人文社会科学研究一般项目评审结果公布，经专家严格评审，我院张彩萍教授的《消费者对食品安全认证支付意愿的干预式选择实验研究》和李新荣副教授的《公共资源、风险承受度与社会信任》获得资助立项。

2015 年 10 月 6 日，本科生徐润同学与陈斌开教授的合作论文《个人所得税改革可以刺激居民消费吗？——来自 2011 年所得税改革的证据》发表于 A 类期刊《金融研究》。

2015 年 10 月 15 日，本科生孙青莲同学与于爱芝教授、李德峰教授的合作论文《人民币实际有效汇率对不同类商品进出口的影响——兼对"总和偏倚"的一个检验》发表于 A 类期刊《宏观经济研究》。

2015 年 12 月 1 日，我院李涛教授与史宇鹏副教授、陈斌开教授合著的《住房与幸福：幸福经济学视角下的中国城镇居民住房问题》获"第七届高等学校科学研究优秀成果奖（人文社会科学）三等奖"。

2015 年 12 月 15 日，我院戴宏伟教授的《新型城镇化对扶贫开发的影响与应对研究》获得国家自然科学基金立项。

2015 年，为进一步提升学科建设水平，加快国际化建设步伐，进一步扩大学院在国内外学术领域的声誉和社会影响力，我院聘任美国密歇根州立大学的金松青副教授（终身职）、英国剑桥大学高级讲师常鑫博士以及美国华盛顿州立大学的白金辉副教授（终身职）为兼职教授。三位老师自 11 月 23 日至 12 月 28 日在沙河校区开设经济学理论前沿课程。金松青副教授于 11 月 23 日至 28 日在沙河校区集中讲授了 Theory and Practice of Impact Evaluation Methods 课程，是应用微观计量的主流方法课，也是他在密歇根州立大学给博士生开设的课程之一。12 月 7 日～11 日，常鑫博士在沙河校区集中讲授 Economics of Stock Evaluation 课程，向广大学生系统讲述了目前国际前沿的股票、公司估值知识，内容涉及公司理财、财务管理、资产定价等。12 月 21～28 日，白金辉副教授在沙河校区集中讲授 Topics in Macrorcomics 课程。

2015 年，学院依托国际交流与合作委员会，努力探索分层次交流计划、教师访学计划、学生国际化授课项目，满足师生差异化的国际需求。先后派出 5 位教师前往美国杜克大学、康奈尔大学、英国伦敦大学等国际知名高校等进行短期交流访学，派出 5 人次前往新西兰、日本等国参会并宣读论文。2015 年，学院积极"引进"来自以色列、加拿大、德国、美国、新加坡等多个国家的知名学者前来讲学和交流，进一步丰富和拓展了师生的国际学术视野。

2016 年 1 月，中组部印发了《中共中央组织部办公厅关于印发 2014 年"万人计划"青年拔尖人才入选名单的通知》，我院陈斌开教授、严成樑副教授入选。

2016 年 3 月 17 日，霍英东教育基金会第十五届高等院校"青年教师基金和青年教师奖"评审结果揭晓，经专家评审和基金会理事会暨顾问委员会联席会议决定，我院严成樑老师申报的课题"产业结构变迁与中国经济转型研究"

获青年教师基金基础性研究课题资助。

2016 年 3 月 18 日，本科生胡志成与张川川副教授的合作论文《政府信任与社会公共政策参与——以基层选举投票和社会医疗保险参与为例》发表于 A 类期刊《经济学动态》。

2016 年 4 月 10 日，本科生陈思宇同学、胡志安同学和陈斌开教授的合作论文《"技术与文化：互联网如何改变个人价值观？"》发表于 A 类期刊《经济学动态》。

2016 年 4 月 12 日，巴西铁矿石公司淡水河谷（VALE）访问团一行访问，双方就中国当前的产能过剩问题、"十三五"规划的具体实施、人民币国际化进程和国际大宗商品交易等问题交换了看法和意见。李涛教授、陈斌开教授、张舰副教授等多位老师和数位研究生参加了此次座谈。淡水河谷公司是世界第一大铁矿石生产商和出口商，也是美洲大陆最大的采矿业公司，被誉为巴西"皇冠上的宝石"和"亚马逊地区的引擎"。

2016 年 4 月 20 日，教育部正式公布 2015 年度"长江学者奖励计划"入选名单，经学校推荐、通讯评审、会议答辩、人选公示、评审委员会审定、聘任合同签订等一系列程序，最终共有 412 人为 2015 年度长江学者特聘教授、讲座教授、青年学者。其中，我院陈斌开教授入选"长江学者"青年学者。

2016 年 5 月 1 日，教师孙昂在国际权威期刊 Journal of Development Economics 发表了题为"Divorce, Abortion, and the Child Sex Ratio: The Impact of Divorce Reform In China"的论文。Journal of Development Economics 是发展经济学领域顶级期刊（近五年影响因子 2.69）。该论文为孙昂与北大国发院赵耀辉教授的合作研究。论文估计了中国离婚条例的变更对婚姻内部性别选择性堕胎的影响。

2016 年 5 月 1 日，我院教师何召鹏的《供给侧结构性改革理论研究综述》获得"中宣部高校社科理论单位舆情直报点稿件内部评比一类"。

2016 年 5 月 7 日，首届未来经济学家论坛（Prospective Economists Forum，以下简称 PEF）在我校学术会堂顺利召开，PEF 是由我校主办，面向普通高等学校财经专业学生开展的全国性学术活动，以学术论文大赛为载体，遴选和培养具有厚重专业基础、卓越研究能力和突出发展潜力的经济学菁英人才。

2016 年 6 月 8 日，我院教师伏霖的《以互联网基础设施建设为抓手，打造"十三五"增长新引擎》获得"发改委'十三五'规划问计求策二等奖"。

2016年6月30日，由中央财经大学农村经济发展中心主办的"全球化战略下中国农业'走出去'风险防范与政策支持"专家研讨会在学术会堂606举行，会议由中央财经大学农村经济发展中心主任于爱芝教授主持。

2016年6月，国家社科基金项目评审工作结束，经过专家严格评审，我院严成樑教授的《新常态下我国经济发展动力转换研究》和俞剑博士的《中国居民消费结构转变对经济波动的影响研究》获得立项资助。

2016年7月，教育部人事司正式公示了2016年享受政府特殊津贴人员教育部推荐人选名单，共有445名教育部直属高校和有关直属单位组织经过个人申报、专家评议、单位公示获得推荐。我院金哲松教授、李涛教授入选。

2016年7月12日，中央财经大学绿色经济与区域转型研究中心举办的"2016年中国绿色产业景气指数发布会"在学术会堂604会议室成功举行，会议对外发布了"2016中国绿色产业景气指数体系"，并联合中央财经大学气候与能源金融研究中心推出了首个中国碳市场信心指数（CMCI），对我国绿色产业的检测评估、绿色产业的政策参考都具有里程碑式的意义。

2016年7月31日，为提升在发展经济学和中国经济研究领域的学术研究国际化水平，扩大我校同国外知名机构和学会的学术合作交流，我校应美国农业与应用经济学会（AAEA）邀请，派出以科研处副处长张舰副教授为团长、年轻教师俞剑博士、申广军博士和徐翔博士为成员的访问团，于7月31号至8月3号参加了在美国马萨诸塞州波士顿市举办的2016年美国农业与应用经济学年会。美国农业与应用经济学会是美国最大的经济学会之一。

2016年8月，国家自然科学基金项目评审工作结束，经过专家严格评审，我院张彩萍教授的《家属随迁和健康认知对农民工饮食消费与营养健康的影响研究》、刘靖副教授的《财富冲击、个体财产权与家庭经济行为》与申广军博士的《税收激励与企业行为和绩效——来自中国增值税转型的证据》获得立项资助。

2016年9月，国家社科基金后期资助项目评审结果揭晓，我院高伟教授的《中国创新驱动发展路径研究》获得资助立项。

2016年9月23日，环境保护部规划财务司就绿色产业指数、绿色金融事宜，至中央财经大学绿色经济与区域转型研究中心进行调研。环境部规划财务司副司长吴舜泽、处长张华平、干事储成君，环境规划院主任助理秦昌波、主任助理李新出席会议。中央财经大学经济学院党委副书记郭冬梅教授接待并主持研讨会，绿色经济与区域转型研究中心主任刘轶芳副教授做了主题汇报。

2016年10月12日，学院邀请到《观念经济学》创始人黄江南先生来院学术交流，并在沙河校区聘望楼学术报告厅发表了题为"共享经济与共享社会——观念经济与'一带一路'"的学术讲座。黄江南先生系我国著名经济学家、投资银行家，30年前改革开放初期著名的"改革四君子"之一，曾担任光大证券的首席经济学家、美国查顿资本创始合伙人，联合国项目官员，在中国乃至美国投资界享有盛誉。除从事投资业务之外，黄江南先生还积极向中央和地方政府建言献策，努力践行国家"一带一路"倡议，通过资本运作帮助地方政府进行经济结构转型。

2016年10月14日，我院与中关村新纪元光伏风电节能产业技术联盟签署战略合作协议书。双方将共同建立"产学研"相结合的育人、科研、应用一体化发展模式，以共享各自资源，培养"绿色经济与绿色投融资"高级人才，满足行业需求，提升创新能力，服务国家战略。

2016年10月17日，北京市委教育工委发布《关于表彰2015～2016年度北京高校优秀德育工作者、德育工作先进集体和优秀、十佳辅导员的决定》，我院获"2015～2016年度北京高校德育工作先进集体"荣誉称号。

2016年10月23日，我院举办"结构转型与东亚经济增长"国际学术研讨会，来自韩国、日本及我院多位学者、师生代表共同参加了此次研讨会。

2016年11月9日，我院新一届教学委员会成立大会暨教学工作研讨会在学院会议室召开。院长李涛，副院长陈斌开、史宇鹏，教学委员会主任冯春安及全体委员参加了此次会议。

2016年11月17日，我校与农业部国际合作司战略合作签约仪式在学术会堂603举行。中央财经大学李俊生副校长和农业部国际合作司隋鹏飞司长在签约仪式上致辞，并代表双方签署战略合作协议，签约仪式由院长李涛教授主持。

2016年11月29日，中共乌鲁木齐经济技术开发区（头屯河区）委办公室发文，我院绿色经济与区域转型研究中心刘轶芳老师获聘为委员会经发委项目专家。刘轶芳老师将作为委员会项目专家，在重大决策中为其出谋划策，提供咨询服务，为全区重大政策、中长期规划、重大项目实施方案的制定提供专业化的论证、评估、指导和建议。

2016年12月3日，长期经济增长与金融创新——暨第二届中央财经大学经济史论坛在我校学术会堂成功举办，此次论坛由中央财经大学、中国经济史学会及《中国经济史研究》编辑部主办。来自中国社会科学院、清华大学、北京大学、中国人民大学、复旦大学、武汉大学、南开大学、中央财经大学、中国政法大学、广西师范大学、河南大学、山东大学、河北大学、贵州财经大学等高校和科研院所专家学者近70人参加了本次论坛。

2016年12月4日，第三届中富青年领袖大赛总决赛于沙河校区圆满落幕。中富青年领袖大赛是中富教育奖励基金创办的一项选拔性赛事活动，由中富投资集团提供资金支持、中富投资战略研究中心主办、中央财经大学团总支承办。大赛打破传统的奖学金评选模式，通过多轮比赛的形式遴选具有时代领袖气质的青年学子，给予资金奖励助其进一步成长成才。经过前两届积淀，大赛已经发展成一项富有趣味和挑战，彰显水平和能力的高品质赛事。

2016年，学院继续加大推进教育教学改革的步伐，由我院张苏教授主编的《宏观经济学》教材申报了中央财经大学2016年校级高等教育教学成果奖；郭冬梅教授、史宇鹏副教授、樊茂清副教授三位老师申报的课题获得学校教学方法研究项目立项；杨运杰教授主持的北京高等学校教育教学改革项目"经济学拔尖创新人才培优计划研究与实践"获得结项。

2016年，学院科研成果向高质量、高层次、高产出方向发展，教师出版学术专著4部，编著1部；在全国各级各类专业刊物上发表学术论文71篇，其中：在A类及以上刊物上发表论文40篇（其中陈斌开教授的论文"人力资本与城市住房价格"发表于2016年5月的《中国社会科学》）；被SCI收录4篇，被SSCI收录15篇（其中孙昂老师的论文"Divorce, Abortion and Child Sex Ratio: The Impact of Divorce Reform in China" 2016年5月发表于国际顶级经济类刊物Journal of Development Economics）；获批科研课题13项，其中：纵向课题10项，横向课题3项。纵向课题中，国家社会科学基金项目4项（其中严成樑的"供给侧结构性改革与发展新动力研究"项目获国家社科基金重大项目立项），国家自然科学基金项目3项，教育部项目2项，北京市规划项目1项。

2016年，学院年内共计接待国/境外来访15人次，包括来自美国、加拿大、挪威、韩国、日本等国家和地区的专家学者到院讲座及讲学；同时，学院聘任了来自加拿大圭尔夫大学的布莱姆·凯迪斯贝（Bram Cadsby）教授作为"中财讲席教授"，聘任美国密歇根州立大学的金松青副教授（终身职）、英国剑桥大学高级讲师常鑫博士以及美国华盛顿州立大学的白金辉副教授（终身职）为我院兼职教授，扩大学院在国内外学术领域的声誉和社会影响力。学院共计举办国际学术会议 1 次（"结构转型与经济增长"国际学术研讨会，共有来自韩国和日本的多位学者参加了此次会议）；学院对外签署合作协议 1 项（与日本神户大学签订的双方学生及教师互访交流协议）。2016 年，学院学生出国/境交流学习 19 人次，分别前往英国、德国、韩国等国家和地区。

2017 年 1 月 12 日，我院教师尹志峰提交的报告《中国企业创新能力评价报告 2016》获科学技术部采纳。

2017 年 4 月 11 日，由教育部高等学校经济类专业教学指导委员会主办，中国人民大学和中央财经大学联合承办"马克思主义政治经济学教学经验交流会"在中国人民大学明德主楼 728 会议室举办。教育部高等学校经济类专业教学指导委员会杨运杰秘书长主持，来自全国 34 所高校等单位的约 80 名老师参加。

2017 年 4 月 20 日，我院严成樑教授的论文《创新驱动、税收扭曲与长期经济增长》获得第六次全国优秀财政理论研究成果奖二等奖。

2017 年 5 月，学院应用经济学系刘轶芳老师负责的通识选修课《生态与可持续发展》《环境发展数据可视化技术》，经济史系兰日旭老师负责的通识选修课《世界经济史专题》，国际经济学系张琥老师负责的通识选修课《身边的经济学》和国民经济学系陈斌开老师负责的通识选修课《中国经济专题》被学校确定为 2017 级本科生通识选修课。

2017 年 5 月 11 日，学校教务处公布了《中央财经大学通识核心课程 2017 年度立项资助项目》，经济史系推荐的通识核心课程《1500 年以来的经济社会变迁》获得学校立项资助。

2017 年 5 月 18 日，本科生苗向荣同学、于洋同学和刘轶芳教授的合作论文《我国能耗成效的影响因素分解研究》发表于 A 类期刊《自然辩证法研究》。

2017 年 6 月 15 日，本科生徐思同学与我院教师伏霖、董楠（校外、第一作者）的合作论文《直接融资对我国银行业特许权价值的影响：基于 Panzar – Rosse 模型的实证研究》发表于 A 类期刊《国际金融研究》。

2017 年 6 月 23 日，中央财经大学 2017 届毕业生毕业典礼暨学位授予仪式在学术会堂举行。

2017 年 6 月 26 日，本科生韩冬雅同学与周战强教授的合作论文《外群歧视与流动人口家庭收入》发表于 A 类期刊《城市发展研究》。

2017 年 6 月，国家社科基金项目评审工作结束，经过专家严格评审，我院兰日旭教授的《新中国金融发展研究（1949～2019）》与尹志锋副教授的《司法大数据下的专利诉讼与企业创新研究》获得立项资助。

2017 年 7 月 4 日，在学校 2015～2017 年度评优表彰中，我院党委获评学校"先进基层党组织"、2016 级硕士生第一党支部杨杰获评学校"优秀共产党员"、组织员刘滨老师获评学校"优秀党务工作者"、经济史学系教工党支部获评学校"党建特色和创新项目"。

2017 年 7 月 14 日，学院举办第一届龙马经济夏令营。经过笔试、面试等环节，确定 54 名同学进入我院 2018 年研究生推荐免试入学名单。

2017 年 7 月 15 日，第二届未来经济学家论坛（Prospective Economists Forum，以下简称 PEF）在沙河校区成功召开。本届论坛共收到来自全国各地 57 所高校共计 130 余篇论文，经过专家评审，最终来自山东大学、北京师范大学、中央财经大学、西南财经大学、辽宁大学等 10 余所高校 24 篇论文进入现场汇报交流。

2017 年 8 月 1 日，我院严成樑教授所著的《创新驱动、税收扭曲与长期经济增长》获得北京市第十四届哲学社会科学优秀成果奖二等奖。

2017 年 8 月，国家自然科学基金项目评审工作结束，经过专家严格评审，我院赵文哲副教授的《土地出让、要素流动与制造业产业集聚和产业转型升级研究》、孙菁蔚博士的《基于离散傅立叶变换和周期图分析的中国金融高频数据波动性研究》、龚雅娴博士的《流动性覆盖率监管与资本金充足率监管综合机制探究》、孙昂博士的《房价高速增长背景下的社会不平等》获得资助立项。

2017 年 10 月 23 日至 11 月 29 日，中富大赛落下帷幕，历时 37 天，大赛吸引了来自全校 19 个学院和研究院 450 余名本硕同学，以及来自北京邮电大学、外交学院等高校学子的全情参与。

2017 年 11 月，人力资源和社会保障部公布了 2017 年国家百千万人才工程入选人员名单，陈斌开教授入选，并被授予"有突出贡献中青年专家"荣誉称号。

2017 年 11 月，中央宣传部公布了 2017 年文化名家暨"四个一批"人才工程名单，我院李涛教授榜上有名。

2017 年 11 月 7 日，政治经济学系教工党支部"把《政治经济学》教成最生动的党课"经学校推荐参与教育部"两学一做"支部风采展示活动评选。

2017 年 11 月 10～12 日，为深入理解习近平总书记提出的"新发展"理念，发挥学科优势将党的十九大精神贯彻落实于服务社会、服务基层建设中，党委组织 20 余名教职工党员赴华西村开展教育实践活动，并特邀华西村党委书记、十九大代表吴协恩同志一同开展主题为"贯彻新发展理念，研究乡村振兴战略"的专题座谈会。

2017 年 11 月 18 日，由中央财经大学、中国企业管理研究会、《山东社会科学》杂志社、中央财大中国政治经济学研究中心联合主办，中国人民大学马克思主义学院、中国人民大学书报中心《复印报刊资料·社会主义经济理论与实践》杂志协办的"混改·治理·创新——2017（第二届）国有企业改革与发展高峰论坛"在中央财经大学学院南路校区隆重举行。

2017 年 11 月 23 日，我院迎接"北京普通高等学校党建和思想政治工作基本标准"检查整体组专家入院走访，圆满完成"党建与事业发展"汇报、座谈和查阅材料等迎评任务。

2017 年 11 月 24 日，我院俞剑老师与陈宇峰、Peter Kelly 合著的《Does the China Factor Matter：What Drives the Surge of World Crude Oil Prices?》获得"浙江省第十九届哲学社会科学优秀成果奖三等奖"。

2017 年 11 月 25 日，由中国经济史学会、《中国经济史研究》编辑部、中央财经大学经济史学系联合举办的"大分流与货币金融制度变迁学术研讨会暨中财大第三次经济史论坛"在中央财经大学学院南路校区学术会堂 706 隆重举行。来自中国社科院经济所、中国社科院近代史所、清华大学、北京大学、复旦大学、南京大学、南开大学等 80 多名学者代表参加了本次论坛。

2017 年 11 月 28 日～12 月 1 日，院党委书记雷洪峰、金哲松教授、徐学慎副教授赴香港进行了为期四天的访问交流活动。通过走访深港校友，积极开展深圳校友分会的筹建工作，走访香港大学、香港中国商会、香港区块链协会，结合"国家粤港澳大湾区的战略背景"和"区块链"热点进行研讨。

2017 年 12 月 16 日，为了进一步促进该领域理论基础和实证研究的提高，由《经济研究》编辑部与我校共同主办的第三届"文化与经济论坛（2017）"在学术会堂召开。

2017 年 12 月 21 日，86 经管校友黄强所在的大信金融集团有限公司与我院签订战略合作框架协议，联合成立内设科研机构"中央财经大学大信区块链研究中心"。

2017年12月28日，教育部学位与研究生教育发展中心（简称学位中心）公布了全国第四轮学科评估结果，我校应用经济学为A+学科，排名并列第1；理论经济学为B+学科，排名并列第10（B+学科共9所），比第三轮学科评估的第21位有了大幅提升。在财经类院校中，我校理论经济学和应用经济学都位列并列第一，学科建设成效显著。

2017年经济学院积极组织教师申报2017年度教学方法研究项目——精彩课堂建设项目，何召鹏博士申报的《基于大学生认知能力的动态化情景教学法研究——以〈政治经济学〉为例》获得立项资助。组织教师申报通识选修课。其中，刘轶芳教授负责的《生态与可持续发展》《环境发展数据可视化技术》，兰日旭教授负责的《世界经济史专题》，张琥博士负责的《身边的经济学》和陈斌开教授负责的《中国经济专题》被学校确定为2017级本科生通识选修课。此外，经济史系推荐的通识课程《1500年以来的经济社会变迁》获得学校通识核心课程立项资助。

2017年，学院教师作为第一作者或通讯作者，在SSCI期刊发表论文11篇，在SCI期刊发表论文4篇，AA类期刊发表论文5篇（《经济研究》1篇，《世界经济》3篇、《管理世界》1篇），A类论文24篇。学院教师出版专著5部。获得国家社会科学基金项目2项，国家自然科学基金项目4项，教育部课题2项；其他横向课题11项。

2017年，学院继续以高水平国际交流合作项目建设为重点，不断提高对外交流与国际合作的层次，加快学院国际化步伐，搭建了以研讨班（seminar），讨论班（workshop）、学术会议（conference）为主体的"三位一体"学术交流平台，开展了"经济学名家讲座系列""经济学中青年讲座系列""院内双周学术论坛""龙马经济学双周学术论坛"四类讲座，分梯度分层次、有针对性地开展各类学术探讨，增加教师讨论的空间和灵活度，同时也丰富学生的科研视野。

2017年，学院共计举办上述讲座32场，邀请到李伯重、洪永森、王谦、李海舰、邓钢、张成思、王文成、安虎森、姜长云、郑超愚等多位国内外知名专家学者前来讲学；召开了"大分流与货币金融制度变迁学术研讨会——暨第三届经济史学术研讨会""第三届文化与经济论坛（2017）""国有企业改革与发展高峰论坛"三场国内学术会议。

2018 年 1 月 4 日，学院召开全院教师大会，学校党委副书记梁勇同志、组织部部长郭有成同志来院宣布人事任命。根据工作需要，经学校党委常委会研究，经济学院原党委书记雷洪峰同志调任学生工作部、武装部、学生处任部长、处长，李岩同志任经济学院党委书记。

2018 年 1 月 19 日，学院召开全院教师大会，学校党委副书记梁勇同志、组织部部长郭有成同志来院宣布人事任命。根据工作需要，经学校党委常委会研究，李涛同志提任校长助理，免去经济学院院长职务，学院行政工作由副院长陈斌开主持。

2018 年 2 月 10 日，本科生李雅娴和张川川副教授的合作论文《认知能力与消费：理解老年人口高储蓄率的一个新视角》发表于 A 类期刊《经济学动态》。

2018 年 3 月，霍英东教育基金会第十六届高等院校"青年教师基金和青年教师奖"评审结果揭晓，经专家评审和基金会理事会暨顾问委员会联席会议决定，我院张川川申报的课题"新型农村社会养老保险的政策实践和社会经济影响"获青年教师基金基础性研究课题资助。

2018 年 3 月 20 日，本科生陈思宇同学与陈斌开教授合作论文《流动的社会资本：传统宗族文化是否影响移民就业》发表于 AA 类期刊《经济研究》。

2018 年 4 月 16 日，学院召开全院教师大会，学校党委副书记梁勇同志、组织部部长郭有成同志来院宣布人事任命。根据工作需要，经学校党委常委会研究，聘任陈斌开同志为经济学院院长。

2018 年 5 月 4 日，纪念马克思诞辰 200 周年纪念大会在人民大会堂召开。我院政治经济学系齐兰教授、杨运杰教授、冯春安教授、韩金华教授参加了纪念大会，现场聆听了习近平总书记的讲话。

2018 年 5 月 11 日，蒋选教授的《国民经济管理》获得 2018 年度"双一流"建设研究生精品教材建设项目立项。

2018 年 5 月，政治经济学系教工党支部生动有趣地把党的思想政治教育工作贯穿到《政治经济学》的教学中，支部建设和教学科研工作均取得显著提高，深受广大师生好评，其"两学一做"学习活动工作案例被求是杂志社和中共中央党校联合出版的《怎样当好新时代支部书记》所引用，受到社会各界广泛关注。

2018 年 5 月 14～17 日，以山东大学校长樊丽明为组长的教育部本科教学工作审核评估专家组莅临我校，考察我校本科教学工作。5月15日下午，樊教授走访了经济学院。经济学院院长陈斌开、党委书记李岩、副院长史宇鹏、党委副书记郭冬梅，教师代表赵丽芬、郭家虎、俞剑、金星晔参加了访谈。樊教授对经济学院近年来的发展和建设给予充分肯定，并就专业建设、教学质量控制、教师教学积极性的调动、学院教学工作委员会职能、青年教师成长及教研活动开展情况等问题与参会人员进行了深入交流，并提出了相应的指导意见。

2018年5月19日，中央财经大学应用经济学一级学科学位授权点自我评估专家评审会于在中央财经大学校内进行。院长陈斌开教授与张川川副教授作为代表参会，就我院承担的应用经济学4个二级学科点（国民经济学、产业经济学、区域经济学、劳动经济学）的建设作汇报。

2018年5月23日，学校理论经济学学位授权点自我评估专家评审会在经济学院1305会议室召开。北京大学经济学与管理学部学术委员会副主任平新乔教授、中国人民大学经济学院原院长杨瑞龙教授、复旦大学经济学院原院长袁志刚教授、南京大学校长助理范从来教授、北京大学社会科学部部长龚六堂教授、对外经济贸易大学中国WTO研究院院长屠新泉教授等一行六人应邀作为评审组专家对我校理论经济学学科建设情况进行了评估。会议由副校长马海涛主持，校长助理李涛、研究生院院长戴宏伟、我校理论经济学重点建设单位经济学院、财经研究院的主要负责人、各学科点带头人以及教师代表和学生代表参加了会议。

2018年5月，我院本科生代表队在"中财杯"篮球赛决赛中获得亚军。研究生代表队在"中研杯"篮球赛决赛中获得亚军。

2018年6月，国家社科基金项目评审工作结束，经过专家严格评审，我院路乾副教授的《土地财政与地方政府债务风险研究》和郭冬梅教授的《环境治理绩效的评估体系与实施机制研究》获得立项资助。

2018年6月2日，中国城市百人论坛首届"青年学者奖"评选结果揭晓，院长陈斌开教授榜上有名。

2018年6月15日，我院路乾副教授的《生产要素间自由流动与合理配置的体制机制研究》获得国家自然科学基金委立项资助。

2018年6月25日，2018年北京市师德榜样（先锋）评选结果公布，我院齐兰教授获得北京市师德先锋称号。

2018年7月，根据中共中央组织部公布的第三批国家"万人计划"入选人员名单，李涛教授入选"万人计划"哲学社会科学领军人才。

2018年7月7日，中国商业史学会第七次会员代表大会暨改革开放40周年中国商业史论坛在中央财经大学召开。中国商业史学会创始人吴慧，原商业部部长胡平，国务院发展研究中心李国强研究员，国声智库高级研究员、"一带一路"文化传播与经济发展课题组副组长陶利明，中央财经大学校长王瑶琪、副校长史建平、校长助理李涛，中国经济史学会会长魏明孔，中国商业经济学会会长马龙龙，秦商联合会会长刘阿津，全国部分高校领导以及来自全国24个省（市）区216名代表、38名嘉宾出席了大会。大会由院长陈斌开教授主持。

2018年9月6日，2018级本科生迎新工作在沙河校区龙马路开展，2018级同学首先在机器上扫描录取通知书上的二维码报到，然后排队领取宿舍钥匙、校园卡等物资，并在"绿叶"上写下给一年后的自己的话，挂在"未来树"上，最后与的吉祥物"小糯米"合影留念。

2018年9月9日，中央财经大学新生演讲比赛于大学生活动中心金色大厅进行决赛。参赛同学各展风采，经济学类18-1班郭雨飞同学凭借优异表现荣获决赛三等奖。

2018年9月12日，我院2018级新生开学典礼暨硕博导师见面会在沙河校区举行，党委书记李岩主持了本次开学典礼，几十位教师以及两百余名新生到场参加。

2018年9月，经济史学系教工党支部入选"全国首批'双带头人'教师支部书记工作室建设名单"。

2018年9月28日，2018级本科生军训成果汇报暨总结表彰大会顺利召开，由我院全体新生组成的七营接受了分列式检阅，并进行军事训练科目汇报表演。在军训期间获得宣传奖项3次，内务评比奖项2次，文艺奖项1次，并在最后获得"内务标兵营"称号。至此，为期14天的军训生涯圆满结束。

2018年10月13日，由中国社会科学院、全国博士后管理委员会及中国博士后科学基金会主办，中国社会科学院博士后管委会、中国社会科学院经济研究所、中央财经大学、中国经济史学会、中国商业史学会文化遗产专业委员会承办的"第五届全国经济史学博士后论坛（2018）暨商贸演进视角下的货币金融变迁研讨会"在中央财经大学学院南路校区隆重举办。

2018年10月19日，由中国社会科学院经济研究所、《经济研究》编辑部、中央财经大学、中国政治经济学研究中心、中央财经大学马克思主义与中国经济发展道路协同创新中心、北京市习近平新时代中国特色社会主义思想研究中心（中央财经大学研究基地）共同举办的"全国第十二届马克思主义经济学发展与创新论坛暨纪念改革开放四十周年研讨会"在学术会堂顺利举办，来自全国 30 多所高校的学者参加了大会。

2018 年 10 月 21 日，"中国劳动经济学者论坛"第十次季会在学院南路校区顺利举办，来自北京师范大学、中央财经大学、厦门大学、中山大学等高校和科研院所的有关学者出席了本次季会。

2018 年 10 月 20 日，赵文哲、金星晔老师代表我院赴韩国江原大学参加了中日韩学术研讨会。

2018 年 10 月 23 日，中央财经大学联合《中国工业经济》杂志社主办的"结构模型的理论、方法及其应用"专题研讨会在学术会堂成功举办。来自国内高校和科研院所的近 60 位专家学者代表参加了本次专题研讨会。

2018 年 10 月，教育部人事司正式公示了 2017 年享受政府特殊津贴人员教育部推荐人选名单。我院齐兰教授、陈斌开教授入选。

2018 年 11 月，"微信课堂"在喜马拉雅 FM 上推出了"经济学家梦工场"专辑。

2018 年 11 月 2 日，我院分团委获 2018 年暑期社会实践优秀组织奖。

2018 年 11 月 6 日，我院李涛教授的《数字经济的市场与产业理论研究》获得国家社会科学基金委资助立项。

2018 年 11 月 9 日，计算社会科学系列课程正式开始。课程第一讲由清华大学社会科学学院政治学系副教授孟天广老师主讲。此次课程主题为社科研究中的大数据方法，期间孟天广教授从大数据 + 社会科学、计算社会科学方法论、研究方法、研究议题以及大数据方法的支持和批评等五个板块出发，系统介绍当前计算社会科学的发展趋势和前沿研究。

2018 年 11 月 10 日，我院选送节目《大洼村乡野达人秀》参加"龙马新研"风采大赛暨研究生迎新晚会，获得"全场最佳人气奖"和"风采大赛三等奖"。

2018 年 11 月 14 日，第五届中富青年领袖大赛圆满落幕，本次大赛历经一个半月，共 108 支队伍报名参赛，各队伍过五关斩六将，历经"简历投递与中富推广案撰写""商业精英汇""财富争夺战""案例分析大赛"四轮比赛，突破体力、知识、团队合作、商业策略等多方面的重重考验，本次比赛共评选出了一等奖一名、二等奖两名、三等奖三名、两个优秀团队以及四位优秀个人，并予以不同程度的奖励与表彰。

2018年11月28日，2018级研究生秦苑同学获得"改革开放四十年你我共话新时代"校研会演讲比赛二等奖。

2018年12月，国民经济管理2016级白铠瑞同学获得2017～2018学年度"北京市三好学生"称号。

2018年，在美国大学生数学建模竞赛上，我院孙艺丹获得H奖。

2018年12月8日，由中国青年经济学家联谊会、中央财经大学及北京工商大学共同主办的中国青年经济学家联谊会（Young Economist Society，YES）在沙河校区学院楼1号楼成功举办。来自国内高校和国内核心期刊编辑部的30余位专家学者代表参加了本次专题研讨会。

2018年12月8～9日，由中央财经大学主办，中央财经大学学术期刊社、北京工商大学协办的第三届未来经济学家论坛（Prospective Economists Forum，PEF）在中央财经大学学院南路校区成功召开。本届论坛收到了来自清华大学、北京大学、南开大学、四川大学、中山大学、西北大学、中央财经大学、中国社会科学院研究生院等国内多所高校和科研机构的近百篇论文。经过专业评委的评选，共计40篇论文入选，最后有11名研究生论文和15名本科生论文作者参加现场汇报。经过现场汇报及评审，最终评选出本科生组优秀论文两篇、研究生组优秀论文两篇。

2018年，我院继续加强研究生教学改革。郭冬梅教授的《课程思政内涵与实现路径研究——以我校经济学院"润物无声"课程思政工作为例》获得学校重点教改课题立项。何召鹏博士申报的"《高级政治经济学》课程思政的思路设计与实现路径研究"、伏霖副教授申报的"'增长奇迹'——改革开放的伟大实践"、金星晔博士申报的"中西比较感悟'中国梦'"获得2018年度研究生"课程思政"教学改革试点项目立项。

2018年，我院科研成果向高质量、高层次、高产出方向发展。我院教师作为第一作者或通讯作者，在SSCI期刊发表论文3篇，AA类期刊发表论文8篇（《经济研究》4篇，《世界经济》3篇），A类论文16篇。我院教师出版专著1部、编著1部。获得国家社会科学基金项目3项（重点项目1项），国家自然科学基金项目1项，教育部课题1项；其他横向课题15项。

2018年，我院继续以高水平国际交流合作项目建设为重点，不断提高对外交流与国际合作的层次，加快我院国际化步伐。学院依据学科发展、研究方向定位等情况，在学院层面开展了"经济学名家讲座系列""经济学中青年讲座系列""龙马经济学双周学术论坛"三类讲座，同时支持六大学科方向自行开展学术交流活动。2018年全年，英国华威大学张晨迪副教授和金星副教授、澳大利亚国立大学克劳福德公共政策学院宋立刚教授、全球著名经济史学家尼尔·弗格森博士、美国俄亥俄州立大学AED经济系胡武阳教授、香港中文大学宋铮教授、伦敦政治经济学院（LSE）经济史系邓钢教授、普渡大学克兰纳特管理学院管理学卢峰副教授、加州大学戴维斯分校农业与资源经济系Travis J. Lybbert教授、多伦多大学罗特曼商学院杨立岩教授、新加坡国立大学黄炜副教授等多位国内外知名专家学者前来讲学；2018年我院部分教师也积极走出去交流，赵文哲、金星晔老师代表我院赴韩国江原大学参加了中日韩三方学术研讨会。

2018年，吴金鹏参加2018年北京市大学生戏剧节"百花深处"获得银奖，谈桐彤获2018北京市大学生艺术节器乐类展演比赛银奖。学生科研方面，学生积极参与导师的国家级和省部级基金项目，发表A类论文（《经济学动态》）1篇。学生交流方面，2018年10月至11月，博士研究生何宇前往新加坡的南洋理工大学进行短期访学。此次短期访学受到中央财经大学"国际导师组"项目的资助，此项目旨在提高我校博士研究生培养质量，提高博士研究生教育的国际化水平。

2019年1月，中国科学文献计量评价研究中心公布"2006～2018年高校人文社科学者期刊论文排行榜"，我院院长陈斌开教授入选"高校人文社科学者期刊论文——经济学门类TOP50学者名单"。

2019年2月，北京市人才工作领导小组公布了"北京市有突出贡献的科学、技术、管理人才"表彰名单，我院陈斌开教授入选。

2019年3月，北京市教委公布了北京高校卓越青年科学家计划项目立项名单，我院李涛教授入选，围绕互联网与数字经济开展相关研究。

2019年4月，陈斌开、张川川合作论文《人力资本与中国城市住房价格》获荣获2019年北京市第十五届哲学社会科学优秀成果奖一等奖；史宇鹏、李新荣合作论文《公共资源与社会信任：以义务教育为例》、林光彬的专著《财局与政局：中国的政治经济关系》获2019年北京市第十五届哲学社会科学优秀成果奖二等奖。

2019 年 5 月 8 日，国家级、北京市级大学生创业实践项目答辩评审会在学院南路主教学楼 104 教室举行。由我院 2017 级学生任珺阳负责、张苏老师指导的《互联网 + "小唐人"黄酒消费升级项目》成功获得北京市级创业实践项目立项，实现我院在该类项目申报中的突破。

2019 年 5 月 26 日，北京校友会经济学院专业分会理事会换届大会在学术会堂 604 顺利召开。我校党委副书记梁勇，校友总会秘书长安秀梅、副秘书长李松莉，北京校友会会长刘志忠、秘书长徐英杰，经济学院院长陈斌开、党委书记李岩、党委副书记郭冬梅、院长助理顾炜宇，经济学院第一任院长金哲松、学院教师代表以及来自各行各业的校友代表参加了本次会议。大会选举产生了经济学院校友会第二届理事会成员、会长、副会长、秘书长、副秘书长名单。87 级经管本科校友孟志军当选第二届校友会会长，08 级国经管本科校友赵晓辉当选第二届校友会秘书长。

2019 年 6 月 18～20 日，2019 世界计量经济学会中国年会（2019 China Meeting of the Econometrics Society）在暨南大学成功举办。作为本年度中国经济学领域最高级别的国际学术会议之一，本次大会邀请了 2000 年诺贝尔经济学奖得主 James Heckman 教授以及来自哈佛大学等全球顶级学府的知名学者参会并作主旨演讲，同时吸引了全球 300 余名经济学者报名参会。我院硕士生杨补园获邀参加了此次会议，并在主题为"宏观经济学会议（Macroeconomics Session）"的平行会议中用英语汇报了与清华大学谢丹夏老师合作的题为"Solow to Becker－Lucas"的学术论文。该论文构建了从 Solow 经济向 Becker－Lucas 经济转型的统一增长理论，分析了人力资本在经济转型和经济增长中扮演的角色。同会场的学者认可该论文所做的贡献，并提出进一步修改完善的建议。

2019 年 6 月，学校开展了 2017～2019 年度先进党组织、优秀共产党员标兵、优秀共产党员、优秀党务工作者的评选表彰活动。我院党委、经济史学系教工党支部、2018 级硕士第三党支部荣获"先进基层党组织"称号；陈斌开、丁村鸿鹄、于明哲、任阳荣获"优秀共产党员"称号；兰日旭荣获"优秀党务工作者"称号；陈斌开荣获"共产党员标兵"称号。我院是全校二级学院党组织中唯一每个奖项都有当选的单位。

2019 年 7 月 4 日，我院陈斌开教授获得第二届"张培刚发展经济学青年学者奖"。

2019 年 7 月，《大学生》杂志刊登了关于我院"中富青年领袖大赛"的文章，获得热烈反响。

2019 年 7 月 31 日，中国科学报（科技网）头版头条刊文《工作坊里"炼"批判性思维》，对我院学术工作坊进行了报道。

2019 年 8 月，我院国民经济管理专业本科生王晓娟应美国农业与应用经济学会（Agricultural & Applied Economics Association Annual Meeting，AAEA 2019）邀请，作为本次会议中唯一的本科生，于 7 月 21 号至 7 月 23 号参加了在美国佐治亚州亚特兰大市举办的 2019 年美国农业与应用经济学年会，并以墙报形式进行了题为"Food Frand and Import Refusals：Assessing China's Agri – Food Imports at the Firm Level"（食品欺诈和未准入境：从企业层面评估中国农产品进口现状）的研究汇报展示。